Vorstufe eines Weltkrieges
und
vorbeugende Maßnahmen

William Declare

Vorstufe eines Weltkrieges
und
vorbeugende Maßnahmen

William Declare

WAGNER VERLAG
www.wagner-verlag.de

Ein Buch aus dem WAGNER VERLAG

Lektorat: schmidt.petra@gmx.net
Umschlaggestaltung: post@kayserdesign.com
Titelfoto: www.aboutpixel.de

1. Auflage

ISBN: 978-3-86683-518-4

Bibliografische Information der Deutschen Bibliothek
Die Deutsche Bibliothek verzeichnet diese Publikation in der
Deutschen Nationalbibliografie; detaillierte bibliografische Daten sind
im Internet über http://dnb.ddb.de abrufbar.

Die Rechte für die deutsche Ausgabe liegen beim
Wagner Verlag GmbH,
Zum Wartturm 1, 63571 Gelnhausen.
© 2009, by Wagner Verlag GmbH, Gelnhausen
Schreiben Sie? Wir suchen Autoren, die gelesen werden wollen.

Druck: dbusiness.de gmbh · 10409 Berlin

Zum Geleit

Entstanden ist dieses Buch, da durch einen Traum mein Interesse an dieser Thematik erweckt wurde. Im Laufe von 10 Jahren sammelte sich viel Material an, das geordnet werden wollte. Meine Person selbst ist dabei nicht wichtig. Nur so viel: Ich gehöre keiner Gemeinschaft an, welcher Art auch immer, arbeite völlig unabhängig und habe eigentlich nie daran gedacht, dies zu veröffentlichen. Als unbekannter Autor habe ich keine Macht über die Meinung meiner Leser, außer der meiner Argumente, und das ist gut so. Die Informationen, die ich für dieses Buch gesammelt habe, sind alle frei zugänglich, man muss sie aber suchen. Danken möchte ich an dieser Stelle meinen Bekannten, die mich ermutigt haben, dieses Projekt zu Ende zu bringen. Einen besonderen Dank möchte ich auch an einen FDL richten, der sich der Überarbeitung annahm. Ein Dank auch an meine Lektorin, die mich so auf manch geheimnisvolles Detail der deutschen Sprache aufmerksam machte. Was Sie jedoch für die Lektüre mitbringen sollten, ist die Bereitschaft, erst einmal zuzuhören und nicht gleich zu urteilen. Ich selbst habe viele Jahre gebraucht, um die Dinge ein wenig zu verstehen, und ich bin damit noch lange nicht fertig. Ich erwarte daher von niemandem, dass er das Buch in einen Zuge durchliest und dann sagt: Stimmt genau! Ich will nämlich nicht, dass Sie mir glauben. Das ständige Glauben ohne nachzudenken ist eines der Übel, die uns die geistige Freiheit kosten. Ich möchte, dass Sie anfangen, Ihren eigenen Verstand zu benutzen und wenn das gelingt, kommen Sie womöglich zu anderen Ergebnissen als ich. Mit dem, was ich sage, kann ich irren und jedes Lernen bedeutet, alte Irrtümer aufzugeben. Da wir alle Lernende sind, tragen wir alle auch Irrtümer mit uns herum. Trotzdem ist es wichtig, die eigene momentane Stellung in der Welt zu erkennen und zu diskutieren. Genau das möchte dieses Buch, und vielleicht gewinnen Sie mit dessen Hilfe neue Einsichten. Viel Spaß beim Lesen!

Der Autor

Vorwort

Mir ist im Verlauf meiner umfangreichen Ermittlungen in der Literatur zu diesem speziellen Thema aufgefallen, dass in allen einschlägigen Veröffentlichungen, die sich mit den Themen befassen, nur in eine Richtung berichtet wird. Man sieht in jenen Bereichen, dass wir uns auf einen dramatischen, apokalyptischen Weg befinden, wo es höchste Zeit wird, die Notbremse zu ziehen, um noch vor dem Abgrund anhalten zu können. Nur selten werden in diesen speziellen angebotenen Schriften die Schritte und Wege für die geistige, moralische, persönliche und materielle Vorbereitung auf die Bedrohung, die uns menschlicher Erfindergeist mit Kernwaffen, mit bakteriologischen und mit chemischen Massenvernichtungsmitteln gebracht hat, und für den Schutz gegen die daraus denkbaren Gefahren als Mittel zur Stärkung der Überlebenshoffnung aufgezeigt. Mir kommt es daher in meinem Skript darauf an,

- neben der offenen Darstellung der vorhandenen Gefahren, aber auch ihrer Grenzen,
- Mittel und Wege für eine Chance, auch bei Eintreffen jener, zum Überleben aufzuzeigen.
- In den öffentlichen Bereichen wird hier meiner Ansicht nach zu wenig von den ABC-Gefahren und der Selbsthilfe bekannt gegeben.

Aber es gilt daneben ebenso:
Auch diese Auseinandersetzung kann man überleben, denn so beklemmend das auch klingen mag – gerade Hiroshima und Nagasaki haben das (trotz der schrecklichen Opfer und mancher bis in die heutige Zeit nachwirkender Schädigungen) bewiesen. Ich bin mir nach Durchsicht des Manuskriptes sicher, dass trotz der gewissenhaften Auswertung einer umfangreichen Quellensammlung aus Ost und West manche Abschnitte der Ergänzung, der Erweiterung und zukünftig sicher auch der Fortschreibung bedürfen, da gewiss manche praktischen Er-

kenntnisse, die dem Überleben des Individuums dienen könnten, heute in der freien Literatur noch nicht verfügbar und allgemein zugänglich sind.

Nach reichlicher Überlegung und Durchsicht meines Skriptes bin ich der Meinung, dass diese gewaltsame Auseinandersetzung sich überwiegend in Deutschland und deren Randgebieten abspielen wird und man nicht davon ausgehen kann, dass es zu einem III. Weltkrieg kommen wird. Es wird auch hier oft von einem III-Welt-Geschehen ausgegangen, aber dies kommt auch auf die Sichtweise des Einzelnen an. Von Deutschland aus gesehen, das anscheinend komplett auseinander genommen werden soll, ist in anderen Ländern weniger oder nichts zu befürchten (Neuseeland/Australien/Teile Afrikas bzw. diese, die südlich der Erdkugel liegen). Die Problematik in Deutschland liegt auch an der Politik, welche den Zivilschutz nicht fördert bzw. sogar ablehnt. In anderen Ländern werden Schutzanlagen (wie im zweiten Teil beschrieben) gefördert oder sind sogar zwingend bei einem Neubau vorgeschrieben.

Der erste Schritt, den Sie momentan gehen, ist der richtige, da meiner Meinung nach der Weg, den wir auf Erden gehen, vorbestimmt ist und es gibt keine Zufälle.

Nun will ich Sie nicht länger aufhalten und wünsche Ihnen noch ein spannendes Lesevergnügen.

Inhaltverzeichnis

Vorlaufzeit

In der heutigen zivilisierten Welt wird uns über die Medien vorgelebt, wie wir Bürger uns zu verhalten und zu leben haben. Wann und wie wir unsere Zeit einteilen müssen, um den Alltag zu überleben – in dieser Frage muss ich Sie hier enttäuschen. Die Quellen geben Hinweise, aber leider keine genauen Zeitangaben, was wann und wo eintreffen wird. Es wäre ja zu einfach, wenn wir uns auf so ein Ereignis, wie bei einem Kalender, einstellen könnten. Viele Quellen räumen uns allerdings eine gewisse Vorlaufzeit ein, die wie kleine Stücke zusammengefügt werden wollen, um am Ende vielleicht ein brauchbares Bild zu ergeben. Aus diesem Grund wurden auch nur einige Sätze aus den verschiedenen Texten entnommen, um sich auf das Wesentliche zu beschränken und um den Rahmen dieses Buches nicht zu sprengen. Die Namen der Seher wurden ebenfalls so wenig wie möglich erwähnt, um ein besseres Gesamtbild zu bekommen und sich nicht an irgendetwas festzubeißen. Nach meiner Auffassung sind unbekannte Seher, welche nicht so oft dargestellt oder veröffentlicht wurden, ebenso interessant wie bekannte Namen. (Um einen banalen Vergleich wiederzugeben: Ein Einheitsessen schmeckt in jedem Land gleich, aber Hausmannskost spiegelt die ursprüngliche Umgebung der Region doch besser wieder wie etwas anderes.) Es folgen einige Auszüge aus verschiedenen Quellen, die unter Punkt 15 genauer beschrieben werden. Die nun folgenden Textpassagen geben nun meine Meinung nach dem Kern zur Vorlaufzeit wieder. Aus heutiger Sicht ist ein A-Krieg eher unwahrscheinlich. Das kann in 10, 20 oder 30 Jahren aber durchaus ganz anders aussehen. Schon heute gibt es Kriege um Rohstoffe (Wasser, Land, Öl). Viel wahrscheinlicher müssen wir aber mit einem nuklearen Störfall rechnen, da viele Atomreaktoren 30 Jahre und älter sind! (2007 Störfall Schweden. Biblis in Deutschland.) Die aufgeführten Punktanalysen sind Ausschnitte aus Voraussagungen verschiedener Seher, welche im Anhang (Prophetenauflistung) teilweise benannt werden. Diese stammen nicht vom Autor!

- Der Stern Typhon, der drei Monate zuvor die Erde streift. Diese Kometen sind das letzte Signal zur Zeitenwende. Durch den Kometen werden Erdbeben ausgelöst, die sich im Großbereich der nördlichen Eifel von Düsseldorf bis Nimwegen und tief nach Belgien hinein erstrecken. Dies habe ich in meinen Visionen gesehen, weil in diesen Gebieten feuerspeiende Berge ausbrachen und Beben sowie Feuersbrünste die Stadt verwüsteten. (Laut Angaben wird bestätigt, dass im Mittelmeerraum, aber auch in Deutschland, eine ganze Menge Vulkane tätig waren, und zwar bis kurz vor Köln auf beiden Rheinseiten.)
- Die Geister sagten mir, dass bis zum Jahre 2012 Dreiviertel der jetzigen Erdbevölkerung nicht mehr hier sein werden. Sie werden den Katastrophen zum Opfer fallen.
- Der Winter vor dem Krieg ist ganz außergewöhnlich mild.
- Der Krieg beginnt im Frühjahr im Nahen Osten/Balkan und scheint Mitteleuropa nicht zu betreffen.
- Der Papst flieht kurz vor dem Krieg aus Italien.
- Der Krieg in Mitteleuropa kommt völlig überraschend und ist ganz kurz. Wahrscheinlich dauert die Kampfphase nur drei Monate von Mitte Juli bis Ende Oktober.
- In dem Jahr, wo der Krieg losbricht, wird ein so schönes Frühjahr sein, dass im April die Kühe schon im vollen Grase gehen. Das Korn wird man noch einfahren können, aber nicht mehr den Hafer.
- Die große Militärstreitmacht wird heimgeschickt, doch kurz darauf hat sie der Herrscher nötig (USA?).
- Soll ein neuer russischer Führer auftreten, der große Mastini, der mächtige Bluthund.
- Kurz darauf kommt es dann dem Lothringer zufolge zum Dritten Weltkrieg durch den Einmarsch der Russen nach Deutschland.

- Der Papst von seinem Heiligen Stuhl nach Frankreich fliehen muss und später nach seinem Exil zurückkommt.
- Es wird geraten, sich einen Goldvorrat in Münzen anzulegen, sich auf die Selbstversorgung auszurichten, eventuell ein Ferienhaus im Ausland (Tessin, Kanarische Inseln oder Südamerika), auf einer Alm oder in einem einsamen und waldreichen Tal zu mieten oder zu kaufen, um im Ernstfall in Sicherheit zu sein.
- Wenn sie aber einmal kommen, muss man davonlaufen, was man kann, und muss sich verstecken mit drei Laib Brot. Wenn man beim Laufen einen verliert, soll man sich nicht bücken, wenn man auch den zweiten verliert, macht es nichts. Man kann es auch mit einem aushalten, es dauert nicht lange.

1 Komprimierte Voraussagen

Eine Seherin prognostizierte um das Jahr 1975 ebenfalls einen Konflikt für den deutschen Raum voraus. Sie schreibt den Ablauf des Konfliktes mit Süd- und Nordflanke nieder, aber lesen Sie selbst:

Die Südflanke sollen sein: Afghanistan, Irak, Iran, Türkei, Griechenland und Jugoslawien. Die Nordflanke bilden Finnland, Schweden, Norwegen und Belgien.

Als unmittelbare Kriegsvorbereitung wird schließlich bis zur Bayerischen Grenze eine russische Weitspurbahnlinie herangeführt. Zuerst wird die Sowjetunion sich die Erdölregionen sichern, danach erfolgt der Angriff auf die Nord- und Südflanke. Ende Juli stoßen russische Angriffskeile gegen Mitteleuropa vor. Es wird ein kurzer Krieg. Schon im August sind die sowjetischen Panzerarmeen in Mittelfrankreich geschlagen, wenig später bei Ulm und in Westfalen vernichtet. Zur selben Zeit greifen sowjetische Eliteeinheiten Alaska an. Der Abwurf einer radioaktiv strahlenden gelben Wand in Europa soll die Russen vom Nachschub abschneiden, Prag wird atomar zerstört. Es folgt der sowjetische Vergeltungsschlag gegen alle Städte der USA, die wiederum antworten mit einem atomaren Bombardement, das weite Teile der Sowjetunion und die letzten sowjetischen Raketensilos vernichtet. Das System ist geschlagen, es kommt zu einer Gegenrevolution. Doch im Todeskampf holt der zerschmetterte Kommunismus noch einmal zu einem vernichtenden Schlag gegen Europa aus. Im September versuchen sowjetische Unterseebooteinheiten, den Kontinent atomar zu verwüsten, französische und deutsche Städte werden dabei in ein Flammenmeer verwandelt. (Da könnte die Beschreibung des Mönchs tatsächlich Wahrheit werden: Es wird ein weites Leichenfeld sich ausdehnen, eine Landschaft der Raben und Geier). Es wird aus zwei Teilen bestehen. Den ersten Teil verrichten die Menschen mit eigenen Händen. Es wird ein alles vernichtender Atomkrieg. Den zweiten Teil schickt der Himmel. Einen Kometen, der die sündige Menschheit mit Feuer tauft. Jedes dieser beiden Strafgerichte wird ein Drittel der Menschheit von der Erde hinweg nehmen.

Aus verschiedenen Quellen wurden die anschließenden Passagen entnommen und wiedergegeben:

- Über Nacht werden sie kommen. An der tschechischen Grenze werden sie überraschend bei Nacht angreifen.

- Die russische Infanterie dringt über die Grenzgebirge Großer Falkenstein (nordöstlich Zwiesel) und den Rachel (südöstlich Zwiesel) Richtung B 85 vor. Dort erwartet sie niemand.

Es wird angenommen, dass ihr Ziel die Donau zwischen Deggendorf und Passau ist. Dadurch wäre auch gleichzeitig die einzige Verbindungsstraße an der Grenze nördlich der Donau zwischen Weiden (nördliche Oberpfalz) und Passau handstreichartig besetzt.

- Vermutlich ist es ein Wochenende im August. Die schrecklichste Phase wird dreieinhalb Monate dauern. Auf der Straße von Cham über Stallwang nach Straubing kommen sie einmal heraus, die Rotjankerl.

- Russisches Lager in der Nähe von Köln.

- Im Nordosten von Polaren, also in Russland, werden die Völker in großen Haufen ausziehen, bis an das Mittelmehr. Sie werden aufwärts des Stromes wandern, welcher sich mit sechs Armen in das Schwarze Meer ergießt. Sie werden von der Donau aus niederwärts des Stromes zum Mittelmeer hin ziehen.

- Am stärksten bekommt die Zivilbevölkerung die Schrecken des Krieges zu spüren.

Es beginnt damit, dass die Invasoren versuchen werden, in den besetzten Ländern die Stromversorgung zum Stillstand zu bringen, um die Bevölkerung zu isolieren. Wenn die ersten

Bomben fallen, kommt es zu einer Entladung, einem Elektro-magnetikimpuls, alles, was elektrisch betrieben wird, ist lahm gelegt; dann läuft kein Aggregat, kein Radio und kein Auto fährt. Schon in den ersten Tagen des Kampfes wird der elektrische Strom ausfallen. Schlagartig wird alles wieder von Hand gemacht werden müssen. Kein Elektroherd, Kühlschrank, Tiefkühltruhe, Waschmaschine, Radio, Fernseher, Wasserpumpe, Zentralheizung, Melkmaschine, Metzgerwaage, Kühlung, Benzinzapfsäule, Licht, Aufzug, Bahn, Schreibmaschine, Rechenmaschine, Computer usw. Auf der anderen Seite gibt es kein Stangeneis mehr und keine Leute, die melken können, es gibt keine Ackerpferde und keine Ochsen, es gibt keine Feuerherde und keine Waschküchen mehr. Und doch: Die Schwierigkeiten ... werden auf dem Lande bewältigt. Nicht in den Hochhäusern der Stadt. Dort bricht das Chaos aus. Das Wasserproblem ist unlösbar. Es fahren jedenfalls wegen Kraftstoffmangels keine Tankfahrzeuge zur Wasserversorgung mehr durch die Straßen. Und auch auf dem Land: Wohl dem, der noch nicht an ein zentrales Wassernetz angeschlossen ist ... Handbrunnen sind gefragt, wie in den Wochen vor dem Ende das bare Gold. Was am allermeisten auffällt: Niemand ist auf die Katastrophe vorbereitet. Weder der Staat noch der Einzelne ... Am Schluss werden sich die Maßnahmen überstürzen – zu spät ...

Die Leute, die sich am Fucksenriegel verstecken oder am Falkenstein, werden verschont, wer nicht flieht, kommt um.

- Von Augsburg aus nach Süden Richtung Alpen flüchten.
- Im Bereich Regensburg/Augsburg stoßen Angreifer südlich der Donau vor.
- In Prag fängt es an ... atomar zerstört
- Gelber Strich zu der Stadt in der Bucht am Schwarzen Meer und der Nordsee, ein gelbes Pulver (Todeszone) so breit wie halb Bayern. Von Osten her machen sie Halt vor der Elbe.

- Ich befand mich auf dem Dom, von da aus sehe ich einen blutigroten Feuerball (Atomschlag). Zerstört wurde Paris, London, Marseilles, Hamburg durch Wasser. Dann der Rückzug. Mit Ulm fällt auch Russland, im Anschluss Köln, Bonn und Westfalen. Die Endschlacht findet am Autobahnkreuz Dortmund statt. Paderborn, Stockholm und Unna brennen.

Es heißt an dieser Stelle: Da das Gift des gelben Strichs so stark ist, kann man noch nach eineinhalb Jahren das vergiftete Gelände, das halb so breit ist wie das Bayernland, nicht betreten.

- Prag wird mit Atomsprengköpfen dem Erdboden gleichgemacht.
- Die ersten Bomben fallen. Amerikanische Bomber werden in Frankfurt starten, Kurs auf das feindliche Lager bei dem besetzten Prag nehmen, und von dort aus bis zur Adria und bis zur Fledermausinsel Rügen einen gelben Vorhang aus Giftgas und Atom herunterlassen, von Israel aus wird ein zweites Bombengeschwader der US-Luftwaffe diesen ersten gelben Vorhang und einen breiten Streifen von der Donaumündung bis Prag ergänzen. Für die Panzerkeile der Russen eine undurchdringliche Sperre.
- Die Überschwemmungen im Mittelmeergebiet werden durch A-Waffenzündungen in großer Höhe über der Adria hervorgerufen. Die Erschütterungen sind bei uns deutlich spürbar. In Österreich ist noch kein Krieg. Weitaus schlimmer aber noch ist die Flutkatastrophe an der Nordsee. Im September gibt es den letzten verzweifelten Versuch sowjetischer Unterseebooteinheiten, Europa atomar zu verwüsten. Bei diesem Angriff werden viele französische und deutsche Städte in ein Flammenmeer verwandelt. Frankfurt wird ebenso wie Mainz und Wiesbaden nuklear zerstört, Genf wird zerstört, möglicherweise nuklear, Österreich bis Linz durch den gelben Vorhang verseucht. Bis zu Donau und Inn. In der letzten Phase wird eine Atombombe in Prag entfesselt. In London ..., Beschuss von

23

Manchester (GB), Liverpool, Beschuss von Kernkraftwerken.

- Fünf Plätze sehe ich, die einen gemeinsamen Luftangriff erleben. Umea (Stadt in Schweden), Göteborg, Malmö und Stockholm, diese glichen einem einzigen Trümmerhaufen. Jeder Ort, den ich im Geiste zu schauen bekam, wurde mir mit deutlicher Stimme genannt. So folgten Tagerst, Avesta, Sandiviken, Borlänge und viele andere Orte, die größtenteils völlig vernichtet wurden.

- Paris ist zu Staub gemacht. Umgebung unbewohnbar.

- London scheint zerstört zu werden. Die atomare Bewaffnung hat nicht helfen können durch eine Atombombe in der Nordsee.

- Besonders große Schäden Antwerpen und Hamburg: nach London hat diese Stadt am schwersten gelitten. Das Gebiet auf einer geraden Linie von Brüssel bis zur Insel Rügen ist von der Flut betroffen. In Köln und Hannover hört man das Meer rauschen. Bis zu Donau und Inn wird alles dem Erdboden gleichgemacht und vernichtet. Von der Isar wird den Leuten kein Leid geschehen, es wird nur Not und Elend hausen.

Der Skandinavische Krieg:

- Bomberangriffe auf Göteborg. Die Kapitulation Schwedens und Norwegens ist besiegelt.

- Krieg gegen England, Spanien und Skandinavien.

- Das amerikanische Industriedreieck Detroit, Chicago, New York und deren Symbole, wird wieder einsam und verlassen sein wie einst. Unter den nordamerikanischen Städten wurden mir folgende als besonders betroffen bezeichnet: Chicago, Minneapolis, Washington, New York, letztere war am schlimmsten betroffen.

- Einsatz neuer Waffen führt zu verheerenden Naturkatastrophen: Brände und Orkane, die mit großer Geschwindigkeit den Nordamerikanischen Kontinent durchziehen.
- Durch den Heerführer im Raum Köln wird Frankfurt zurückerobert. Bis zur Donau und Inn wird alles dem Erdboden gleichgemacht und vernichtet. Verteidigungsräume sind das Ruhrgebiet, Niederlande, sodann Bayern. Die bayerischen, österreichischen, schweizerischen und französischen Truppen werden nach den Vernichtungsschlachten bei Lyon und Ulm nach Norden vorstoßen, um sich an der Schlacht gegen die dort eingekreisten russischen und preußischen Verbände zu beteiligen.
- Platzen der Erdrinde in der westlichen CSSR. Der erste Auswurf würde bis zu 100 km oder weiter geschleudert.
- Und er sah, dass die entscheidende Schlacht, in der Gott mit schrecklichem Sturm die Feinde schrecken wird, in seiner Heimat stattfindet: Am Birkenbaum zwischen Unna, Hamm und Werl. Autobahnkreuz Dortmund – Unna.

Aus manchen Quellen wird auch auf eine <u>chemische Kriegsführung</u> aufmerksam gemacht:

- Eine Frau aus dem Füssener Raum berichtete von umgestürzten Panzerfahrzeugen mit abgerissenen Türmen auf dem Lechfeld, südlich von Augsburg. Flüchtlingskolonnen, die zu Fuß und mit Fahrrädern schwer bepackt von Augsburg aus nach Süden in Richtung Alpen flüchten. Auf den Verschiebegleisen der Augsburger Bahngelände stehen Transportzüge, die Panzer geladen haben. Merkwürdig, sagte sie, die Soldaten tragen alle Taucheranzüge. Das konnte sie nicht verstehen.
- Die Soldaten tragen schwere ABC-Schutzbekleidung aus Gummi und sind völlig eingemummt. Die Schutzmasken der Truppen des ehemaligen Warschauer Paktes haben den Filter nicht wie unsere Soldaten direkt am Masken-

körper, sondern sie tragen den Filter am Koppel. Maske und Filter sind mit einem langen Luftschlauch verbunden, wie bei einem Taucheranzug. Bis Regensburg spätestens, möglicherweise im Bereich Ingolstadt, stoßen die Angreifer auch südlich der Donau vor. Schwierigkeiten bei der Überquerung des Stromes gibt es dabei nicht, denn jede Division der russischen Streitkräfte verfügt über ausreichendes Brückenmaterial, um gleichzeitig mehrere Brücken und Fährstellen über einen solchen Fluss einzurichten. So wird erst das Gebiet um Augsburg, dann Ulm genommen und der Bodensee erreicht. Der Gebrauch von Schutzanzügen deutet auf chemische Kriegsführung seitens der östlichen Angreifer hin. Hinweise auf den Einsatz chemischer Waffen finden wir auch bei anderen Vorhersagen.

- Die Luft frisst sich in die Haut wie Gift. Leg alles an, was du an Gewand hast und lass nicht das Nasenspitzel herausschauen. Du hast das Essen vor dir und darfst es nicht essen, weil es dein Tod ist, du hast das Wasser im Grandl (Tasse = Österreich) und darfst es nicht trinken, weil es auch der Tod ist. Aus dem Osten kommt noch eine Quelle, aus der kannst du trinken.
Setz dich in ein Loch und warte, bis alles vorbei ist. Lang dauert's nicht, oder stich dir eine Höhle am Berg. Wenn dir die Haare ausfallen, hat es dich erwischt.

- Der erste Wurm geht von der blauen Donau nordwestlich bis an die Schweizer Grenze bzw. wird aus dem Raum Stettin, Berlin nach Lübeck, Hamburg und die Niederlande vorstoßen. Bis Regensburg steht keine Brücke mehr über der Donau. Südlich vom blauen Wasser kommen sie nicht, sie biegen nach Nordwesten ab.
Sein Hauptquartier hat der Feind im Naabtal in der Oberpfalz. Die Stadt Landau an der Isar leidet schwer durch eine verirrte Bombe.
Der zweite Stoß kommt über den Raum Sachsen westwärts ins Ruhrgebiet. Der dritte Heerwurm, der von Nord-

Nordwesten westwärts geht, über Berlin. Tag und Nacht rennen die Russen, unaufhaltsam, aus Böhmen nach Bayern hereinbrechend und zum Oberrein strebend. Russland überfällt den Süden Deutschlands. Eine unvorstellbare Masse von Panzern rollt an den Bergketten der Schweiz vorbei bis hinunter nach Lyon. Die Truppen der NATO sind auf einige wenige Verteidigungsräume zusammengedrängt. Die Verteidigungsräume heißen: Ruhrgebiet und Niederlande, sodann Bayern, die Alpen und die Schweiz sowie das südfranzösische Rhonegebiet. Panzer in Rottenburg (Neckar), Calais und Italien, 800 Panzerdivisionen. Durch Ungarn, Österreich, Norditalien und die Schweiz wird der rote Sturm gegen Frankreich anrollen. Die dortigen amerikanischen Waffenlager werden in die Hände des Ostens fallen. Deutschland wird vom Osten angegriffen. Deutsche werden gegen Deutsche kämpfen (Polen). Panzer werden von Osten kommen und mit großer Schnelligkeit gegen Westen fahren. Wo sich ihnen Hindernisse in den Weg stellen, machen sie mit großer Übermacht alles dem Erdboden gleich. In drei Zügen ziehen sie nach Westen, an der Nordsee, nach Mitte Deutschland, und im Süden entlang der Alpen, soweit ich mich noch erinnern kann, vor.

Vor Angst fliehen die Menschen nach Westen. In Frankreich werden die Straßen von flüchtenden Autos verstopft sein, und es wird kein Vor und kein Zurück geben. Männer und Frauen werden gewaltsam ins feindliche Heer einbezogen, wer sich weigert, wird erschossen. Oh, wie viel Leid kommt nach Deutschland, viel Blut wird in den Straßen fließen. Lebensmittel und alles, was das feindliche Heer braucht, wird der Bevölkerung enteignet. Die Panzerzüge der Russen werden bis zum Rhein kommen. Das ganze Land wird wimmeln von fremden Soldaten und jeder wird morden und die Frauen vergewaltigen, wie er will. Das Volk wird weder Eigentum noch sonst etwas besitzen, viele werden keine Wohnungen mehr haben und in Verstecken hausen.

Mann kann davon ausgehen, dass die Invasion nur einige Tage dauern wird. Später sind vorwiegend Frankreich und Italien betroffen. Wer sich auf die Flucht macht, sollte das Fahrrad oder Motorrad benützen. Die Straßen werden hilflos verstopft sein, nach Berechnung geht man von ca. 2 Millionen Pkws aus, die Flüchtlinge könnten direkt in das Kriegsgeschehen mit einbezogen werden, möglicherweise ist auch die NATO gezwungen, Gewalt gegen Zivilpersonen anzuwenden, um eine effiziente Verteidigung zu ermöglichen. Schon aus diesem Grunde sollte, wer nicht gerade an einer Einzugsroute oder im Rhein-Main-Großraum lebt, die Flucht mit dem Auto aufgeben, da das auf weite Sicht hin sinnlos ist. Dies geht auch aus einigen Quellen hervor.

- Alles wird so unvermutet geschehen, dass die Bevölkerung in wilder Panik nach Westen flieht. Viele Autos werden die Straßen verstopfen. Ach, wenn sie doch zu Hause geblieben wären oder auf Landwege ausweichen würden. Was auf Autobahnen und Schnellstraßen ein Hindernis ist, wird von den rasch vorrückenden Panzerspitzen niedergewalzt … nach sechs Tagen hat die Invasion den Rhein überschritten und Frankreich erreicht.

2 Aus dieser Sichtweise ergeben sich hier zwei mögliche Ablaufvarianten A/B

Variante A, Phase 1/24 Minuten

Ein unverhoffter Angriff mit Atomwaffen auf den gesamten europäischen Kriegsschauplatz einschließlich Spaniens und Portugals in voller Tiefe. An diesem ersten Schlag sollten folgende Streitkräfte teilnehmen:

Die erste Lenkwaffenarmee der strategischen Raketenstreitkräfte, die Raketenbrigaden, die dreizehn vorderen Panzerarmeen und Panzerarmeegruppen, insgesamt 26 Raketenbrigaden, die Raketenbrigaden der verbundenen Armeen und Panzerarmeen, insgesamt 28 Raketenbrigaden, die Raketenbataillone aller motorisierten und in Reichweite befindlichen Schützen- und Panzerdivisionen, die Raketen-U-Boote der Nord-/Ostsee- und Schwarzmeerflotten und die des fünften Marinegeschwaders. Alle Einheiten würden von ihrer ständigen Stellung oder der aktuellen Positionen aus gleichzeitig feuern. Von den Raketenbataillonen der Divisionen, die mit Raketen mit maximal 150 km Reichweite ausgerüstet waren, würden nur diejenigen an dem Angriff teilnehmen, die sich in unmittelbarer Nähe der Grenze befanden. Der erste Schlag sollte alle feindlichen Streitkräfte bis hinunter zur Division, Brigade und zum Regiment außer Gefecht setzen, wobei das besondere Augenmerk den Hauptquartieren mit den Raketenstützpunkten, Flugplätzen, den wichtigsten Nachrichten- und Verwaltungszentren sowie den Luftabwehrsystemen gelten sollte.

Phase 2/96 Minuten

Schließt sich unmittelbar an die Phase 1 an. Die 8 Luftarmeen, die Flugzeuge dreier Luftflotten, zwei Korps mit strategischen Langstreckenflugzeugen, Untereinheiten der zivilen Fluggesellschaft Aeroflot und sämtliche militärischen Transportflugzeuge nehmen teil. In dieser Phase werden alle Anstrengungen unternommen, die Ergebnisse des ersten Angriffs mit Atomwaffen zu festigen. Gleichzeitig werden schwere Luftangriffe gegen alle Ziele geflogen, die den ersten Angriff offenkundig überstanden haben. Das wären in erster Linie bewegliche Ziele wie Feldgefechtsstände und mobile Lenkwaffeneinheiten. Es werden Atom- und C-Waffen eingesetzt. Gleichzeitig setzen Militärtransporter und Transportflugzeuge der Aeroflot Einheiten in den Gebieten ab, die nicht mit atomaren oder chemischen Waffen angegriffen worden sind. Sobald der Angriff der Phase 2 beginnt, werden alle Raketenwerfer, die sich am ersten Angriff beteiligt haben, nachgeladen und die taktischen Raketen, die beim ersten Schlag nicht verwendet wurden, weil sie nur eine begrenzte Reichweite haben, die aber jetzt zum Einsatz kommen können, rücken langsam zum Hauptangriff vor. Raketenuntereinheiten erhalten ihre Zielinformationen direkt von den Aufklärungsflugzeugen.

Phase 3/30 Minuten

Sämtliche mit Raketen ausgerüsteten Untereinheiten bereiten erneut einen möglichst schweren Angriff mit Atomwaffen vor, sobald die Flugzeuge startklar sind. Bei diesem Angriff sollen neu ausgemachte Zeile zerstört werden, die bei den vorausgegangen Attacken nur leicht beschädigt wurden. C-Waffen-Gefechtsköpfe werden im Vordergrund stehen, wenn auch nach wie vor viele atomare Sprengköpfe zum Einsatz kommen werden.

Phase 4/7 Tage

Der Erfolg dieser Einsatzphase hängt vom Überraschungsmoment ab. Die meisten sowjetischen und Warschauer-Pakt-Streitkräfte werden nicht beim Vormarsch in Bereitschaft versetzt. Das Bereitschaftssignal für diese Divisionen wird erst beim ersten Atomwaffenangriff gegeben. Die 2½ Stunden, die für die ersten drei Einsatzphasen benötigt werden, reichen aus, die Staffeln bereitzustellen und vorrücken zu lassen. Genaue Aktionspläne für jede Division, Armee und Front werden im Voraus ausgearbeitet und versiegelt bereitgehalten. Die Kommandeure müssen die entsprechenden Umschläge nur noch entsiegeln und die niedergeschriebenen Befehle ausführen. Alle anderen werden vernichtet. Selbst wenn die Divisionen nicht genügend Zeit gehabt haben, ihre Sturmstaffeln in den 2½ Stunden bereitzustellen, müssen sie trotzdem zum Kampf vorrücken. In diesem Fall sind die feindlichen Divisionen im Vorteil. Der Sturm durch die ersten gestaffelten Divisionen erfolgt gleichzeitig auf breitester Front, um Keile so schnell und tief wie möglich überall dort vorzutreiben, wo die feindliche Abwehr das zulässt. Am zweiten oder dritten Tag dieser Aktion werden die vorderen Panzerarmeen dort eingesetzt, wo die Erfolge am Größten waren. Am vierten Tag werden in allen Gebieten, wo der Widerstand des Gegners wirksam unterdrückt worden ist, die weißrussischen Panzerarmeegruppen eingesetzt, um quer durch Europa bis zur Atlantikküste vorzudringen. In der vierten Phase unternehmen Flugzeuge und Raketenuntereinheiten Entlastungsangriffe, falls Boden- und Seestreitkräfte darum ersuchen. An jedem der drei Tage wird eine Luftlandedivision mit dem Fallschirm abgesetzt. Wenn es die Kapazität der Militärtransporte und der Transportmaschinen der Aeroflot zugelassen hätte, wären alle Divisionen am ersten Tag gleichzeitig abgesetzt worden. Dies ist aber nicht möglich.

Phase 5

Diese Phase kommt nur in dem Fall zum Tragen, wenn der Vormarsch sowjetischer und osteuropäischer Streitkräfte in Westdeutschland zum Stillstand gebracht und sie in langwierige Operationen verwickelt wären. Das könnte zur Entwicklung einer festen Front mit einem linearen Aufmarsch der NATO-Streitkräfte von Norden nach Süden führen. In dem Fall rücken die ukrainischen Panzerarmeegruppen schnellstmöglich von Ungarn nach Österreich, ohne Rücksicht auf dessen Neutralität auf der Achse Linz-Frankfurt-Dünkirchen, vor.

Variante B

Der Verlauf ist fast identisch mit A, es werden aber keine Atomwaffen eingesetzt. Stattdessen bereiten alle Raketenformationen und Einheiten einen konzentrierten Angriff mit chemischen und hochbrisanten Waffen vor und halten sich gleichzeitig ständig in Bereitschaft, auch Atomwaffen einzusetzen. Die Variante B erhält vor dem Beginn militärischer Operationen eine Zeit der Spannung in Europa, die nur wenige Tage, aber auch einige Monate oder sogar Jahr dauern kann. Die Truppen auf beiden Seiten befinden sich in dieser Zeit in ständiger Bereitschaft und führen Übungen dicht vor den gegnerischen Linien durch. Je länger diese Spannungsperiode dauert, desto besser für die Sowjetunion. Überdruss, Langeweile und wiederholt falscher Alarm werden die Wachsamkeit vermindern. Sowjetische und Warschauer-Pakt-Formationen können dann schnellstens in Alarmbereitschaft versetzt und vorzüglich zum Angriff geführt werden. Die Reaktion der NATO-Streitkräfte darauf sieht einen eventuellen Blitzangriff von den Friedensstellungen aus, ohne chemische Kampfmittel, vor. Dies gelingt am besten, wenn der Westen am verwundbarsten ist, zum Beispiel im August während der Ferienzeit an einem Wochenende. In der Öffentlichkeit wurde während des Kalten Krieges ebenfalls ein möglicher Ablauf bei einem Angriff dargelegt und diskutiert. Pläne für einen möglichen Einmarsch in Westeuropa sind seit 1963 bekannt, den Rhein in drei Tagen zu erreichen.

Laut den Berichten gäbe es 4 Invasionswege:

(1) Norddeutsches Tiefland in Richtung Hamburg und Kiel
(2) Göttinger Korridor in Richtung Ruhrgebiet und Niederrhein
(3) Fulda-Senke in Richtung Frankfurt und Eifel
(4) Hofer-Korridor in Richtung Süddeutschland

Weniger Gefahr ist in den Gebieten Mindelheim, Altötting, Pfaffenhofen und Weilheim. Ein Drittel des mittelbayrischen Raums wird unter Hunger, Terrorismus, Vergewaltigung und Mord leiden. Dies wird sich überwiegend die Bevölkerung selbst antun, um zu überleben. Man darf keinem trauen, nicht einmal den gut gesinnten Nachbarn oder der Verwandtschaft. In drei Tagen hat die Russische Armee den Rhein erreicht, nach zehn Tagen steht sie am Atlantik. Das aber heißt noch lange nicht, dass der Westen kapituliert hat. Jetzt läuft die zweite Etappe des Drei-Stufen-Plans der Invasoren an, Deutschland und Frankreich sollen besetzt werden; ein Ziel, das nicht ohne Kämpfe erreicht wird. Mit Sicherheit ist die Hauptbastion der NATO das Rhein-Main-Gebiet, in dem die wichtigsten Stützpunkte der Amerikaner liegen. Während des kalten Krieges glauben NATO-Strategen, dass Ost-Truppen hier, in der sogenannten Fuldasenke, einfallen müssten; man sprach von einer Vormarschachse, da hier die dichteste militärische Infrastruktur der Bundesrepublik ist. Man plante, das Gebiet mit Atomminen zu spicken. (Stattdessen geht aus den Prophezeiungen hervor, dass die Rote Armee von den vier möglichen Einfallschleusen gerade die Fulda knapp umgeht; das Rhein-Main-Gebiet wird damit zu einer Verteidigungsinsel der NATO.)

Wie weiter verfahren wird, geht aus dem sog. Rogers-Plan hervor. Seine Doktrin soll einen Sieg über die Sowjetunion möglich machen; durch einen machtvollen Schlag, evtl. mit nuklearen und chemischen Waffen unterstützt, soll der Feind aus dem Gleichgewicht geworfen werden. Nach wie vor gilt die

NATO-Doktrin des atomaren Erstschlags. Wird ein Partnerstaat des Nordatlantik-Bündnisses angegriffen, droht der Einsatz von Atomwaffen.

Man muss davon ausgehen, dass der Angriff über Nacht beginnt und es sehr schnell geht. Der erste Wurm geht über Berlin nach Westen, der mittlere aus dem Raum Sachsen über den Rhein. Der dritte aus dem Raum Prag über den Bayerischen Wald. Er überquert nicht die Donau, sondern geht nordwestlich. Ein vierter wird zur gleichen Zeit, von Jugoslawien ausgehend, nach Oberitalien eindringen. Dort spaltet er sich und während ein Teil der Truppe den Marsch nach Südfrankreich fortsetzt, ist Rom das Ziel für den Rest. Schon in der ersten Phase des Krieges, wenn die Panzerkeile das Land überrollen und kommunistische Saboteuere die Stromversorgung lahm legen, wird es in den Städten zu Panik und Chaos kommen. Man rechnet in NATO-Kreisen mit gewaltigen Flüchtlingsströmen, mit zwei Millionen Pkws, die die Straßen versperren und letztlich die Verteidigung behindern. Schon heute übt deshalb die Polizei die Umleitung für Flüchtlingslawinen, die Einrichtung von Auffanglinien mit Lenk- und Sperrpunkten, notfalls unter Einsatz von Waffen. Als besondere Aufgabe für den Kriegsfall gilt die Eliminierung von Panikpersonen, deren Verhalten zu Unruhen führen könnte. Der Hunger treibt die Städter aufs Land. Sie wollen den Bauern das Vieh nehmen. Die auf dem Land lebenden Leute werden die Städter mit allen zur Verfügung stehenden Mitteln bekämpfe. Nach ca. 60 Tagen hat sich die Lage mehr oder weniger entspannt. Die Starken setzen sich durch, die Schwachen bleiben auf der Strecke.

Zwei Züge auf Rom

Während drei Stoßkeile durch Mitteleuropa ziehen, wird ein vierter von Jugoslawien ausgehend nach Oberitalien eindringen. Dort spaltet er sich: Während ein Teil der Truppe den Marsch nach Südfrankreich fortsetzt, ist Rom das Ziel für den

Rest. Islamisch-russisches Bündnis. Spanien wird versuchen, nach Südfrankreich zu kommen, über Malta mit seiner Flotte nach Italien übersetzen, von Süden her auf Rom marschieren.

3 Kriegsverlauf grob/Zusammenfassung aus weiteren Vorhersagen

- *(Mutter Erna Stieglitz 1894 – 1975)* Der erste wird aus dem Raum Stettin – Berlin nach Lübeck, Hamburg und in die Niederlande vorstoßen. Der zweite aus dem Raum Sachsen und Dresden ins Ruhrgebiet. Der dritte Stoßkeil wird aus Böhmen nach Bayern hereinbrechen und zum Oberrhein streben. Die Sowjetunion stärkt ihre Flanken, bevor sie in die Mitte eindringt, das heißt, gegen Westeuropa vorstößt. Sie muss an den Flanken unverwundbar sein. Die Südflanke heißt: Afghanistan, Iran, Irak, Türkei, Griechenland, Jugoslawien. Die Nordflanke heißt: Finnland, Schweden, Norwegen, Dänemark.

- Bis zur bayerischen Grenze wird eine russische Weitspurbahn herangeführt. In einem Sommer, wahrscheinlich im Monat Juli, wenn die Erdölregionen bereits in festen sowjetischen Händen sind, erfolgt der Angriff auf die Süd- und Nordflanke, auf die Türkei, auf Griechenland, auf Jugoslawien und auf Skandinavien. Gegen Ende Juli stoßen die sowjetischen Angriffskeile blitzartig gegen Westeuropa vor. Anfang August werden die eingedrungenen sowjetischen Panzerarmeen in Mittelfrankreich, vermutlich um Lyon, und wenig später bei Ulm vernichtet. Mitte August greifen sowjetische Eliteeinheiten Alaska an. In Europa kommt es zum Abwurf einer radioaktiv strahlenden gelben Wand. Prag wird atomar zerstört. In derselben Zeitspanne werden die sowjetischen Panzereinheiten des Nordkeils in Westfalen eingekesselt. Die Sowjets sind in Westeuropa in die Verteidigung gedrängt. Als Rache erfolgt der atomare Gegenschlag gegen alle Städte der USA. Gleichzeitig schlagen die USA atomar zurück. Weite Teile der Sowjetunion und die letzten sowjetischen Raketensilos werden zerstört. Als Folge dieser Ereignisse kommt es in der Sowjetunion zu einer Gegenrevolution, die das bisherige System stürzt. Im September gibt es den letzten verzweifelten

Versuch sowjetischer Unterseebooteinheiten, Europa atomar zu verwüsten. Bei diesem Angriff werden viele französische und deutsche Städte in ein Flammenmeer verwandelt.

Um ins Einzelne zu gehen: Auf die blitzartige Besetzung aller militärischen Basen in Skandinavien folgt ein zweiter Flankenangriff gegen die Türkei. Dort und im Iran finden Panzerschlachten statt. Der Russe bemüht sich, möglichst rasch durch den Balkan zur Adria vorzudringen. Der Mittelangriff gegen Westeuropa erfolgt in drei gewaltigen Stoßkeilen. Eine unvorstellbare Masse von Panzern rollt an den Bergketten der Schweiz vorbei bis hinunter nach Lyon. Die Truppen der NATO sind auf einige wenige Verteidigungsräume zusammengedrängt. Die meisten Gebiete sind von der Roten Armee längst überrollt und besetzt. Die Verteidigungsräume heißen: Ruhrgebiet, Niederlande, sodann Bayern. Die Alpen und die Schweiz sowie das südfranzösische Rhonegebiet. Außerdem wird es Verteidigungsräume in Oberitalien, am Balkan, in der Türkei geben. Der Angriff der Roten Armee in Europa wird gebrochen. Mehr noch, die Armee wird vernichtend geschlagen. Die Sowjetunion verliert allein in ihren Heerssäulen sieben Millionen Menschen, ein hoher Blutzoll für ein Volk, das eben in Massen vom Materialismus abgefallen war und wieder zu glauben begonnen hatte … Paris wird von den aufständischen Franzosen selbst in Brand gesteckt. Der Papst muss aus Rom fliehen, wohin er nach zweihundert Tagen wieder zurückkehrt. Die katholischen Länder haben in den Augen der sowjetischen Reaktionäre in diesem letzten Kampf eine entscheidende Aufgabe. Bayerische und österreichische, schweizerische und französische Truppen werden nach der Vernichtungsschlacht bei Lyon und Ulm nach Norden vorstoßen, um sich an der Schlacht gegen die dort eingekreisten russischen und preußischen Verbände zu beteiligen. Die nach Westeuropa eingedrungenen östlichen Verbände werden durch eine westliche Blitzaktion von ihren Nachschubbasen vom russischen Hinterland abgeschnitten. Im Rücken der vorrückenden Armee des Ostens wird ein gelber Vorhang heruntergelassen. Es gibt über diese Wand hinweg kein Vor und kein Zurück mehr, außer durch den Tod hindurch. Und weiter: Erst gegen Ende dieses verhältnismäßig kurzen Krieges kommt es zum Duell mit Atomwaffen. Und schließlich zum totalen atomaren Krieg. Seine verheerenden Auswirkungen entziehen sich jeder Beschreibung … südlich der Donau gibt es vereinzelt atomare Explosionen, hinter der Grenze am unteren Inn fürchterliche Zerstörungen, ebenso am Oberlauf der Donau. Teilweise bis in die oberbayerischen Salzburger Alpen kommen die Osttruppen über Österreich und Jugoslawien. Bei Ulm gibt es eine gigantische Kesselschlacht gegen die Ostarmee, die ihren Südkeil der Donaulinie entlang zur Schweiz und nach Mittelfrankreich vorgetrieben hatte. Die Hauptgefahr für das Gebiet, das ungefähr von den Städten Mindelheim und Altötting, Pfaffenhofen und Weilheim begrenzt wird, also für den mittelbayerischen Raum, besteht in den Zerstörungen, dem eigenen Terrorismus sowie Plünderung, Brandstiftung, Mord und Totschlag. Das Faustrecht kehrt wieder, die Gesetzlosigkeit! Hungernde Großstädter werden zu Räubern an den Bauern! Bewaffnete Banden ziehen durchs Land, Fanatiker, Mörder, Psychopathen, Mob. Es ist ein nie vorher, außer vielleicht im Dreißigjährigen Krieg, da gewesener Schrecken und endlich dann die Giftwolke, die auch hier ein Drittel der Menschheit dahinrafft, ausgelöst durch einen Planetoiden??? (Nukleare Waffe/Atombombe) Die Restverbände der Angreifer werden durch die aufgebrachte Menge niedergeschlagen. Waffen sind weit gesät, im Gegensatz zu Nahrungsmitteln. Eine Handvoll werden nach Hause kommen und von ihrer Niederlage berichten können. Im Kölner Dom wird ein alter Mann vom Papst zum König gekrönt, der die Endschlacht leitete. Die Hälfte Deutschlands wird nicht mehr bewohnbar sein. Die Leute ziehen Richtung Meer (Italien), wo die Arbeit leichter ist. Das goldene Zeitalter beginnt.

4 Neutronenbombe/Gelber Strich

Gemeint ist wohl, dass bei diesem kombinierten ABC-Angriff die Neutronenbombe eingesetzt wird. Sie wurde eigens dazu konstruiert, feindliche Verbände aufzuhalten, dabei aber den Schaden für den Kriegsschauplatz „gering" zu halten. Laut Quellenbeschreibung hieß es, die Panzer fahren noch, aber die, die darin sitzen, sind schon tot und ganz schwarz geworden ... scheint deutlich auf die Wirkung der Neutronenbombe hinzuweisen. Der gelbe Dunst dagegen scheint weniger auf den gräulichen nuklearen Fallout hinzudeuten als auf den Einsatz chemischer Kampfmittel. Schon in den achtziger Jahren forderte ein General zwei chemische Waffensysteme, eine chemische Bombe, die tief im feindlichen Hinterland abgeworfen werden könnte, und eine Granate, mit der die Allianz die angreifende rote Infanterie zu bekämpfen vermochte. Die Zeitungen ergänzten: Mit wenigen Kilo dieser Gifte könne 100 Quadratkilometer eine Woche durch tötende Luftmassen und chemische Schwaden verseucht werden. Hin und wieder auch tödlicher Regen genannt, kann dieses Kampfgas den menschlichen Körper völlig auflösen. Vielleicht deutet der gelbe Dunst auf den bernsteinfarbenen Sprühnebel hin, den gefährlichsten ... und beständigsten aller C-Kampfstoffe. Er ist 21 Tage wirksam. Vier Millionen Liter dieser Substanz sowie das GB-Nervengas lagern, laut Zeitungsbericht, gegenwärtig in den US-Depots in Hessen, Rheinland-Pfalz und Baden-Württemberg. Das wichtigste der Lager aber liegt in Hanau bei Frankfurt – von dort aus soll der Angriff gestartet werden. Die Flugzeuge werfen zwischen dem Schwarzen Meer und der Nordsee ein gelbes Pulver ab. Dadurch wird ein Todesstreifen geschaffen, pfeilgerade vom Schwarzen Meer bis zur Nordsee, so breit wie halb Bayern. In dieser Zone kann kein Grashalm mehr wachsen, geschweige denn ein Mensch leben. Der russische Nachschub ist unterbrochen. Von den Folgen dieses Atomangriffes ist Deutschland betroffen. Der radioaktive Niederschlag Fallout geht auf Ostbayern, das Gebiet des Bayerischen Waldes, nieder. Die nach Europa eingedrungenen östlichen Verbände werden durch eine westliche Blitzaktion von ihren Nachschubbasen abgeschnitten. Im Rücken der vorgedrungenen Armeen aus Osten wird ein gelber Vorhang heruntergelassen – ob es sich um eine radioaktive Strahlenwand handelt? Man kann es sich nicht anders erklären, da es über diese Wand hinweg kein Vor und Zurück mehr gibt, außer durch den Tod hindurch. Laut Quellen:

- Ich sah die Erde wie eine Kugel vor mir, auf der nun die weißen Tauben heranfliegen, eine sehr große Zahl vom Sand herauf, vom Süden Israels her. Und dann regnet es einen gelben Staub in einer Linie. Die goldene Stadt (Prag) wird vernichtet, da fängt es an. Wie ein gelber Strich geht es hinauf bis zu der Stadt in der Bucht (Stettin). Eine klare Nacht wird es sein, wenn sie zu werfen anfangen. Die Panzer fahren noch, aber die darin sitzen, sind schon tot und ganz schwarz geworden. Dort wo es hinfällt, lebt nichts mehr, kein Baum, kein Strauch, kein Vieh, kein Gras, das wird welk und schwarz. Die Häuser stehen noch. Was das ist, weiß ich nicht und kann es nicht sagen. Es ist ein langer Strich. Wer darüber geht, stirbt. Die herüben sind, können nicht hinüber und die anderen können nicht herüber, dann bricht bei den Heersäulen alles zusammen. Sie müssen alle nach Norden. Was sie bei sich haben, schmeißen sie alles weg. Zurück kommt keiner mehr. Ganz Europa wird in einen gelben Dunst gehüllt. Alle, die diesen Dunst atmen, werden sterben. Die Häuser und Kirchen werden stehen bleiben, doch das Vieh auf den Weiden wird an diesem Dunst sterben.
- Von Osten wird ein gelber Nebel aufsteigen und an dem großen reißenden Strom Halt machen (Elbe?).
- Bauer aus Krems: Er baue sich rechtzeitig einen Erdbunker. Nur die paar Leute, die in diesem Bunker sitzen, überleben und außerdem noch eine Handvoll Einwohner, die sich in einem Hohlweg am anderen Ende des Dorfes ver-

kriechen. Sonst kommt alles um. Schuld daran sei die über dem südwestlichen Böhmen aufsteigende schwefelgelbe Glut, die er als Explosion deutet. Am schlimmsten würden sich aber die Giftgase auswirken, die durch eine ungeheuerliche Eruption südlich von Prag frei werden sollen. Er könne sich das, was er erblicke, nur als einen Riss in der Erdrinde erklären. Er sehe ein grelles Blitzen. Dann würden Tausende von Teilen aus den Höhen fallen, in die sie hinaufgeschleudert worden waren. Es sieht aus wie die niederhängenden Zweige eines gewaltigen Birkenbaums. Die Erschütterung sei so stark, dass die Erde unvorstellbar bebe. Einen Tag lang zittert und bebt die Erde. Man bilde sich nicht ein, dass irgendetwas stehen bleibt. Das Beben setzt am späten Abend ein und dauert bis zum nächsten Tag. Das diffuse Licht, das sich dann verbreite und in die Atmosphäre steigt, hält nicht länger als drei Tage lang an. Wer nach fünf oder sechs Tagen sein Versteck verlasse, trägt noch immer bleibende Schäden davon.

Hier ist die Explosion einer Nuklearwaffe beschrieben worden!

5 Rückzug

Hier sind Voraussagungen verschiedener Seher zusammengefasst:

Während dieser beklemmenden Zeit glaubt die Bevölkerung kaum noch an eine Wendung in diesem Konflikt, während sich Europa langsam und erbittert wehrt. Der Einsatz von vielen kleinen und flinken Panzern ist die einzige wirkliche überlegene Waffe des Westens. Die USA: Sie bewahrt Deutschland vor der totalen Niederlage mit ihren Fluggeräten, die ganz frei im Raum (Hubschrauber) stehen können und Blitze (Strahlenwaffen, gemeint sind vermutlich Luft-/Boden-Raketen) schleudern. Mit ihr können auch Lenkwaffen sicher bekämpft werden. Diese Fluggeräte bzw. Flugscheiben, wie sie aus einigen Quellen genannt werden, sind seit ca. 1963 in Erprobung. Zum Einsatz kommen auch rechnergesteuerte Kleinflugzeuge ohne Piloten (Drohnen). Ein Mittelding zwischen Flugzeug und Rakete. Solche Flugzeuge, darüber unterhalten sich die Dorfbewohner, können nicht schaden, wenn man auf der Straße steht, denn sie sehen einen nicht. Durch eine Naturkatastrophe oder etwas Ähnliches ziehen die Russen plötzlich nach Norden ab. Um Köln entbrennt die letzte Schlacht. Die Gegner werden teils durch Naturkatastrophen, teils durch einen neuen westlichen Angriff geschwächt. Dadurch wird die Rote Armee in mehreren Schlachten vernichtend geschlagen. In Lyon kämpft sie gegen die Armee des freien Restfrankreichs und die Amerikaner. Sie wird wieder besiegt und zieht bis über den Jura und Basel nach Bayern zurück. In der Nähe von Ulm werden angeblich sieben Millionen Mann von den nachrückenden Franzosen, den Amerikanern aus dem Westen und Norden und dem schweizerisch-bayerisch-österreichischen Alpenheer eingekesselt und vernichtet. Lediglich Restverbänden gelingt die Flucht nach Norden, in die Gegend südlich von Köln, wo gegen die Überbleibsel des nördlichen und mittleren Panzerkeils gedämpft wird. Die – wenn auch dürftige – Unterstüt-

zung aus dem Süden lässt die Schlacht um Köln neu aufleben;
doch nach drei Tagen ist auch sie für die Russen verloren.

- Der Norden Deutschlands wird bolschewistisch werden.
  Auch Westfalen wird in die Hände des Bolschewiken gelangen. Es werden dann schwere Kämpfe mit den nachrückenden Franzosen am Niederrhein stattfinden, wobei
  Köln hart heimgesucht wird. Aus dem Süden Deutschlands wird ein aus Süddeutschen und Österreichern gebil-
  detes Ordnungsheer anrücken, das, anfangs klein, immer
  mehr Zuzug bekommen wird. Im Verein mit rheinischen
  und französischen Truppen wird es die Bolschewiken, Russen und Preußen vollständig niederwerfen. Die
  letzte Schlacht wird zwischen Essen und Münster stattfinden. Die heilige Stadt Köln wird sodann eine fürchterliche
  Schlacht sehen. Viel fremdes Volk wird hier gemordet und
  Männer und Weiber kämpfen für ihren Glauben. Man
  wird dann bis ans Fußgelenk im Blute waten. Das ist der
  Blutzeit Anfang, wenn die Stadt Köln eine fürchterliche
  Schlacht sehen wird.

- Die Franzosen verfolgten die Preußen über den Rhein
  nach vielen Richtungen hin. In einer abermaligen Schlacht
  bei Frankfurt wurden die Preußen wieder geschlagen. Sie
  zogen sich bis Siegburg zurück, wo sie zum russischen
  Heere stießen. Die Russen machten gemeinsame Sache mit
  den Preußen. Mir schien es, dass die Österreicher
  den Franzosen halfen. Die Schlacht bei Siegburg war etwas
  nie Dagewesenes an Schrecklichkeit. Ähnliches wird nie
  mehr geschehen. Nach einigen Tagen zogen sich die Preußen und Russen zurück und gingen eineinhalb Meilen unterhalb Bonns auf das linke Rheinufer. Stetig vom Feind
  bedrängt, zogen sie sich nach Köln zurück, die Stadt wurde beschossen, nur ein Viertel der Stadt blieb unversehrt.
  Stets auf dem Rückzug, retteten sich die Reste der preußischen Armee nach Westen.

- Wenn die Schweiz an Deutschland anschließt, dann dauert es nicht mehr lange und der Krieg ist aus.

- Während der Auseinandersetzung schlagen die USA atomar zurück, weite Teile Russlands und die letzten sowjetischen Raketensilos werden zerstört. Als Folge dieser Ereignisse kommt es im Land zu einer Gegenrevolution, die das bisherige System stürzt.

- Atomarer Schlagabtausch bei den Großmächten, dies ist der Todesstoß. Große Teile der USA sollen danach nuklear verseucht sein, die Metropolen zerstört und das Land wird sich in vier oder fünf kleinere Staaten aufteilen. In Russland soll es zu landesweiten Revolutionen kommen: Militär- und Machtapparat werden zerschlagen.

- Im September gibt es einen letzten verzweifelten Versuch sowjetischer Unterseebooteinheiten, Europa atomar zu verwüsten. Bei diesem Angriff werden viele französische und deutsche Städte in ein Flammenmeer verwandelt. Die katholischen Länder haben in diesem Kampf eine entscheidende Aufgabe. Bayerische und österreichische, schweizerische und französische Truppen werden nach den Vernichtungsschlachten bei Lyon und Ulm nach Norden vorstoßen, um sich an der Schlacht gegen die dort eingekreisten russischen und preußischen Verbände zu beteiligen.

- Der Krieg ist erst zu Ende, wenn Prag ein Trümmerhaufen ist.

- Abermals zur Kirschblüte wird Prag vernichtet werden. Eine Sonne wird stürzen und die Erde beben (Atombombe), die Rache kommt übers große Wasser. Der Atombombenangriff auf Prag ist also die Rache einer Nation von jenseits des großen Wassers, mit anderen Worten ein Vergeltungsschlag der Amerikaner

- Bei Ulm gibt es eine gigantische Kesselschlacht gegen die Ostarmee, die ihren Südkeil der Donaulinie entlang zur Schweiz und nach Mittelfrankreich vorgetrieben hatte.

- Der atomare Schlagabtausch versetzt beiden Großmächtigen den Todesstoß. Große Teile der USA werden nuklear verseucht sein, die Metropolen sind zerschlagen, das Land wird sich so in vier oder fünf kleinere Staaten aufteilen. In Russland werden die ersten Unruhen nach den Niederlagen zu einer landesweiten Revolution führen. Die in den Großstädten konzentrierten Regierungsapparate sind zerschlagen, die Machthaber sind mitsamt ihren Machtinstrumenten militärisch entkräftet. In Russland bricht eine Revolution aus und ein Bürgerkrieg. Leichen gibt es so viele, dass man sie nicht mehr wegbringen kann von den Straßen. Das russische Volk glaubt wieder und es kommt wider zu Ehren.

Die Seher sind sich einig, dass der Atomkrieg nicht nur auf die Großmächte begrenzt bleibt. Es sollen auch in Südamerika die Atombomben schwer zu spüren sein und Südafrika wird von den USA mit Atombomben belegt werden, nachdem die schwarze Rasse unter unsagbarem Gräuel die Herrschaft übernommen hat. Am schlimmsten ist aber Europa betroffen. Ganze Städte werden in Schutt und Asche verwandelt.

6 Endschlacht

Nachdem es für die Eindringlinge keine Rückzugmöglichkeiten mehr gibt und die europäischen Verbände sich wieder gesammelt haben, wird es laut Quellen zu einer noch nie da gewesenen Auseinandersetzung kommen, die teilweise als die Schlacht am Birkenbaum bezeichnet wird. Im nachstehenden Text sind konkrete Textpassagen aufgeführt:

- Die Schlacht wird am Birkenbaum zwischen Unna, Hamm und Werl stattfinden: Dort wo sich heute das Autobahnkreuz Dortmund-Unna befindet, werden sich die Völker der halben Welt gegenüberstehen. Gott wird mit einem schrecklichen Sturm die Feinde schrecken. Von den Russen werden da nur wenige nach Hause kommen, um ihre Niederlage zu verkünden. Auf der einen Seite werden alle Völker des Westens, auf der anderen alle des Ostens stehen. In fürchterlichen Scharen werden jene herankommen. Lange wird man mit unentschiedenem Glücke kämpfen, bis man endlich in die Gegend des Rheins kommt. Dort wird man drei Tage lang kämpfen, so dass das Wasser des Rheins rot gefärbt sein wird, bis es bald nachher zur Schlacht am Birkenbäumchen kommt. Da werden weiße, blaue und graue Soldaten kämpfen mit solcher Macht und Wut, dass jene Scharen vollkommen aufgerieben werden, und dann wird Ruhe und Frieden sein. Mitten in Deutschland werden sie aufeinander treffen, nachdem die Einwohner gezwungen sind, sich in die Berge und Wälder zu flüchten … Am Birkenwäldchen, nahe bei Boxberg, wird dieses schreckliche Treffen beginnen. Wehe, armes Vaterland!! Drei Tage werden sie dort kämpfen, bedeckt mit Wunden werden sie sich noch gegenseitig zerfleischen und bis an die Knöchel im Blute waten. Dort wird jene Macht vernichtet, ihre Kraft zerbrochen, so dass kaum einige übrig bleiben, um die unerhörte Nachricht zu verkünden.

- Am Birkenbaume wird die Armee des Westens gegen die Armee des Ostens eine furchtbare Schlacht kämpfen und nach vielen blutigen Opfern den Sieg erringen. Die Krieger des Ostens nehmen in wilder Flucht Reißaus und wenn die Bewohner unserer Dorfschaften dann den Ort Rune an der Werter Haar brennen sehen, mögen sie nur schleunigst in den Arnsberger Wald flüchten … und ein anderes Gefecht findet an der Ruhrbrücke beim Obereimer statt, jedoch wird man hier nur mit Artillerie kämpfen und bei dieser Gelegenheit die drei am dichtesten am Obereimer stehenden Häuser Arnsbergs in Brand schießen. Einige Tage später beginnt zwischen den Kriegen aus Osten und Westen die zweite und letzte große Schlacht auf deutschem Boden, und zwar bei dem Dorf Schmerlecke am so genannten Lusebrinke. Die Heere des Ostens werden bis zur totalen Vernichtung geschlagen, und nur sehr spärlichen Überbleibseln wird es vergönnt sein, die Kunde der ungeheuren Niederlage in ihre Heimat zu bringen. Ein grässliches Wehe, wehe dir Hellweg!! In Soest wird eine ganze Straße bis zur alten Kirche abbrennen …

7 Polsprung/3 finstere Tage/Atombombenfall laut 1910/Flutkatastrophen

In diesem Kapitel möchte ich Ihnen einen kleinen Denkanstoß geben. Aus der wissenschaftlichen Sichtweise kommt man zu dem Schluss, dass es in bestimmten Zeitabschnitten ca. alle 13.000 Jahre auf unserer Erde zu einer Änderung der Pole kommt. Diese werden ausgelöst durch einen gewaltigen Asteroiden, durch einen Einschlag auf der Erde oder durch eine Beinahekollision. Ebenfalls ist bekannt, dass ein Meteorit an der Küste des US-Staates South Carolina niedergegangen war und dort reihenweise Einschlagskrater bildete. Geologen datierten seinen Aufprall auf etwa 8.000 – 10.000 Jahre vor Christi Geburt. Wird der Stern Typhon ähnliche Verheerungen auslösen?? Interessehalber: Der Bau der Pyramiden wird in einigen Kreisen, die offiziell natürlich noch nicht anerkannt werden, in einer Zeitspanne um 13.000 bis 15.000 Jahre vor Christi datiert. Vielleicht ist es doch nicht nur eine Grabstätte, sondern ein Aufbewahrungsort, um das technische Wissen, Arbeitsgeräte und andere wertvolle Dinge aufzubewahren und um diese nach der Katastrophe dort unversehrt wieder herauszuholen. Vielleicht so etwas wie ein wasserdichter Safe?? Bekannt ist ebenso, dass es in Deutschland in der Nähe von Karlsruhe eine Bunkeranlage gibt, in der Wissenswertes zusammengetragen wird, um bei einer kompletten Auslöschung der Nachwelt wichtige Hinweise und Darstellungen zu übermitteln, wie wir gelebt haben (unser Vermächtnis).

Die drei finsteren Tage: Während des Polsprungs (durch einen Asteroiden) bricht das elektromagnetische Feld der Erde zusammen, es gibt nirgendwo mehr Elektrizität, eine dichte Wolkendecke, angefüllt mit aufgewirbeltem atomarem Fallout, mit Vulkanasche und Kometenstaub, wird den Himmel verdunkeln. Giftige Gase, größtenteils vom Schweif des Sterns Typhon, Partikel von der Sonnenexplosion und immer wieder Unmengen emporschießenden Wasserdampfes (bei Einschlag im Meer): Die drei dunklen Tage sind da, drei Tage der Umwälzung des Planeten Erde, drei Tage, in denen die Erde taumelt, die Erdoberfläche ihr Gesicht verändert, aber auch drei Tage, in denen sich die Erde von den Giften reinigt, die ihr der Mensch verabreicht hat. Von den drei dunklen Tagen sprechen dutzende Prophezeiungen. Korrekt beschreiben sie die elektrischen Entladungen in der Atmosphäre, die gewitterartig über zweiundsiebzig Stunden anhalten werden; sprechen sie von dem tödlichen Staub, der Mischung von Fallout und giftigen Gasen aus dem Weltall. Tatsächlich gehen die Teufel um in diesen Tagen und noch nie hat die geplagte Menschheit solche Schrecken erlebt. Doch, wie es klipp und klar formuliert wurde: Die Bürger eines jeden Staates der Welt könnten den Polsprung überleben, wenn sie rechtzeitig informiert und gewarnt werden.

- Es wird eine dreitägige Finsternis in der Natur eintreten; während drei Nächten und zwei Tagen wird eine ununterbrochene Nacht sein. Die Kerzen werden allein noch Licht spenden. Eine einzige Kerze wird für drei Tage reichen. In diesen drei Tagen sollen die Leute vielmehr in ihren Häusern bleiben. Der Winter kommt, drei Tage Finsternis, Blitz und Donner und der Erde Riss, verlasse nicht das Haus! Auch am Fenster scheue nicht den Graus! Eine Kerze gibt die ganze Zeit, sofern sie brennen will, dir Schein. Gift'ger Odem dringt aus Staubesnacht, schwarze Seuche, schlimmster Menschenschlacht. Gleiches allen Erdgebor'nen droht, doch die Guten sterben seligen Tod. Viele Leut' bleiben wunderbar frei von Atemkrampf und Pestgefahr.
- Damit ihr euch auf dieses Ereignis vorbereiten könnt, gebe ich euch folgendes Zeichen: Die Nacht ist sehr kalt, der Wind braust und nach einiger Zeit wird der Donner einsetzen. Dann verschließt alle Türen und Fenster und sprecht mit niemandem außerhalb des Hauses. Hütet euch vor dem Sonnenaufgang. Schaut nicht zum Himmel – den Blitzen. Schließt eure Fenster. Zieht eure Vorhänge

vor. Bleibt drinnen, wagt euch nicht außerhalb eurer Tore, ihr werdet nicht zurückkehren. Werft euch auf euren Fußboden nieder, mit ausgebreiteten Armen. Versucht nicht, eure Tiere in eure Häuser zu nehmen, denn die Tiere jener, die guten Geistes sind, werden behütet werden … haltet in euren Heimen Kerzen, Wasser, Decken, Nahrung bereit. In dieser Nacht sterben mehr Menschen als in den zwei Weltkriegen. Kauft ein Paar verlötete Blechdosen mit Reis und Hülsenfrüchten. Brot und Mehl hält sich, Feuchtes verdirbt, wie Fleisch, außer in blechernen Konservendosen. Wasser aus der Leitung ist genießbar, nicht aber Milch. Recht viel Hunger werden die Leute so nicht haben, während der Katastrophe und Finsternis. Macht während der 72 Stunden keine Fenster auf, die Flüsse werden so wenig Wasser haben, dass man leicht durchgehen kann.

- Das Vieh fällt um, das Gras wird gelb und dürr, die toten Menschen werden ganz gelb und schwarz. Der Wind treibt die Todeswolken nach Osten ab. Die große Erschütterung und die 3 finsteren Tage. Die Erdachse verschiebt sich und die Sonne ändert ihren Himmelslauf. Riesige Wasser bedrohen die Küste, im Inneren aber herrscht tödliche Dürre. Neue Wüsten entstehen und auch die alten Wüsten wachsen weiter … Vulkane tun im Boden sich auf und Asche bedeckt das zerschundene Land. Finster wird es werden an einem Tag unter dem Krieg. Dann bricht ein Hagelschlag aus mit Blitz und Donner und ein Erdbeben schüttelt die Erde. Dann geh nicht hinaus aus dem Haus. Die Lichter brennen nicht, außer Kerzenlicht, der Strom hört auf. Wer den Staub einschnauft, kriegt einen Krampf und stirbt. Mach die Fenster nicht auf, hänge sie mit schwarzem Papier zu. Alle offenen Wasser werden giftig und alle offenen Speisen, die nicht in verschlossenen Dosen sind, auch keine Speisen in Gläsern, die halten es nicht ab. Draußen geht der Staubtod um, es sterben sehr viele Menschen. Nach 72 Stunden ist alles vorbei. Aber noch einmal sag ich es: Geh' nicht hinaus, schau nicht aus dem Fenster hinaus, lass den Wachsstock brennen. Über Nacht sterben mehr Menschen als bei beiden Weltkriegen. Kauft ein paar verlötete Blechdosen mit Reis und Hülsenfrüchten. Brot und Mehl hält sich, Feuchtes verdirbt, wie Fleisch, außer in blechernen Konservendosen. Wasser aus der Leitung ist genießbar, nicht aber Milch. Recht viel Hunger werden die Leute so nicht haben, während der Katastrophe und der Finsternis. Macht während der Zeit kein Fenster auf. Last keinen hinein, auch wenn's eure Verwandtschaft oder Eltern sind. Die Flüsse werden so wenig Wasser haben, dass man leicht durchgehen kann. Das Vieh fällt um, das Gras wird gelb und dürr, die toten Menschen werden ganz gelb und schwarz sein. Der Wind treibt die Todeswolken nach Osten ab.

Es scheint sich hierbei nicht um atomare Verstrahlung oder Staub zu handeln, denn an den Folgen einer Verstrahlung stirbt man nicht sofort, sondern erst nach mehreren Tagen oder gar Wochen. Auch ist der Körper in der Lage, sich wieder zu erholen. Auch um Geländekampfstoff scheint es sich nicht zu handeln. Und in beiden Fällen verdunkeln diese nicht den Himmel. Planetoiden, zusammen mit eruptiven Gasen vielleicht??

- Johannes Friede: In den Tagen der hereinbrechenden Dämmerung werden im Äther Blitze aufleuchten, die den Dunkelnebel … sehen lassen … Wenn am vierten Tage, zur Zeit des Sonnenaufgangs, euer Tagesgestirn wieder in vollstem Glanze erstrahlen wird, dann wird auf Erden eine Aschedecke liegen wie bei Neuschnee im Winter, nur mit dem Unterschied, dass diese Asche schwefelfarben ist. Von Erdbeben werden Nebel (giftige Gase) aufsteigen … in menschenreichen Gebieten werden mehr Tote zu finden sein als in den letzten Kriegen. Und am siebenten Tage nach dem Wiedererscheinen des Lichtes wird die Asche vom Erdboden aufgenommen sein und eine Fruchtbarkeit erzeugen, wie sie die Menschen noch nie zu sehen bekommen haben. Deswegen mein Rat, wenn es nicht notwendig ist, wartet bis zum 7. Tage in eueren Verstecken.

- Aus dem Jahr 1976: Alle erhalten eine gerechte Warnung, und dann kommt das Schwert. Wie der Tag der Nacht folgt, wird die Warnung bald eintreten. Schaut nicht auf zum Himmel, hütet euch vor dem Aufblitzen (Erblindung), schließt eure Fenster, zieht die Vorhänge vor, bleibt im Hause. Wenn ihr euch vor eure Türen hinaus wagt oder sie öffnet, werdet ihr nicht mehr zurückkehren. Werft euch auf den Boden nieder.

- Pater Pio, 1887 – 1968: Damit ihr euch auf dieses Ereignis vorbereiten könnt, gebe ich euch folgendes Zeichen: Die Nacht ist sehr kalt, der Wind braust und nach einiger Zeit wird der Donner einsetzen Dann verschließt alle Türen und Fenster und sprecht mit niemandem außerhalb des Hauses.

- Und der dritte Engel stieß in die Posaune. Da fiel ein großer Stern, der wie eine Fackel brannte, vom Himmel herab. Er fiel auf ein Drittel der Flüsse und der Quellen. Der Stern heißt Bitterkeit, da wurde ein Drittel der Gewässer bitter, und viele Menschen starben vom Wasser, weil es vergiftet war. Und ich sah, als es das sechste Siegel brach, und siehe, ein gewaltiges Gewand, und der ganze Mond wurde wie Blut, und die Sterne des Himmels fielen auf die Erde, wie ein Feigenbaum seine unreifen Früchte abwirft, wenn er von einem starken Wind geschüttelt wird. Der Himmel wurde beiseite gestoßen wie eine Buchrolle, und alle Berge und Inseln wurden von ihrer Stelle weggerückt.

- Atombombenexplosion in Prag, Tschechien: Es entstünde südlich von Prag ein Riss in der Erdrinde, giftige Gase würden freigesetzt, die Erde bebt. Der Osten antwortet auf diese Attacke mit der völligen Zerstörung des Rhein-Main-Großraumes. Zwillingsschicksal Frankfurts und Prags. Vom großen Frankfurt bleibt kaum etwas übrig.

Atombombenbeschreibung eines Bauern aus dem Jahr 1910:

- Rennt nicht davon, wenn die grauen Vögel fliegen – hatte er ermahnt und damit wohl zweifelsfrei auf Düsenjäger oder Fernlenkraketen hingewiesen – woanders wird es noch schlechter sein. Der Böhmerwald wird einmal versengt werden wie ein Strohschübel. Es geht gegen Norden ein Schein, wie ihn noch niemand gesehen hat, und dann wird ringsum das Feuer aufgehen. Setz dich in ein Loch und warte, bis alles vorbei ist, lang dauert es nicht, oder such dir eine Höhle am Berg. Die Luft frisst sich in die Haut wie Gift. Leg alles an, was du an Gewand hast und lass nicht das Nasenspitzel herausschauen. Wenn dir die Haare ausfallen, hat es dich erwischt. Wenn kein Uhrmandel mehr schreit und die Hasen zum Haus kommen und umfallen, dann geh weg vom Wasser und mähe kein Heu. Du hast das Essen vor dir und darfst es nicht essen, weil es dein Tod ist, und du hast das Wasser im Grandl und darfst es nicht trinken, weil es auch dein Tod ist. Nimm ein Dornwibirl in den Mund, das hilft, und sauf keine Milch, acht Wochen lang. Bauer, sag es deinen Kindern, sie sollen dem Berg zurennen, wenn es kracht.
- Sie dreht sich schnell um sich selbst, sie geht hinter dem Mond vorbei. Der Mond sieht auf einer Seite blau aus, ein Teil von ihm scheint zu schmelzen. Drüben an der rechten Seite des Mondes erscheint sie wieder wie ein brennender Stern, Funken sprühen weithin wie bei Feuerwerkskerzen. Die Farben sind ein tiefes Rot und Orange. Jetzt, da die Kugel näher kommt, wird es sehr, sehr heiß. Teile des Himmels werden weiß … auf Erden erheben sich Wasser, fünfzehn mal so hoch wie normale Wellen … ich sehe, wie der Himmel ganz leuchtend rot, fast orange … orangerot wird. Das Licht ist so leuchtend, dass es meinen Augen weh tut. Ich sehe diese enorme Kugel, und während sie schneller über den Himmel saust, löst sich ein Teil von ihr ab. Und jetzt verschwindet sie hinter der Sonne. Ein Teil hat

sich von dem Ball gelöst und fällt auf die Sonne, es entsteht eine Explosion. Alles ist wie gelähmt und jetzt sehe ich dieses Schwarze, den großen dichten Rauch … der Mond ist vollständig bedeckt, ich kann ihn nicht sehen, er gibt kein Licht. Jetzt scheint die Sonne Partikel zu sprühen … Da nun, ein Stück vom feurigen Gestein, es ist sehr groß, es fällt in das Wasser, das Wasser ist mehr Dampf, zischender Dampf und ich glaube, dass das Stück, das in das Wasser gefallen ist, auch sehr groß war, denn das Wasser steigt sehr hoch.

Ein Naturereignis? Dies könnte aber auch ein Meteoriteneinschlag, aber auch ein Vulkanausbruch sein, möglicherweise aber auch ein Riss der Erde, wie es im Lied der Linde erwähnt wird (Süddeutschland). Hauptsitz der kommunistischen Weltregierung soll Bamberg sein. Aber dazu kommt es nicht mehr. Das Blatt hat sich zu ungunsten der Invasoren gewendet; die nächste Phase des Krieges ist der Rückzug. Dabei kommt die Natur quasi dem Westen zu Hilfe. Ein Komet wird aus dem Weltall auftauchen, sein Schweif streift die Erde, 1.000 kleine Meteoriten prasseln auf die Erde, man spricht von einem Wunder. Schon die ersten Atombomben haben die Erde in Unruhe versetzt, jetzt brechen längst todgeglaubte Vulkane wieder aus. Vier Monate lang wird das dauern, wo der Krieg sehr heftig sein wird, geht aus Quellen hervor. Aus anderen Quellen geht hervor,

- dass ein einzelnes Flugzeug, das von Osten kommt, einen Gegenstand in das große Wasser wirft. Da hebt sich das Wasser wie ein Turm hoch und fällt wieder herunter. Alles wird überschwemmt. Es gibt ein Erdbeben. Der südliche Teil Englands rutscht ins Wasser ab. Drei große Städte werden untergehen: Eine wird im Wasser zugrunde gehen, London, die zweite steht kirchturmtief im Meer, Marseille, und die dritte fällt zusammen, Prag. Im Geist wurde ich in die Nähe von Trondheim geführt. Ich stand am Strand und schaute über das Meer. Plötzlich begann der Boden zu erbeben. Die Häuser der Stadt zitterten wie Espenlaub und einige hohe Holzbauten an der Küste stürzten zusammen. Gleich darauf erschall vom Meer herüber furchtbares Getöse, und eine gewaltige Sturzwelle näherte sich mit rasender Geschwindigkeit der Küste und zerschellte an den Felswänden. In den flachen Gebieten rollte die Flut weit ins Land hinein, überschwemmte große Teile von Trondheim und richtete erheblichen Schaden an ... die Überschwemmung erstreckte sich über die ganze norwegische Küste, von Südnorwegen bis hinauf in die Gegend von Bordø ... auch große Teile Hollandes, Belgiens und der deutschen Nordseeküste wurden schrecklich heimgesucht. Zu den Städten, die besonders große Schäden aufwiesen, gehörten Antwerpen und Hamburg. Letztere bekam ich zu sehen, und mir scheint, als habe sie nach London am schwersten gelitten. Das Gebiet auf einer geraden Linie von Brüssel bis zur Insel Rügen war von der Flut betroffen.

Wie unzureichend wir aber wirklich auf den Krisenfall vorbereitet sind, zeigt sich erst während des atomaren Schlagabtausches. Der Zivilschutz, die Schutzmaßnahmen des Staates für seine Bürger, erreicht nur einen kleinen Prozentsatz der Bevölkerung: Schutzplätze stehen der Bundesrepublik nur für etwa 3% der über 80 Millionen Deutschen zur Verfügung. Die medizinische Versorgung würde, so Experten auf einem Ärztekongress 1981 in Hamburg, im Krisenfall sofort zusammenbrechen. Die Ärzte sind nicht in der Lage, dies zu bewältigen. Ihre Aufgabe ist es, die Schmerzen zu lindern, entstehende Seuchen einzudämmen. Tote liegen auf den Straßen, niemand ist da, der sie begräbt. Die Quellen beschreiben auch: Viele kleine Kinder liegen auf der Erde, auf dem Rücken, haben den Mund geöffnet, die Hände verkrampft, andere an ihrer Seite, den Kopf auf einen Arm gelegt. Wider andere liegen auf einem großen Haufen zusammen, sie scheinen alle tot zu sein. Zwischen ihnen liegen andere kleine Kinder, die weinen … Ich habe viele Menschen in Straßengräben liegen gesehen, auf Böschungen im Todeskampf … Ich sah eine Stadt in Trümmern. Es blieben nur wenige Häuser stehen. Ein großer Lärm wird vernehmbar, dann Schreie. Viele Frauen verlassen schreiend die Häuser, kleine Kinder klammern sich weinend und schreiend an sie. Sei werfen sich lang auf die Straße hin und alles stürzt ein. Die Erde tut sich auf. Die Überlebenden eines Atomangriffs werden ihr Leben lang Spätfolgen zu befürchten haben, der Graue Star ist davon der harmloseste: Bösartige Geschwulste, Krebsgeschwüre, können noch nach Jahren auftauchen, das schlimmste aber ist: Innerhalb der folgenden 100 Jahre werden 6,4 bis 16,3 Millionen Kinder mit genetischen Defekten geboren, wie ein Professor 1982 auf einer Ärztetagung in Berlin prognostizierte. Da könnte eine Schreckensvisionen wahr werden:

Die Kapitulation der Ärzte und die Monster mit Missbildungen. Die Not der Schwangeren und Säugenden. Ihre Konzentration in Lagern zur reihenweisen Zwangsabtreibung, sowie die Neutralisierung der Neugeborenen – wer sich dagegen wehrt, wird ebenfalls ermordet. Eines der größten Probleme ist die medizinische Versorgung der Überlebenden. Es besteht darin, dass es kaum Notdepots mit Medikamenten geben wird, dass Krankenhäuser, Arztpraxen, Apotheken ebenso zerstört sein werden wie alle übrigen Gebäude, und dass der Prozentsatz der Überlebenden und einsatzfähigen Ärzte und Sanitäter genauso gering sein wird wie in der übrigen Bevölkerung. Für viele tausend Schwerverwundete wird es keine entscheidende oder fühlbare Hilfe geben – begann der Professor seine Darstellung der Folgen eines Atomkrieges auf einem Berliner Ärztekongress 1983. Die Schreie nach Wasser waren das in Hiroshima am meisten Gehörte. Mitmenschliche Hilfe auf primitivster Stufe – den Dürstenden zu tränken – wird der verbliebene und oft nicht mehr zu realisierende Rest abendländischer Humanität sein. Die Einsamkeit der Geschlagenen und ihre Hoffnungslosigkeit. Verlassen ob einer von Menschen gemachten Öde des Grauens, können nur Apathie und schwere Depressionen erzeugen. Der rasche Tod ist die einzige Chance derer, die sich nicht mehr vom Fleck rühren können. Desolater Gemütszustand, Unterernährung, Hunger, Durst, Verlust von Heimat, Verwandten und Freunden, schlechte Unterbringung in überfüllten Notquartieren werden unter den Überlebenden bald zum Ausbruch von schweren Infektionskrankheiten und Seuchen führen ... Durchfallerkrankungen unterschiedlichster Art, wie Typhus und Cholera, aber auch infektiöse Hepatitis, schwere Pneumonien, Septikämien und Blutvergiftungen werden massenhaft auftreten. Tuberkulose, Diphtherie und wahrscheinlich sogar die Pest ... werden wieder aufflammen.

- Einige Menschen werden aus ihren Löchern und Bergklippen herauskriechen und sich Gewehre und Munition, und was sie hier und da am Boden liegen sehen, mitnehmen. Einige von ihnen sagen: Jetzt gibt es keine Polizei und keine Regierung. Wir können tun und lassen, was uns gefällt. Wir nehmen denen, die da kommen, das Essen für uns. Wir nehmen alles, was uns gefällt, ob Frau oder junges Mädchen …!!!

Im Anschluss nach der Tat soll das goldene Zeitalter kommen.

- Es war dunkle Nacht. Blitze zerstörten alles, was noch vom Krieg übrig war. Die Erde bewegte sich, wie das Meer im Sturm, dass es weiter hinten immer heller wurde. Die Erde dampfte, als ob sie warm wäre, und die Sonne kam nach einiger Zeit langsam durch. Es waren nirgends Bäume oder Ruinen von Häusern zu sehen. Man sah nur frische Erde. Es war, als hätte man die Erde von unten nach oben geholt. Als die Sonne wieder klar am Horizont schien und die Dämpfe sich verzogen hatten, sah ich plötzlich, wie hier und da einige Menschen zum Vorschein kamen. Man fragte sich, wie man sich gerettet hätte, und sie fingen an zu arbeiten. Die Erde grünte wieder und hier und da zwitscherte sogar ein Vogel. Selbst einige Tiere kamen zum Vorschein.

- Der Polsprung, die drei dunklen Tage, haben die Erde gereinigt. Ein neues Zeitalter beginnt, ein spirituelles Zeitalter, das Sonnenzeitalter, wie es in der abendländischen Mystik genannt wird. Ein Kreuz erscheint am Himmel. Das ist das Ende der Finsternis. Die Erde ist ein Leichenfeld wie eine Wüste. Die Menschen kommen ganz erschrocken aus den Häusern. Die Leichen werden auf Wagen gesammelt und in Massengräbern beerdigt. Es fahren weder Eisenbahnen noch Schiffe noch Autos in der ersten Zeit. Die Fabriken liegen still, denn es gibt keine Leute zur Bedienung der Maschinen. Das rasende Tempo früherer Zeit hat aufgehört. Die Erde ist ein Paradies. Die herrenlosen Güter werden neu verteilt. In einer Völkerwanderung werden die Menschen dorthin geschickt, wo sie nötig sind. Die Berggemeinden werden als Almen benützt. Die Menschen ziehen in die Täler und Ebenen hinab, wo die Arbeit leichter ist. Es wird nun eine fruchtbare Friedenszeit sein. Das Klima hat sich durch den Polsprung geändert, es ist wärmer geworden, auch bei uns. Südfrüchte wachsen wie in Italien. Wenn es herbstet, sammeln sich die Völker wieder. Zuerst herrscht noch eine Hungersnot, aber dann kommen so viel Lebensmittel herein, dass wieder alle satt werden. Die landlosen Leute ziehen jetzt dahin, wo ein fruchtbares Land entstanden ist, und jeder kann siedeln, wo er will, und so viel anbauen, wie er bewirtschaften kann. Wer das große Abräumen übersteht, wird zu einem wildfremden Menschen, der ihm begegnet, sagen: Bruder, wo hast du dich versteckt gehabt? Schwester, wo hast du dich verborgen gehalten? Wenn man auf den Bergen steht, wird man im ganzen Wald kein Licht mehr sehen. Wenn man herüber der Donau noch eine Kuh findet, der soll eine goldene Glocke angehängt werden. Der Hirte wird seinen Stecken in den Boden stoßen und sagen: Hier hat ein Dorf gestanden … Winter und Sommer wird man nicht mehr auseinander halten können, da auch jenseits der Donau alles wüst und öd geworden ist. Zwiesel und andere Gebiete veröden … obwohl jetzt auch im Wald ein schönes Leben möglich ist, denn alles Schlimme ist vorbei, alles Böse überstanden.

Einige Seher deuten an, dass nach dem 3. Weltkrieg in Europa die Monarchien wieder hergestellt werden und dass an ihrer Spitze ein Kaiser steht, ein Mann, der sich schon in den Kämpfen der Widerstandsheere gegen die Rote Armee profilieren konnte. Von den einen wird er der große Monarch genannt, von anderen der große Choren, der Führer der Welt. Er soll die ganze Kirche erneuern; nachdem ihn der Papst im Dom zu Köln zum Kaiser gekrönt hat, wird er den Wiederaufbau organisieren. Zu diesem Zeitpunkt wird die Erde ihr Gesicht verändert haben. Wie die Seher andeuten, wird Deutschland dank einer Polverschiebung in eine wärmere, also äquatornähere Region gerückt, während man im Schwarzmeerraum das Klima von Mexiko haben wird, danach müsste der neue Südpol im Beringmeer liegen. Die alten Metropolen werden im Lauf der Jahre teilweise wieder aufgebaut. Edgar Cayce (1877 – 1945) sah sich einmal in Trance in das Jahr 2100 versetzt, in einer Art Metallzeppelin über dem amerikanischen Kontinent. Mit an Bord waren Gelehrte mit langen Bärten, Glatzen und dicken Brillen. Er schildert die Szene:

- Wir kommen zu einer riesengroßen Stadt. Die Häuser sind fast alle gänzlich aus Glas. Ich frage, wie die Stadt heißt. Und sie sagen: Das ist das neue New York. Die alte Stadt ist zerstört worden. Man hat sie wieder aufgebaut.

Anscheinend beschreibt er die Veränderungen und das Entstehen des neuen Zeitalters. Zum Abschluss möchte ich aus seiner Vision vom Europa des 21. Jahrhunderts zitieren: „Ein Jahrhundert der Gewalt jeder Art, des Krieges und der Naturkatastrophen ist nun zu Ende."

UFO

Die spärlichen Informationen, die mir sozusagen in die Hände gefallen sind, möchte ich nur kurz anreißen, da dieses Buch sich eigentlich nicht mit dem Thema UFO auseinandersetzen will. Angeblich ist in den Dreißiger Jahren eine Untertasse im Schwarzwald abgestürzt. Natürlich wurde diese sehr genau untersucht. Bereits nach den ersten Analysen begann man mit dem Nachbau dieses Fluggerätes. Aus anderen Berichten geht hervor, dass schon vor dieser Zeit im Bereich Flugscheiben gearbeitet wurde.

Ende der Dreißiger Jahre soll es dann angeblich zu einem regen Verkehr mit Vertretern der Viril-Gesellschaft gekommen sein. Den Berichten zufolge soll es sich dabei um eine Gruppe hochgewachsener, schöner Wesen mit blonden Haaren und blauen Augen gehandelt haben. Sie behaupteten, die Vorfahren der irdischen weißen Rasse zu sein. Man lebe heute unter anderem auf der Venus, im Sonnensystem Aldebaran, im Andromeda-Nebel und habe Stationen zum Teil im Erdinneren, im Hochland von Tibet, an den beiden Polen, auf dem Meeresgrund aller Ozeane, auf der Rückseite des Mondes wie auch bei hellhäutigen Indianergruppen im Matto-Grosso-Gebirge in Brasilien. Infolge der Kontakte soll es dann, wie bereits erwähnt, zum Austausch spirituellen Wissens und Technologie gekommen sein, laut Informationen zufolge liegen Dokumente und zahlreiche Fotos vor, die darauf schließen lassen, dass es dann zum Bau von eigenen deutschen Flugscheiben gekommen sein dürfte, die den Esoterikern geholfen haben sollen, vor Kriegsende in die Antarktis, Neuschwabenland und auf andere Plätze auf der Erde zu fliehen, wo sie angeblich neue Basen errichtet haben, die bis zum heutigen Tage bestehen sollen (Michael Hessmann, „Geheimsache UFO", S. 121, Wilhelm Cooper, „Die apokalyptischen Reiter"). Über einen späteren Kontakt dieser menschenähnlichen Außerirdischen mit den Amerikanern finden wir Hinweise; dem zufolge ging der Präsident Eisenhower 1954 auf das Angebot dieser Gruppe über spirituelle und technologische Hilfe nicht ein, da diese die Abrüstung aller atomaren Waffen forderte. Weiterhin wurden die Amerikaner, diesen Unterlagen zufolge, von diesen gewarnt, dass noch eine andere Gruppe um Kontakt ersuchen würde, diese jedoch destruktiver Natur sei und man sich auf nichts einlassen solle. Kurze Zeit später meldete sich tatsächlich eine Art Außerirdischer, in diesem Fall eine Gruppe kleiner, etwa 1,20 m großer, grauhäutiger insektenartiger Wesen, die angeblich ein neues Zuhause suchten. Man soll den Amerikanern Technologie angeboten haben, im Austausch dagegen das Recht, unterirdische Basen auf der Erde zu errichten und genetische Versuche mit Menschen und Tieren durchzuführen, um die eigene aussterbende Rasse mit neuem genetischen Material zu versorgen. Beiderlei Kontakte sollen bis heute anhalten. Natürlich gibt es in allen Teilen der Welt Kontakte, doch über physische Kontakte mit Regierungen und Logen sind uns nur die beiden erwähnten geläufig. Ob diese Berichte real sind, werden wir bald herausfinden. Angeblich werden die Menschen nun langsam durch Hollywood auf den offiziellen Kontakt vorbereitet, doch zeigen die Science-Fiction-Filme der Amerikaner fast ausschließlich die negativen kleinen Grauen, mit denen sie selbst zu tun haben. Interessant ist hier zu bemerken, dass die deutsche TV-Serie „Raumschiff Orion" die Abenteuer deutscher Piloten in fliegenden Untertassen gezeigt hatte – auch Vorbereitung?? Dass aber auch uns beschützende und uns Menschen zum Verwechseln ähnlich sehende, engelgleichen Wesen da sind, die uns Menschen der Erde bei unserer Entwicklung helfen wollen (sie sind die sogenannten Engel vieler religiöser Schriften), davon wird kaum berichtet. Die Menschen könnten ja plötzlich mehr Vertrauen in diese Fremden haben als in unsere Politik. Deswegen zeigt man der Masse jedoch im Fernsehen die kleinen, zum Teil sehr fremdartig aussehenden, so steigt die Angst vor diesen und man sucht automatisch Schutz bei der Regierung. Man versucht mit allen erdenklichen Mitteln, die jetzigen Machtstrukturen aufrecht zu erhalten, doch es wird nichts nützen. Auf die Frage, warum Außerirdische nicht in das Geschehen auf der Erde eingreifen und vielleicht eine Massenlandung vollziehen, kann nur nochmals wiederholt werden: Bei der vollen menschlichen Willensfreiheit kommt es auf dieser Erde zunächst darauf an, was die Menschen selbst wollen und wie sie danach handeln. Täten diese Wesen dies, so hörte der Mensch auf, ein Wesen mit freiem Willen zu sein und wäre nur eine belebte Maschine. Doch worauf gründet sich dieses Wissen, was steht dahinter? Wollen wir noch einmal kurz auf die so genannten Annunakis der sumerischen Schrifttafeln eingehen. Nach den Recherchen sind die Annunakis der sumerischen Schrifttafeln übersetzt: „Jene, die vom Himmel kamen". Außerirdische von einem noch unentdeckten oder besser gesagt von den Autoritäten bereits entdeckten, doch vor der Öffentlichkeit verschwiegenen weiteren Planeten unseres Sonnensystems, der mit einer Umlaufbahn von 3.600 Jahren unsere Sonne umkreist. Den sumerischen Schrifttafeln zufolge sind die Annunakis vor rund 450.000 Jahren zum ersten Mal auf der Erde gelandet, um ihren eigenen Planeten zu retten. Und zwar förderten sie Gold und andere Rohstoffe, die sie für ihre Atomfähre brauchten, und schufen, da sie den Abbau mit eigener Hand leid waren, durch eine genetische Manipulation das Hominiden-Weibchen, den Homo sapiens, vor ca. 350.000 Jahren. Das Zweistromland war demnach ihre erste Kolonie. Henoch lebte vor der Sintflut und verließ im Alter von 365 Jahren auf Geheiß Gottes die Erde und weil er mit Gott wandelte, nahm ihn Gott hinweg und er ward nicht mehr gesehen. Es war der erste der Menschen, die auf der Erde geboren waren und von den Annunakis gelehrt wurden. Zur Aufrechterhaltung der Kommunikation erhielten die Menschen – hier lässt die Überlieferung Unklarheit – Formeln, Tafeln oder Geräte, mit deren Hilfe das außerirdische Wissen gespeichert und die Kommunikation zu den Außerirdischen aufrecht erhalten wurde. Einige der Annunakis, die sich entgegen der Gesetze des kosmischen Rates mit den Töchtern der Erde gepaart und somit in die menschliche Evolution eingegriffen hatten, wurden zu den Annunakis der Erde verbannt und mussten hier bleiben – die so genannten Gott-Menschen des A. T. Henoch wurde von den oberen Annunakis ausgesucht, der jungen Menschheit einen Teil ihres Geheimwissens beizubringen. Das Buch Henoch schilderte so schon vor 12.000 Jahren die Eckpfeiler der zukünftigen menschlichen Geschichte – den so genannten roten Faden. Das zweite Buch, das die nur für Eingeweihte bestimmten codierten Geheimnisse enthielt, wurde behütet und später von Noah vor der Sintflut gerettet und von Abraham aus Ur mitgebracht. Schließlich von Moses in die von ihm auf den Berg Sinai unter außerirdischer Anweisung gebaute Bundeslade gebracht. Die Bundeslade wurde zuletzt vom Propheten Jeremia vor den Feinden, den Heeren des Nebukadnezars, in einer Höhle am Berg Nemo versteckt. Danach ist der Verbleib unklar; es ist möglich, dass sie zu diesem Zeitpunkt unter dem zweiten Tempel Salomons versteckt wurde usw. Da wir die Bundeslade erwähnt haben, möchte ich noch kurz auf die Prophezeiung des Theophrastus Paracelsus eingehen:

- Sie werden mich nicht einmal in meinem Grab ruhen lassen, sondern wieder ausgraben und gegen Osten legen. Ich sage es euch: Drei große Schätze liegen verborgen, einer bei Meiden in Friaul, einer zwischen Schwaben und Bayern. Den Ort verrate ich nicht, um Streit und Blutvergießen zu vermeiden. Der dritte findet sich zwischen Spanien und Frankreich. Wer sie findet, wird durch sie zu unvorstellbarem Ruhm und Ansehen gelangen. Mit dem Schatz zwischen Schwaben und Bayern wird man überaus kundige Kunstbücher finden, außerdem Edelsteine und auch einen Karfunkel. (??) Die Leute, die Schätze finden, sind 32, 50, 28 Jahre alt. Übrigens: der Schatz zwischen Bayern und Schwaben besteht aus einer Barschaft, die größer ist als die von 12 Königreichen. Außerdem aus einem Karfunkel – so groß wie ein Ei. Kein Kaiser könnte ihn bezahlen. Zu dem Schatz zwischen Bayern und Schwaben gehört meine höchst geheime Kunst – nämlich das Wissen, wie man gemeines Metall in wertvolles verwandeln kann, wie sich Gold verflüssigen lässt – und der Stein der Weisen. Derjenige, der nach Gottes Willen und Ratschluss die rechte Tür zu diesem Schatz aufschließen darf, der wird den Karfunkel und andere Edelsteine finden. Sie liegen in einer Truhe verschlossen, die von Menschenhand geschaffen ist und selbst aus lauter Gold und Edelsteinen besteht. Der Schlüssel dazu liegt oben auf. Die Truhe steht in einem goldenen Sarg, der goldene in einem silbernen und der silberne in einem aus Zinn (Bundeslande = elektrischer Akkumulator, bei Berührung tödlicher Stromschlag).

Gott der Allmächtige wird den, der diesen Schatz findet, in allem Glück und Sieg mit seiner göttlichen Macht stärken und ihm Gewalt verleihen, alles Böse klein zu halten und alles Gute zu erschließen. – So viel zur Bundeslade.

- Aus dem Jahr 2004: … und gleich kommt der Part, der für euch zu dem Thema interessant sein kann. Bitte verurteilt mich jetzt nicht, wenn ich vielleicht das eine oder andere durcheinander bringe, wie gesagt, das Ganze liegt schon über 10 Jahre zurück. Er erzählte mir etwas davon, dass der große Krieg auf dem Balkan beginnt, und zwar greift die Türkei Griechenland an. Es wird da wohl irgendeine Unstimmigkeit geben, die den Türken gewaltig auf den Magen gestoßen ist, so dass sie einen Überraschungsangriff auf Griechenland starten werden. Das Ganze wird sehr schnell gehen, aber ich solle keine Angst haben, denn er erzählte (ein Mönch) etwas davon, dass die Türken schnell von Griechenland ablassen werden, weil sie selbst angegriffen werden, und zwar von den Russen. Und die Russen werden sich dann fast ganz Europa unter den Nagel reißen und dieser Krieg wird nur einige Tage dauern. Es wird ganz schnell gehen und viele, sehr viele Menschen werden sterben. Niemand wird es zu diesem Zeitpunkt erwarten, weil alle der Meinung waren, dass es jetzt wieder aufwärts geht und besser wird. Er erzählt auch etwas von den Chinesen usw., aber er ging auf den Krieg nicht näher ein, sondern sagte zu mir, dass der Krieg von Menschenhand ausgelöst worden ist, aber von Gottes Hand beendet wird. Es wird eine Zeit ganz dunkel werden auf der Welt und man soll sich in dieser Zeit verstecken und auf keinen Fall nachschauen, was draußen passiert. Auch wenn vertraute Stimmen an der Tür klopfen, soll man nicht aufmachen.

9 Überleben

Andere Seher sind sich sicher, dass Russland im Kampf gegen den Osten unterstützt wird, und zwar von China. Das allerdings hätte zur Folge, dass China in den Kämpfen als eine überlebende Großmacht hervorginge; und tatsächlich zur gelben Gefahr avancieren könnte. Was die Überlebenschancen in Europa angeht, so ist zumindest gesagt worden: Ich gebe in Europa keiner Million mehr das Leben. Deutschland wird zum größten Teil wie ausgestorben sein, und trotzdem sei es möglich, sämtliche Katastrophen unbeschadet zu überstehen.

Wo kann man überleben??

Die Rote Armee ist hauptsächlich in der Nähe einer Autobahn oder Bundesstraße in West-Ost-Richtung anzutreffen. (Das betrifft die Bewohner des Gebietes um Ulm und des Großraums zwischen Nürnberg, Augsburg und Basel.) Südlich von Köln sowie im Ruhrgebiet muss damit gerechnet werden. Spätestens bei den vier Vernichtungsschlachten werden betroffen sein: Küstenbewohner, grob gesehen im Gebiet nördlich einer Linie von Brüssel bis zur Insel Rügen; Brüssel muss mit Flutkatastrophen rechnen. Die Großstädte: Hamburg fällt der Sturmflut zum Opfer, Berlin ist von Flammen umgeben. Um Berlin lag eine rote Schlinge. Hannover kämpfe zu Beginn der roten Invasion, ein Trümmerhaufen … alles kaputt. Köln – eine fürchterliche Verheerung, nur ein Viertel der Stadt bleibt unversehrt, darunter der Kölner Dom, in dem der Papst nach Ende des Krieges eine Messe feiert. Den Münchnern wird nicht viel geschehen, nur ein wenig unruhig wird's sein. Paris endet als Flammenmeer, Rom wird als Trümmerhaufen bezeichnet. London versinkt im Meer. Die Zeit der Plünderungen und der Durchzug der Roten Armee wird Monaco zerstören. Ansonsten scheinen von den Mittelmeerländern Spanien und Portugal am sichersten: Lediglich die Inseln und Küsten werden möglicherweise überflutet, der Süden Spaniens zumindest zeitweise von den Syriern besetzt. Allgemein gilt, dass viele andere Großstädte in Trümmer verwandelt werden, alle Großstädte und Metropolen, besonders die Hauptstädte, werden sehr schwer und schrecklich heimgesucht werden. Auf dem Wiener Stephanplatz wächst Dill, heißt es. Wahrscheinlich wird der Ostteil Österreichs bis Linz durch den gelben Vorhang verseucht werden, bis zu Donau und Inn. Lediglich zwischen Landeck und Innsbruck wird eine Schlacht erwartet, dass im Verlauf des kommenden Krieges das ganze Gebiet östlich von Linz, nördlich der Donau eine einzige Wüste werden wird. Bis Regensburg steht keine Brücke mehr über die Donau, südlich vom blauen Wasser kommen sie nicht. Panzerschlacht vor Raum Wien-Krems in Richtung Schrems-Gmünd.

Verschont bleiben:

Die Schweiz, mit Ausnahme des Nordwestens, Basel, Jura und der Südwesten Genfs, der äußerste Westen Österreichs ebenso wie Südbayern. Wer südlich und westlich der Donau lebt, braucht keine Angst zu haben. Die Bevölkerung zwischen Watzmann und Wendelstein bleibt verschont. Der Süden bis Chiemgau bis zu Donau und Inn wird alles dem Erdboden gleichgemacht. Die sicherste Gegend vor der Atombombe und den Erdkatastrophen (Erdbeben) in Europa ist das Alpengebiet, hauptsächlich das Watzmann-Gebiet, zum Teil der Wilde Kaiser und das hintere Klarwendel bei Hinterreis sowie eventuell das Gebiet um das Tuner Joch. Südlich der Donau gibt es vereinzelte Explosionen, hinter der Grenze am unteren Inn wird es fürchterliche Zerstörungen geben. Ebenso am Oberlauf der Donau. Die Hauptgefahr für das Gebiet, das ungefähr von den Städten Altötting, Pfaffenhofen und Weilheim begrenzt wird, besteht in den Zerstörungen, wie Terrorismus, Plünderung, Brandstiftung, Mord und Totschlag, Vergewaltigung. Die Stadt Landau an der Isar leidet schwer durch eine verirrte Bombe. Über Altötting hält die Gottesmutter schützend ihre Hand, während die Städte Straubing und Rabenstein vernichtet werden; empfohlenes Versteck für Ostbayern die Wälder im Perlachtel und am Buchaberg, für Bodenmais die Bergwerke, für den waldlosen Gäuboden die Weizenmandln. Sichere Verstecke seien auch der Fuchsensriegel und der Falkenstein: Die Leute bleiben soweit verschont, wie die schwarzen Bäche gehen und bis zur verkehrten Kirche von Freiung. Außerdem empfahl er das Dreieck Mühldorf – Altötting – Landdorf als Zuflucht. Das Rheintal wird verwüstet werden, mehr von der Luft als durch Luftangriffe. Die Rheinlande werden zerstört, mehr durch Flugzeuge als durch das Heere. Zu schweren Kämpfen kommt es bei Koblenz und Linz/Rhein: Die Linzer werden viel leiden und viele alles verlassen müssen, aber dabei noch Gott danken, beim Rückzug der Roten. An dem Platz, wo Rhein und Mosel zusammenfließen, wird gegen die Türken eine Schlacht geschlagen werden, so blutig, dass der Rhein bis 25 Stunden rot gefärbt sein wird. Weitere Kämpfe sollen bei Siegburg und Siegen stattfinden. Die ganze Gegend zwischen Ems, Lippe und Ruhr, vom Rhein bis an die Weser, wird der Schauplatz eines Kampfes werden. Paderborn, Soest, Unna, Hamm, Dortmund, Minden, Münster, Lippstadt, Iserlohn sind hauptsächlich betroffen. Das Ruhrgebiet wird verwüstet. Wie Münster, dort wird auf dem Domplatz Blut vergossen. Blutvergießen in Flandern, Ausnahme von Brügge. Dort wird es immer ruhig zugehen. Weitaus sicherer ist es in Australien und Neuseeland. Diese Länder werden höchstwahrscheinlich nicht in das Kampfgeschehen mit einbezogen, dafür aber von Flüchtlingen überflutet. Viele Südostasiatische Staaten werden verschont bleiben, aber aufgrund des Zusammenbruches der Weltwirtschaft von inneren Unruhen und Bürgerkriegen erschüttert. Allerdings: Auch für Indien sehen manche Propheten einen Krieg voraus. Unklar ist die Rolle Chinas im III. Weltkrieg, während aus einigen Prophezeiungen hervorgeht, dass es sich mit den Russen auseinandersetzen wird.

10 Fatima

Eine Vorhersage betrifft auch die zukünftigen Päpste. Es solle ein Abbild des jeweiligen Papstes in einer Kirche (Rom) aufgehängt werden. In dieser Kirche hatten bzw. haben 112 Papstabbildungen Platz. Zu jenen wurden auch einige Sätze verfasst. Diese lauten:

110: Von der Sonnenfinsternis. (Johannes Paul II., seit 1978, geboren 1920, gab es eine Sonnenfinsternis. Sein Ponitifakat hat auch die Krise der europäischen Sonnenfinsternis im August 1999 überdauert.)

111: Gloria olivae. Ruhm des Ölbaumes. (Ratzinger??, hat eigentlich nichts mit dem Ölbaum zu tun, lassen wir uns überraschen.)

112: In Persecutione estrema S.RE cclesiae Sädebit Petrus II. Romanus, quer pascet wves in Multis tribulationibus. quibus transactis cibitas septicollis diruetur etjudex tremendus Judicabit populum suum. Finis.

Während der letzten Verfolgung der heiligen Römischen Kirche wird Petrus der II., der Römer, regieren, der seine Schafe in vielen Trübsalen weidet; wenn diese vorbei sind, wird die Siebenhügelstadt zerstört und der furchtbare Richter sein Volk richten. Es ist schon eine erschreckende Nüchternheit, mit der hier das Schicksal der Menschheit beschrieben wird. Was darauf folgt, ist ein einziges Wort: Ende.

Ist es das, was der Welt bevorsteht?? Dies ist übrigens der längste Text der ganzen 112 aufgeführten Päpste.

Fatima sollte im Jahr 1960 durch den Papst einer breiten Öffentlichkeit zugänglich gemacht werden. Bisher sickerten allerdings nur spärliche Informationen an die Öffentlichkeit. Nach Berichten kirchlicher Presseorgane soll Johannes Paul II. während seiner Deutschlandreise 1980 in Fulda auf die Frage nach dem Fatima-Geheimnis geantwortet haben: „Wegen des schweren Inhalts und um die kommunistische Weltmacht nicht zu gewissen Handlungen zu animieren, zogen meine Vorgänger im Petrusamt eine diplomatische Fassung vor. Außerdem soll es ja jedem Christen genügen, wenn er folgendes weiß: Wenn zu lesen steht, dass Ozeane sowie ganze Erdteile überschwemmt werden, dass Menschen von einer Minute auf die andere abberufen werden, und das zu Millionen, dann sollte man sich wirklich nicht mehr nach der Veröffentlichung dieses Geheimnisses sehnen. Viele wollen nur wissen, aus Neugierde und Sensationslust, vergessen aber, das Wissen auch Verantwortung bedeutet. Betet, betet und fragt nicht weiter. Alles andere vertraut der Gottesmutter an."

Die diplomatische Version:

Über die ganze Menschheit wird eine große Züchtigung kommen, noch nicht heute und noch nicht morgen, aber in der zweiten Hälfte des zwanzigsten Jahrhunderts. Was ich in La Salett bereits durch die Kinder Melanie und Myimin zum Ausdruck brachte, wiederhole ich heute dir gegenüber. Die Menschheit hat sich nicht so entwickelt, wie Gott es erwartete. Die Menschheit hat gefrevelt und das Geschenk, das ihr gegeben wurde, mit Füßen getreten. Nirgends mehr herrscht Ordnung. Selbst in den höchsten Stellen regiert Satan und bestimmt den Lauf der Dinge. Er wird es verstehen, sogar in die höchsten Spitzen der Kirche einzudringen. Es wird ihm gelingen, die Köpfe großer Wissenschaftler zu verwirren, die Waffen erfinden, mit denen man die Hälfte der ganzen Menschheit in wenigen Minuten vernichten kann. Er wird die Mächtigen der Völker in seinen Bann schlagen und sie veranlassen, dass diese Waffen in Massen erzeugt werden. Sollte sich die Menschheit dem nicht entgegenstellen, werde ich gezwungen sein, den

Arm meines Sohnes Jesus Christus fallen zu lassen. Siehe, Gott wird dann die Menschen strafen, noch härter und noch schwerer, als er sie durch die Sintflut gestraft hat. Und die Großen und Mächtigen werden dabei genauso zugrunde gehen wie die Kleinen und Schwachen. Aber auch für die Kirche kommt eine Zeit schwerster Prüfungen. Kardinäle werden gegen Kardinäle und Bischöfe gegen Bischöfe sein! Satan trifft mitten in ihre Reihen. Auch in Rom wird es große Bedrängungen geben. Was faul ist, fällt und was fällt, soll nicht gehalten werden. Die Kirche wird sich verfinstern und die Welt gerät in große Bestürzung. Der große Krieg fällt in die zweite Hälfte des zwanzigsten Jahrhunderts. Feuer und Rauch werden dann vom Himmel fallen, und die Wasser der Ozeane werden verdampfen, und die Gischt wird gegen den Himmel zischen (Atombombe??). Alles wird umstürzen, was aufrecht steht. Und Millionen und Abermillionen von Menschen werden von einer zur anderen Stunde ums Leben kommen, und die, welche dann noch leben, werden diejenigen beneiden, welche tot sind. Drangsal wird sein, wohin man schaut, und Elend auf der ganzen Erde und Untergang in allen Ländern … später aber, wenn die, die alles überstehen, noch am Leben sind, wird man erneut nach Gott und seiner Herrlichkeit rufen und Gott wieder dienen, wie einst, als die Welt noch nicht verdorben war. Die Zeit der Zeiten kommt und das Ende aller Enden, wenn die Menschheit sich nicht bekehrt.

Ähnliche Visionen, welche die Kirche betreffen könnte:

- Italien wird bestraft werden für sein Streben, das Joch des höchsten Herrn von sich abzuschütteln. Es wird zum Spielball des Krieges werden. Auf allen Seiten wird Blut fließen. Die Tempel werden geschlossen oder entweiht, die Priester und Ordensleute vergrault werden. Man wird sie totschlagen und sie werden eines grausamen Todes sterben. In Italien, Frankreich und Spanien wird Krieg ausbrechen und das Blut wird in Strömen auf der Straße fließen.

Der Italiener wird mit dem Italiener, der Franzose mit dem Franzosen kämpfen. Hierauf wird ein allgemeiner Krieg entstehen, der fürchterlich sein wird. Eine Zeit lang wird Gott weder Italiens noch Frankreichs gedenken, weil das Evangelium ganz in Vergessenheit geraten ist. Die bösen Menschen werden ihre ganze Wut auslassen, man wird sich erschlagen und gegenseitig morden bis in die Häuser hinein. Überall werden nur der Lärm der Waffen und Verwünschungen zu hören sein. Paris wird niedergebrannt und Marseille verschlungen.

- Papst Pisus X. sah in einer Vision den Papst aus dem Vatikan fliehen; die Feldpostbriefe erwähnen, dass er in Italien als Verräter hingestellt wurde, und Jacina von Fatima klagte auf dem Sterbebett: Armer Heiliger Vater … Sie werfen Steine nach ihm. Seine Flucht dauert laut Don Bosco und Mutter Stieglitz etwa 200 Tage, bis er wieder nach Rom zurückkehrt. Vorher, da sind sich viele unabhängige Seher über einen längeren Zeitraum einig, wird er zu Kriegsende ein Hochamt im Kölner Dom feiern.

- Die Flucht des Papstes ist, wie eine Reihe von Sehern bestätigt, der Auftakt zum Dritten Weltkrieg. Dem geht ein Himmelszeichen, eine Warnung voraus. Der Himmel wird weiß wie Schnee, es wird wie Feuer sein. Es wird euer Fleisch nicht verbrennen, aber wir werden es am Körper und in der Seele fühlen!! Alle Nationen, jeder wird es fühlen. Niemand ist ausgenommen. Alles deutet darauf hin, dass der Dritte Weltkrieg Ende April/Anfang Mai beginnt. Ihm geht in Deutschland ein fruchtbares Jahr mit viel Obst und Getreide voraus, und auch in diesem Jahr, wo der Krieg losbricht, wird ein so schönes Frühjahr sein, dass im April die Kühe schon in vollem Grase gehen. Vielleicht ist damit auch die Weissagung der germanischen Mythologie erfüllt: Das Ende der Welt naht, wenn ein Winter kommt, der ein Sommer ist. In Syrien fallen die ersten Atombomben. Es ist eine amerikanische Bombe.

Anhang

Zu den Prophezeiungen über den Dritten Weltkrieg und Fatima:

Die bekannteste Marienerscheinung der Welt ist die von Fatima. Am 13. Mai 1917 erschien Maria, die Mutter Jesu, in der Cova da Iria im portugiesischen Dorf Fatima, drei Kindern (Lucia, Francisco und Jacinta) und übermittelte ihnen wichtige Botschaften über den Zustand der Welt und die zu erwartenden Auswirkungen der verkorksten Schöpfungen des Menschen. Die wichtigste Botschaft ist dabei das so genannte dritte Geheimnis von Fatima (übermittelt am 13. Juli 1917), welches, im Gegensatz zu den anderen beiden, bis zum April 2000 nicht vom Vatikan veröffentlicht worden war. Nach allen bekannten Aussagen von Päpsten und ihren Beratern musste es sich um einen so unglaublichen Inhalt gehandelt haben, dass es kein Papst gewagt hatte, die Menschheit offiziell über den Inhalt zu informieren. Nun, unter den Prophezeiungsexperten wird stark angezweifelt, dass es sich bei dem nun veröffentlichten dritten Geheimnis um das echte handelt. Im Jahre 1942, am 25. Jahrstag der Erscheinung, ließ nämlich Papst Pius XII. eine stark zensierte Version durch Kardinal Schuster bekannt geben, die Papst Paul VI. in dieser so genannten diplomatischen Fassung des dritten Geheimnisses von 1942 ist wesentlich inhaltsreicher und aussagekräftiger, und vor allem auch erheblich länger, als das nun veröffentlichte!, „wahre" dritte Geheimnis. Doch entscheiden Sie selbst. Hier der Text aus dem Jahr 1942:

- Sorge dich nicht, liebes Kind, ich bin die Muttergottes, die zu dir spricht und dich bittet, die folgende Botschaft in meinem Namen der ganzen Welt zu verkünden. Du wirst dabei stark angefeindet werden. Doch sei stark im Glauben, und du wirst alle Anfeindungen überstehen. Höre und merke dir, was ich dir sage: Die Menschen müssen sich bessern. Sie müssen um die Vergebung der Sünden flehen, die sie begangen haben und weiterhin noch begehen werden. Du verlangst ein Wunderzeichen von mir, damit alle Welt meine Worte, die ich durch dich zur Menschheit spreche, versteht. Das Wunder hast du soeben gesehen (sie bezieht sich auf das Sonnenwunder von Fatima, welches von Ufologen als UFO-Sichtung gedeutet wird). Es war das große Sonnenwunder! Alle haben es gesehen, Gläubige und Ungläubige, Bauern und Städter, Wissenschaftler und Zeitungsleute und Laien und Priester. Und nun verkünde in meinem Namen: Über die ganze Menschheit wird eine große Züchtigung kommen, noch nicht heute, noch nicht morgen. Aber in der zweiten Hälfte des 20. Jahrhunderts. Was ich in La Salett (Ort anderer Marienerscheinungen) bereits durch die Kinder Melanie und Mayimin zum Ausdruck gebracht habe, wiederhole ich heute dir gegenüber. Die Menschheit hat sich nicht so entwickelt, wie es Gott erwartete. Die Menschheit hat gefrevelt und das Geschenk, das ihr gegeben wurde, mit Füßen getreten. Nirgends mehr herrscht Ordnung. Selbst in den höchsten Stellen regiert Satan und bestimmt den Gang der Dinge. Er wird es verstehen, sogar in die höchsten Spitzen der Kirche einzudringen. Es wird ihm gelingen, die Köpfe der Wissenschaftler zu verwirren, die Waffen zu erfinden, mit denen man die Hälfte der ganzen Menschheit in wenigen Minuten vernichten kann. Er wird die Mächtigen der Völker in seinen Bann schlagen und sie veranlassen, dass diese Waffen in Massen erzeugt werden. Wenn sich die Menschheit dagegen nicht wehrt, werde ich gezwungen sein, den Arm meines Sohnes fallen zu lassen. Wenn die hohen Spitzen der Welt und der Kirche diesem Geschehen nicht Einhalt gebieten, werde ich es tun und Gott, meinen Vater, bitten, das große Strafgericht über die Menschen kommen zu lassen. Und siehe, Gott wird dann die Menschen strafen, noch härter und schwerer als er sie durch die Sintflut gestraft hat. Und die Großen und Mächtigen werden dabei ebenso zugrunde gehen wie die Klei-

74

nen und Schwachen. Aber auch für die Kirche kommt eine Zeit der allerschwersten Prüfungen. Kardinäle werden gegen Kardinäle und Bischöfe gegen Bischöfe sein. Satan tritt mitten in ihre Reihen. Und auch in Rom wird es große Veränderungen geben. Was faul ist, fällt und was fällt, soll nicht gehalten werden. Die Kirche wurde verdunkelt und die Welt gerät in Bestürzung. Der große, große Krieg fällt in die zweite Hälfte des 20 Jahrhunderts. Feuer und Rauch werden dann vom Himmel fallen und die Wasser der Ozeane werden verdampfen und die Gischt wird gegen den Himmel zischen und alles wird umstürzen, was aufrecht steht. Und Millionen und Abermillionen von Menschen werden von einer zur anderen Stunde ums Leben kommen, und die, welche dann noch leben, werden diejenigen beneiden, welche tot sind. Und Drangsal wird sein, wohin man schaut und Elend auf der ganzen Erde und Untergang in allen Ländern. Siehe, die Zeit kommt immer näher und der Abgrund wird immer größer, und es gibt keine Rettung, und die Guten werden mit den Schlechten sterben und die Großen mit den Kleinen und die Kirchenfürsten mit ihren Gläubigen und die Herrscher der Welt mit ihren Völkern, und überall wird der Tod regieren, von irrenden Menschen zu seinem Triumph erhoben und von den Knechten Satans, der dann der einzige Herrscher auf Erden ist. Es wird eine Zeit sein, die kein König und Kaiser und kein Kardinal und Bischof erwartet, und sie wird dennoch kommen nach dem Sinn meines Vaters, um zu strafen und zu rächen. Später aber, wenn die, die alles überstehen, noch am Leben sind, wird man erneut wieder nach Gott und seiner Herrlichkeit rufen und wieder dienen wie einstens, als die Welt noch nicht so verdorben war. Ich rufe auf alle wahren Nachfolger meines Sohnes Jesus Christus, alle wahren Christen und die Apostel der letzten Zeiten. Die Zeit der Zeiten kommt und das Ende aller Enden, wenn die Menschheit sich nicht bekehrt und diese Bekehrung nicht von oben kommt, von den Regierungen der Welt und den Regierenden der Kirche. Doch wehe, wehe, wenn diese Bekehrung nicht kommt, und alles bleibt, wie es ist, ja alles noch viel schlimmer wird. Geh hin, mein Kind, und verkünde das! Ich werde dir dabei immer helfend zur Seite stehen.

Und nun im Vergleich dazu die Version, die Papst Johannes Paul II. am 19. April 2000 veröffentlichen ließ:

- Ich schreibe aus Gehorsam gegenüber Euch, meinem Gott, der es mir aufträgt, durch seine Exzellenz, den Hochwürdigsten Herren Bischof von Leiria, und durch Eure und meine allerheiligste Mutter. Nach den zwei Teilen, die ich schon dargestellt habe, haben wir links von Unserer Lieben Frau etwas oberhalb einen Engel gesehen, der ein Feuerschwert in der linken Hand hielt; es sprühte Funken, und Flammen gingen von ihm aus, als sollten sie die Welt anzünden; doch die Flammen verlöschten, als sie mit dem Glanz in Berührung kamen, den Unsere Liebe Frau von ihrer rechten Hand auf ihn ausströmte: den Engel, der mit der rechten Hand auf die Erde zeigte und mit lauter Stimme rief: Buße, Buße, Buße! Und wir sahen in einem ungeheuren Licht, das Gott ist: „etwas, das aussieht wie Personen in einem Spiegel, wenn sie davor vorübergehen", einen in Weiß gekleideten Bischof, „wir hatten die Ahnung, dass es der heilige Vater war". Verschiedene andere Bischöfe, Priester, Ordensmänner und Ordensfrauen einen steilen Berg hinaufsteigen, auf dessen Gipfel sich ein großes Kreuz befand aus rohen Stämmen wie aus Korkeiche mit Rinde. Bevor er dort ankam, ging der Heilige Vater durch eine große Stadt, die halb zerstört war und halb zitternd mit wankendem Schritt, von Schmerz und Sorge gedrückt, betete er für die Seelen der Leichen, denen er auf seinem Weg begegnete. Am Berg angekommen, kniete er zu Füßen des großen Kreuzes nieder. Da wurde er von einer Gruppe von Soldaten getötet, die mit Feuerwaffen und

Pfeilen auf ihn schossen. Genauso starben nach und nach die Bischöfe, Priester, Ordensleute und beschiedene weltliche Personen, Männer und Frauen unterschiedlicher Klassen und Positionen. Unter den beiden Armen des Kreuzes waren zwei Engel, ein jeder hatte eine Gießkanne aus Kristall in der Hand. Darin sammelten sie das Blut der Märtyrer auf und tränkten damit die Seelen, die sich Gott näherten.

Offensichtlich handelt es sich bei der nun veröffentlichten „wahren" Version um eine Irreführung. Wie kann die diplomatische Fassung denn länger sein als das Original? Und die Begründung des Vatikans, warum man sich denn nun im Jahr 2000 zu einer Veröffentlichung entschied, ist, dass es sich bei dem geschilderten Anschlag auf den Papst um das Attentat am 13.05.1981 gehandelt hätte und dass, nachdem die Sowjetunion 1991 zerbrochen sei, sich die Prophezeiungen damit erfüllt hätten (von wegen zerbrochen). Dass das betreffende Ereignis in der wahren Geheimnisversion zwar völlig anders geschildert wurde, scheint hierbei offenbar niemanden zu stören. Und warum hatte man nach dem angeblichen Zusammenbruch dann noch neun Jahre gewartet???? Aber lassen wir das. Die Aussagekraft der weiteren Marienbotschaft ist stark genug, um festzustellen, was Mutter Maria den Menschen wirklich sagen wollte. Am 22. Mai 1958 ließ Jacintha, eines der drei Kinder, durch den Pater Agustiono Fuentes der Öffentlichkeit erneut eine Botschaft mitteilen, bei der es sich um einen nochmaligen Aufruf an die Menschheit handelte. Darin beklagt sich Maria erneut, dass die Menschen überhaupt nicht auf die Prophezeiungen von Fatima reagiert hätten und dass „wir uns den letzten Tagen nähern würden". Und im Jahre 1971 sagte Jacintha zu ihrer Pflegemutter, die es wiederum an den Papst weitergab, dass „die Welt geschüttelt wird und dass unsere liebe Frau den Arm ihres geliebten Sohnes nicht mehr zurückhalten kann, der durch die Sünden sehr beleidigt wurde, die man in der Welt begeht. Wenn die Welt sich jedoch entschließen würde, noch Buße zu tun, so würde ihr unsere liebe Frau noch zu Hilfe kommen. Im entgegengesetzten Fall jedoch würde das Strafgericht unfehlbar über sie kommen, weil man es an Gehorsam gegenüber dem Heiligen Vater hat fehlen lassen".

Die stigmatisierte Marie-Julie Jahenny, zu der Christus 1938 sprach, hatte unter anderem folgende Worte zu übermitteln:

- „Die Menschen haben auf die Worte meiner geliebten Mutter in Fatima nicht gehört. Wehe wenn sie jetzt nicht auf meine Worte hören … Ich muss um meiner Gerechtigkeit, um meines Namens willen kommen, weil die Menschen die Zeit der Gnade nicht erkannt haben. Das Maß der Sünde ist voll. Aber meinen Getreuen, die ich kenne, wird kein Haar gekrümmt werden. Ich kenne die meinen und die meinen kennen mich!!! Wenn die Welt sich in Sicherheit wiegt, komme ich wie ein Dieb in der Nacht. In Blitzesschnelle bin ich da."

Über die neue Weltordnung heißt es in einer Botschaft vom 7.12.1977:

- Die Menschheit entwickelt nun die „Eine-Welt-Regierung" und die Eine-Welt-Religion, die meinen Sohn beiseite wirft. Wehe, sage ich euch, wie ich es früher berufen habe: wenn ihr nicht betet, wenn ihr jetzt nicht handelt, dann wird sich 666 selbst in Rom, in der ewigen Stadt einnisten, dann wird er Sitz der nichtchristlichen Kräfte werden, könnt ihr nicht begreifen, was geschieht??? Ich weine bittere Tränen der Trauer.

11 Zusammenfassung (Geschrieben im Jahr 2000)

Wirtschaftskrise und politische Destabilisierung

Während durch die NATO- und die EU-Ost-Erweiterung, durch die Schwäche Russlands und die EU-internen Abkommen die Bedrohung durch einen militärischen Konflikt in Mitteleuropa scheinbar gänzlich gebannt ist, was von Politikern und Medien großartig zelebriert wird, verschlechtert sich die wirtschaftliche Lage in Europa und in weiten Teilen der Welt langsam, aber sicher. (Die großen Ausnahmen dabei sind China, Indien, Fernost.) Arbeitslosigkeit, Abbau von Sozialleistungen, ständige Teuerungen und hohe Steuern stärken im politischen Bereich die Linke, die ein neues Selbstbewusstsein entwickelt und teilweise (vor allem in Frankreich und Italien) eine extreme Richtung einschlägt. Allmählich sinkt der Mittelstand. Die private und nationale Verschuldung nimmt weiterhin rapide zu. (Möglicherweise bricht das Wirtschaftssystem ganz zusammen, das würde einen weltweiten Börsencrash und einen Währungssturz bedeuten.) Infolge des sinkenden Lebensstandards kommt es immer häufiger zu sozialen Spannungen, die sich zuerst in den heute schon bekannten Bereichen entladen: Rechts- und Linksradikale. Proteste von Arbeitslosen und Asylanten, die die katastrophale Wirtschaftslage naturgemäß am härtesten trifft, führen zuerst in deutschen und französischen Städten zu Straßenschlachten. In Italien eskaliert der Konflikt zwischen dem verhältnismäßig reichen Norden und Rom gegen Süden; in den Megastädten Nordamerikas rebellieren die Schwarzen in den Armenvierteln. Diese Konflikte werden zum Teil auch von Agenten initiiert und vorangetrieben, um die politische Lage immer mehr zu destabilisieren. Die USA ziehen sich infolge innerer Probleme immer mehr aus Europa zurück. Die Verteidigungsfähigkeit der europäischen Lager wird durch die Wirtschaftskrise und durch Einsparungsmaßnahmen in den Militärbudgets weiter verringert. In der letzten Phase der Vorkriegszeit kommt eine große Zahl von Flüchtlingen und Auswanderern nach Mitteleuropa und nährt die Unruhen noch mehr. In Russland reißen die Militärs die Macht an sich und setzen ein neokommunistisches Regime ein. Im Gegensatz zur Meinung des desinformierten Westens befinden sich die russischen Streitkräfte in relativ gutem Zustand. Quantitativ sind sie den zukünftigen Gegnern bei weitem überlegen. Möglicherweise aufgrund von ersten verheerenden Erdbebenkatastrophen in Kalifornien entwickelt sich der Krieg im Nahen Osten:

Die Krise in den Industriestaaten der ersten Welt wirkt sich auch auf die Länder der zweiten und Dritten Welt aus. Der Osten Afrikas wird von Unruhen und Bürgerkriegen geschüttelt. Abermals intervenieren Truppen der USA auch im Nahen Osten und werden in einen Krieg verwickelt, in dem sie allerdings nicht siegreich bleiben. Sie vollziehen militärische Handlungen, die von der internationalen Öffentlichkeit missbilligt werden. Vermutlich aus Rache dafür explodiert in New York eine gigantische Bombe, die das Zentrum Manhattans dem Erdboden gleichmacht. Als Ergebnis dieses Krieges ist der russische Einfluss auf die Ölregion größer geworden. Allmählich entspannt sich die Situation wieder; der Friede zwischen den Supermächten scheint jedenfalls gesichert. Mittlerweile aber eskalieren in ganz Europa die sozialen Spannungen. In Frankreich, Italien und England kommt es zu regelrechten Revolutionen: In großen Teilen des romanischen Raums übernehmen Gruppen, die in der traditionellen Revolutionsfarbe Rot gekleidet sind, die Macht. In der aufgepeitschten Atmosphäre werden vielerorts nicht nur Geschäfte und Banken geplündert, sondern auch Kirchen und Klöster gestürmt, Priester und Ordensleute verfolgt, inhaftiert und umgebracht. Nach dem Zusammenbruch der Versorgung herrscht das Faustrecht. Städter bewaffnen sich, rotten sich zusammen und unternehmen Raubfahrten aufs Land, dorthin, wo es noch Lebensmittel gibt. Paris wird in Brand gesteckt und geht größtenteils in Flammen auf. Auch in Italien erreicht der Bürgerkrieg seinen Höhepunkt. Genau zu diesem Zeitpunkt starten die russischen Streitkräfte völlig unerwartet einen Überraschungsangriff mit konventionellen Waffen auf Nord-, Mittel- und Westeuropa. Der Überraschungsangriff: Aus taktischen Gründen wird der Überfall auf die frühen Morgenstunden eines Wochenendes oder Feiertages (z. B. Maria Himmelfahrt, 15. August) der hoch- oder spätsommerlichen Ferienzeit gestartet. Die westlichen Streitkräfte kommen dadurch nicht mehr dazu, die notwendige Verteidigungsbereitschaft herzustellen. Unmittelbar vor der Stunde Null, in der sich Luftlande- und Bodentruppen in Richtung Westen in Bewegung setzen, werden in vielen Ländern Europas militärische Einrichtungen, Telekommunikationszentren, Rundfunkstationen, Kraftwerke, Flughäfen, Bahnhöfe etc. von längst infiltrierten Agenten sabotiert oder übernommen. Innerhalb weniger Stunden schalten die Luftstreitkräfte die europäische Luftraumverteidigung aus. Luftlandetruppen übernehmen weitere militärische und zivile Einrichtungen. Dann beginnt die Offensive zu Land. Der Angriff erfolgt gleichzeitig aus mehreren Richtungen. Zur Flankensicherung greifen die russischen Seestreitkräfte zuerst die Nordküste Norwegens an, während Bodentruppen über das nördliche Finnland und Schweden in den Raum eindringen.

Die Südflanke wird durch eine Invasion der Türkei und des Balkan gesichert. Von dort soll es über Belgrad zur Adria gehen. In Deutschland erfolgt der Vormarsch in drei Angriffskorridoren: Von der Odermündung durch das norddeutsche Flachland über Hamburg und Bremen in die Niederlande und weiter nach Belgien. Ein Teil wendet sich über Schleswig-Holstein nach Dänemark, um die strategisch bedeutenden Meerengen Kattegatt und Skagerrak zu sichern. Vom Dreiländereck Deutschland, Polen, Tschechien durch Sachsen über Dresden und Erfurt ins Ruhrgebiet. Der Rhein bildet die Westgrenze des Vorstoßes.

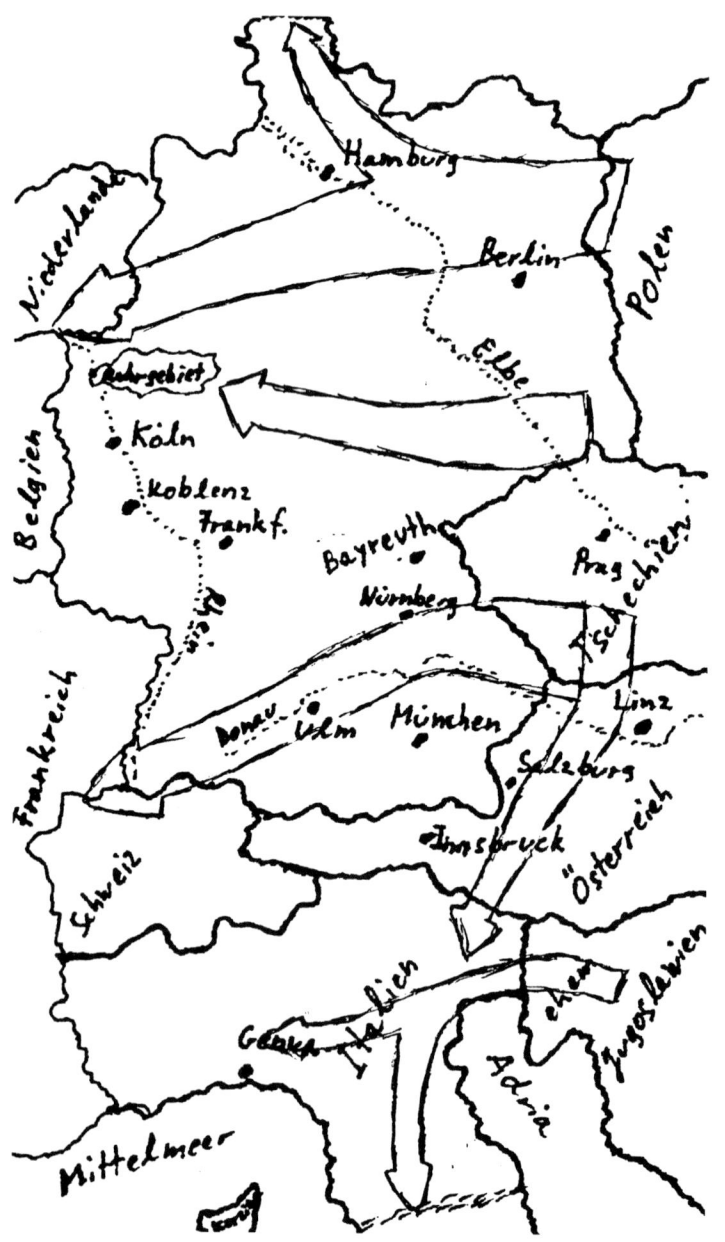

Niederlande

Hamburg

Berlin

Polen

Belgien

Ruhrgebiet

Köln

Elbe

Koblenz

Frankf.

Bayreuth

Prag

Tschechien

Nürnberg

Frankreich

Donau

Ulm

München

Linz

Salzburg

Schweiz

Innsbruck

Österreich

Italien

Jugoslawien

Genua

Adria

Mittelmeer

Vom Böhmerwald über den Bayerischen Wald zur Donau, diese entlang bis Regensburg oder Ingolstadt, wo sie überschritten wird; weiter (ein Teil bewegt sich möglicherweise über Karlsruhe, um den Schwarzwald zu umgehen) über Ulm bis zum Rhein, über Mülhausen (Frankreich), den Rhön-Rhein-Kanal entlang nach Süden bis Lyon. (Die Städte werden hier bloß zur Orientierung angeführt; da es in dieser Phase des Krieges darum geht, möglichst schnell vorwärts zu kommen, lassen die Russen die meisten Städte vorerst relativ unbehelligt links liegen und ziehen an diesen vorüber.) Aufgrund unzureichender Information herrscht im Inland zunächst Verwirrung, bald aber Panik. Es kommt zu Hamsterkäufen und Plünderungen. Innerhalb weniger Stunden gibt es in den Geschäften keine Lebensmittel mehr zu kaufen. Die Telefonnetze sind völlig überlastet, der Verkehr kommt zum Erliegen. Viele versuchen, mit dem Auto nach Westen zu fliehen, bleiben dabei aber auf den hoffnungslos verstopften Autobahnen hängen, wo sie bald von den Panzertruppen eingeholt werden. Wellen von tief fliegenden Kampfflugzeugen und Kampfhubschraubern attackieren die Fliehenden mit Maschinengewehrfeuer, um die Flüchtlingsströme von den strategisch bedeutenden Hauptverkehrsrouten wegzubekommen. Hektische und widersprüchliche Berichterstattung in Fernsehen und Radio. In den Durchzugs- und besetzten Gebieten kommt es zu Plünderungen, Mord und Vergewaltigung. Die Russen begehen – auch durch Alkohol und Drogen enthemmt – schlimmste Gräueltaten (Vergewaltigung). Österreich, das praktisch keine Gegenwehr aufzuweisen hat, ist aufgrund seiner strategischen Position (Nord-Süd-Transversale) ein bedeutendes militärisches Ziel. Über die Südautobahn und die Südbahn dringen die Russen über Kärnten nach Italien vor, wo der Bürgerkrieg gerade seinen Höhepunkt ereicht hat. Im Vatikan kommt es zu einem Massaker an den Priestern. Dem Papst gelingt im letzten Moment die Flucht ins Ausland. In der Adria und etwas später in der Nordsee erfolgen die ersten Einsätze von Nuklearwaffen, die sich gegen Flottenverbände richten. Die Angriffskeile gegen Frankreich verlaufen vom Rheinland ins Pariser Becken und von der Donau nach Süden ins Rhönetal. Die Angreifer kommen allerdings nicht weiter als bis nach Lyon, wo sie später von französischen Truppen gestoppt und in einer gewaltigen Schlacht vernichtet werden. Russland wagt auch einen Angriff auf Alaska und Kanada, dieser wird aber zurückgeschlagen. Der Überläufer Oberst Stanislaw Lunew, ehemaliges Mitglied des russischen militärischen Abwehrdienstes GRU, warnt in seinem in Amerika erschienenen Buch vor einer Unterwanderung der USA durch russische Spetsnaz-Agenten. Die CIA zeigte sich über die in letzter Zeit verstärkte russische Spionage-Tätigkeit beunruhigt. Auch das Ministerium für Staatssicherheit der ehemaligen DDR hatte eine Untergrundarmee von 3.500 Saboteuren in der BRD infiltriert, um im Kriegsfall Mordanschläge und Sabotageakte auf insgesamt 346 Ziele zu verüben. Viele dieser Agenten leben heute noch unerkannt in der BRD. Obwohl die CIA Namenslisten besitzt, wird ihre Aufdeckung aus politischen Gründen oder wegen Verjährung unterlassen. Ein offenes Geheimnis ist, dass den Russen 48 von ursprünglich 132 Kofferbomben, speziell in Aktenkoffer eingebaute Nuklearwaffen für Terroranschläge, abhanden gekommen sind, wie der ehemalige Sicherheitsberater Alexander Lebed zugeben musste. In einer kommenden Weltkrise vertreten einige die Ansicht, dass der Angriff auf Skandinavien erst später, nach Abwurf des gelben Strichs, gestartet wird, eine Theorie, die nach dem Befund der Seherberichte durchaus im Bereich des Möglichen liegt, uns allerdings unwahrscheinlich scheint, weil Russland zu diesem Zeitpunkt bereits in Asien mit China beschäftigt sein dürfte. Unklar ist, von wo aus die Russen mit ihren Panzerarmeen starten. Rollen diese durch Weißrussland, die Ukraine, Polen, Tschechien und Ungarn Richtung Deutschland vor? Das ist kaum vorstellbar, weil in der Zwischenzeit die durch ihre Satelliten vorgewarnten USA umfangreiche Gegenmaßnahmen einleiten könnten. Aber laut Quellen sehen diese, dass die Bayern im Grenzgebiet zu Tschechien von den plötzlich über die Grenze kommenden Truppen völlig überrascht sind. Wie groß das Chaos in Europa zu dieser Zeit auch sein mag, es ist unmöglich, dass ein Angriff, der hinter den heutigen Grenzen Russlands beginnt, unbemerkt bliebe. Wahrscheinlich handelt es sich bei den gesehenen Soldaten daher um Fallschirmjägereinheiten, die in großer Zahl einfallen und die Vorhut der ersten strategischen Staffel bilden. Eliteeinheiten wie die 4. Fallschirmjäger-Division gehören zu den bestausgebildeten und renommiertesten Kräften der russischen Streitkräfte. Sie verfügen über modernstes Material, darunter Panzerfahrzeuge wie der BMD-3, die per Fallschirm oder Abwurf gelandet werden können.

Die Wende durch die gelbe Wand:

Von Flugzeugen der westlichen Kräfte wird zwischen Prag und der Ostsee ein spezieller Kampfstoff abgesprüht. Es entsteht ein viele Kilometer breiter, gelber Streifen, der über ein Jahr lang liegen bleibt, für Pflanzen, Tiere und Menschen absolut tödlich ist und für die zweite strategische Staffel, die für die Offensive unverzichtbar ist, eine unüberwindliche Barriere darstellt. Der russische Nachschub kommt mit einemmal zum Erliegen. Denn alle Waffen, Geräte und Fahrzeuge werden durch den hochgiftigen Stoff verseucht und unbrauchbar. Dadurch werden die Einheiten der ersten strategischen Staffel in die Defensive gedrängt. Auch andere neu entwickelte Waffensysteme werden in diesem Krieg erstmals eingesetzt. In Asien tritt indessen China in den Krieg ein, indem es in Russlands Südflanke einfällt und große Teile Sibiriens erobert. Aber auch in Europa intervenieren chinesische Truppen und drängen die Russen weiter zurück. Sie kämpfen in modernen, kleinen, sehr schnellen Panzern, die den herkömmlichen in ihrer Wendigkeit weit überlegen sind. Die Bevölkerung steht den chinesischen Truppen misstrauisch gegenüber, während den Russen blanker Hass entgegenschlägt. Die chinesisch-russische Front geht dreimal durch das niederösterreichisch-böhmische Grenzland. Hier werden auch massiv Nuklearwaffen eingesetzt. Am Balkan unterliegen die Russen inzwischen gegen Albanien und Bulgarien bis in die Türkei.

Während die USA in Europa kaum eingreifen, werden die vom Nachschub abgeschnittenen russischen Verbände unterdessen bei Lyon von französischen Truppen vernichtet. Ein Freiwilligenheer von Franzosen, Schweizern und Österreichern drängt die Truppenreste nach Norden zurück. Aus Italien treten die Russen den Rückzug über den Brenner und das Inntal an. Bei Ulm wird eine bedeutende russische Panzerarmee in einer gigantischen Kesselschlacht vernichtet. Auch bei Köln kommt es auf dem Rückzug zu einem großen Gefecht. Die Stadt wird fast völlig zerstört.

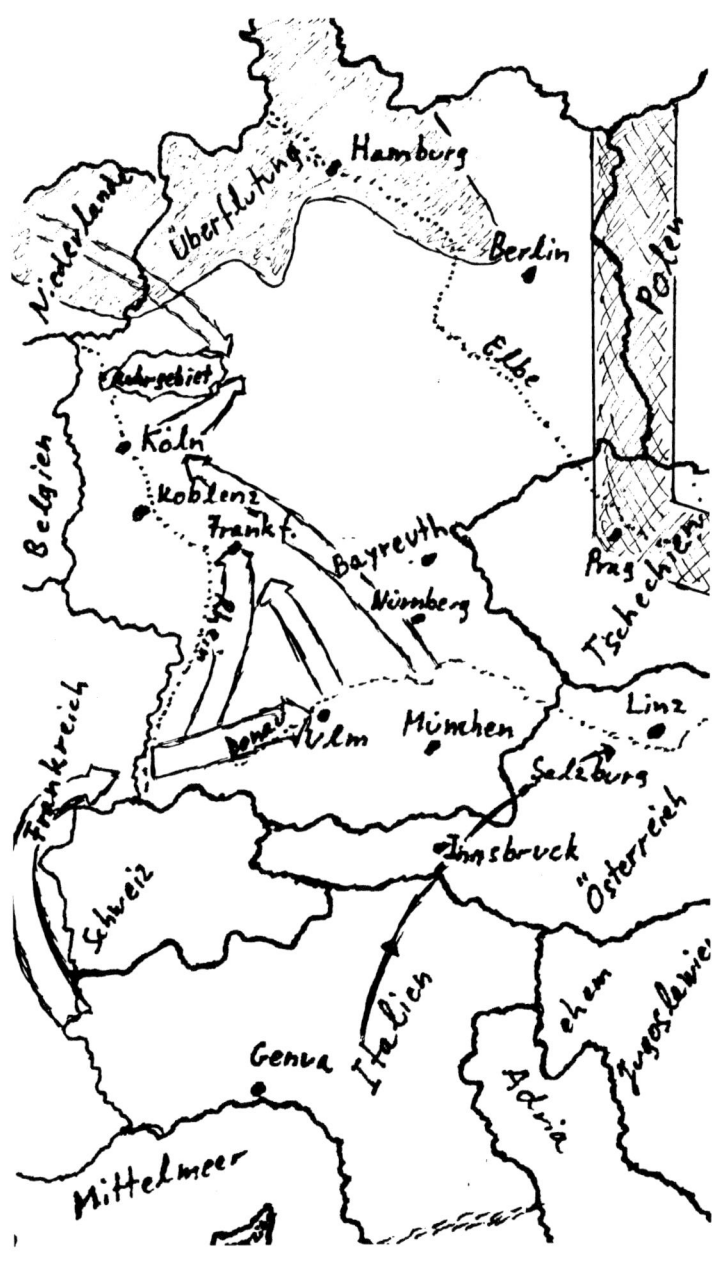

Die unerwarteten logistischen Probleme und die Rückschläge an allen Fronten veranlassen die Befehlshaber in Moskau zu diesem Zeitpunkt, den Atomschlag auf Städte der USA durch U-Boot gestützte Nuklearwaffen zu befehlen. Der Vergeltungsschlag der Vereinigten Staaten erfolgt prompt durch einen Angriff auf russische Ziele mit landgestützten Interkontinentalraketen und seegestützten Fernwaffen. In einer letzten Verzweiflungstat greifen russische U-Boote mit ihren Nuklearraketen auch einige europäische Städte an. Unter anderem werden Paris, das bereits im Laufe der Revolution niedergebrannt wurde, und London völlig zerstört. Die Nordseeanrainerstaaten werden durch gewaltige Flutwellen (die durch die Zündung von Nuklearwaffen in der Nordsee ausgelöst werden) arg in Mitleidenschaft gezogen. Zur totalen Eskalation, d. h. zum Einsatz des gesamten nuklearen Arsenals, kommt es allerdings nicht mehr …

Die drei finsteren Tage

Von den Astronomen zunächst unbemerkt, hat ein Himmelskörper Kollisionskurs auf die Erde genommen. Es handelt sich dabei entweder um einen Kometen oder einen Asteroiden. Einige Tage (oder Stunden) vor dem Impakt ist der Himmelskörper mit bloßem Auge am Himmel sichtbar. Astronomische Beobachtungen und Berechnungen können auf dem Höhepunkt des Krieges nicht durchgeführt werden, oder zumindest gibt es keine Medien mehr, welche die Ergebnisse verbreiten könnten. Viele ahnen aber schon, was geschehen wird. Unmittelbar vor dem Einschlag, der im Spätherbst oder Winter erfolgt, entsteht durch das Eintauchen des Himmelskörpers in die Erdatmosphäre ein Hitzesturm, der weite Landstriche versengt. Der Impakt erfolgt in der Gegend von Prag. Innerhalb von Sekunden werden Kubikkilometer von Gestein verdampft, verflüssigt und in die Luft geschleudert. In der Nähe der Einschlagstelle wird die Erdoberfläche völlig verwüstet und zugeschüttet, aber noch an der österreichischen Grenze geht viel Material nieder. Neben dem Auswurf von Lava und Asche wird auch eine ungeheure Menge vulkanischer Dämpfe und Gase freigesetzt, die zum Teil hochgiftig sind: Wasserstoff, Wasserdampf, Kohlenmonoxid, Kohlendioxid, Kohlenoxidsulfid, Methan, Schwefeldioxid, Schwefelwasserstoff, Chlor, Fluor, Ammoniakdämpfe und einige Edelgase legen sich in einer undurchdringlichen, gelb-rot-schwarzen Wolke über die Landschaft. Wasser geht durch den infolge fehlender Sonneneinstrahlung eintretenden Temperatursturz als Hagel nieder. Nur wer sich in einem geschlossenen Raum befindet, überlebt. Zwei bis drei Viertel der Bevölkerung kommen durch das Einatmen dieser Gase (oder infolge Sauerstoffmangels) um. In vielen Gebieten dauert diese tiefe Finsternis drei Tage und drei Nächte; in der Nähe des Einschlagortes ist die Gefahr aber erst etwa eine Woche später gebannt, wenn die Wolken vom Wind abgetrieben worden sind. Schwarz-gelbe Tierkadaver und menschliche Leichname liegen überall herum, große Teile der Vegetation sind gelb und abgestorben. Schon durch die Schockwellen des Einschlages, die den Planeten entlanglaufen, kommt es zum größten Erdbeben seit Menschengedenken. In weiterer Folge entladen sich aber auch bereits bestehende Spannungen in der Erdkruste, wodurch besonders die Gebiete entlang der tektonischen Platengrenze betroffen sind. Zum Teil versinken diese Regionen im Meer. Zumindest in einigen Gebieten Mitteleuropas wird der Großteil der Bausubstanz zerstört. Spätestens jetzt werden die übrig gebliebenen Verbände der Invasoren in Westfalen völlig aufgerieben. In Russland revoltieren unterdessen große Teile der Bevölkerung gegen das Regime, das nach furchtbarem Gemetzel gestürzt wird. (Nach der Seherin wird er lt. Literatur bisweilen als Typphon bezeichnet (Stern der Endzeit), andernorts als Kollision.) Die Hauptstadt ist zu diesem Zeitpunkt möglicherweise bereits durch Nuklearwaffen zerstört. Wahrscheinlich gehen anderswo weitere Bruchstücke des Himmelskörpers nieder; Indizien deuten auf den Nordatlantik, Süddeutschland, Südfrankreich, Saudi-Arabien oder Irak und das Gebiet um Panama hin. Diese Aussage wird aber von mehreren Sehern erwähnt, u. a.

von einem als nicht besonders religiös geltenden. Einige dieser Gase entstehen bereits beim Eintritt des glühenden Himmelskörpers in die Erdatmosphäre. 1986 starben in Kamerun 1.700 Menschen an solchen vulkanischen Emissionen. Fluss-Säure löst sogar Glas auf! Dieses Szenario ist für Europa durchaus vorstellbar, weil der Wind die Gase binnen kurzer Zeit über den Globus verteilt. Diese andererseits nach drei Tagen praktisch spurlos verschwinden, ist rätselhaft und spricht eher für eine Reihe von Einschlägen rund um die Welt. Wahrscheinlich Pommersche Bucht, vermutlich eine radiologische Waffe: hochgiftiger und radioaktiver Plutoniumstaub. Die Amerikaner entwickelten in der Vergangenheit (zumindest theoretisch) eine solche Waffe. Der Einsatz des Giftgases VX ist weniger wahrscheinlich; bis dieser vom Regen ausgewaschen ist, würde es zu lange dauern. Im Frühjahr 1997 schlossen Russland und China einen Pakt, dieser gilt als Gegengewicht zu westlicher Militärblockbildung. Offenbar wird dieser oder ein nachfolgender Nichtangriffspakt von den Chinesen gebrochen. Wie die Chinesen in relativ kurzer Zeit nach Europa kommen, ist neben dem Umstand, wie die Russen unbemerkt nach Westen vorstoßen, die zweite große Frage, die wir aus heutiger Sicht nicht beantworten können. Nur der Seher weiß sicher, dass es sich dabei um Chinesen handelt, welche die Russen bekämpfen. Viele Seher schauten asiatisch anmutende Truppen. Einer sah Truppen mit gelben Gesichtern, die aber keine Chinesen sind. Stabilisierung durch neue Monarchien. Nach den drei finsteren Tagen gibt es keine größeren Schlachten mehr. Die Reste der russischen Armeen sind aufgerieben. Jüngere Männer werden noch einberufen, um an friedenssichernden Maßnahmen wie Grenzsicherung oder Besatzung von Grenzräumen teilzunehmen. China zieht aus Europa ab; es hat in Asien große Gebiete erobert. Die Menschen beginnen mit Aufräumarbeiten. In den Städten gibt es nur Schutt. Unzählige Leichen und Tierkadaver müssen beseitigt werden, um Seuchen entgegenzuwirken. Ein Hauptproblem unmittelbar nach dem Krieg ist Wasser- und Nahrungsmittelmangel. Viele Wasserläufe, selbst größere Flüsse, sind ausgetrocknet, Oberflächenwasser kann wegen der darin gelösten giftigen oder radioaktiven Stoffe nicht verwendet werden. Nur wenige Menschen verfügen über Lebensmittelvorräte. Es kommt daher zu einer allgemeinen Hungersnot und vereinzelt auch zu Raubüberfällen und Plünderungen. Erst im darauf folgenden Jahr hat die ärgste Not ein Ende. Man beginnt sich in dörflichen Gemeinschaften zu organisieren, unterstützt sich gegenseitig beim Hausbau, sät und pflanzt Weizen an. Märkte bedienen den Handel im Umkreis weniger Kilometer. Gehandelt wird zunächst in Form von Tauschgeschäften. Die Belastung durch radioaktive Strahlung ist (abgesehen von der Umgebung einiger zerstörter Kernreaktoren) relativ gering und keineswegs lebensbedrohend. Es gibt auch kaum missgebildete Kinder. Nach einigen Jahren wird sogar das Land östlich und nördlich der Donau, das durch die Schlachten und den Impakt im Norden völlig verwüstet wurde, neu besiedelt und bebaut. Inzwischen werden in ganz Europa Männer, die sich bei der Verteidigung der Heimat hervorgetan haben, als „Herrscher" eingesetzt, um überregionale Ordnungsaufgaben wahrzunehmen. Eine demokratische Regierung ist nicht nur durch das Fehlen einer brauchbaren Verfassung, sondern auch durch die völlig zerstörte Infrastruktur (desolates Nachrichten- und Verkehrswesen) unmöglich. Auch überlassen die mit dem Aufbau und einer neuen Existenz vollauf beschäftigten Überlebenden die politische Verantwortung gerne jemand anderem. Im deutschen Sprachraum werden drei Herrscher oder Könige eingesetzt und in einem Dom am Rhein vom Papst geweiht: ein deutscher, ein österreichischer und ein dritter, wahrscheinlich ein Ungar. Der Deutsche, ein Greis mit weißen Haaren, hat als Schulbub noch Hitlers Reden gehört und wird nun zugleich Kaiser über die deutschsprachigen Gebiete. Eine neue Verfassung garantiert allen Gebieten, die sich dem neuen deutschen Kaiserreich anschließen (Deutschland, Schweiz, Österreich, Südtirol, Teile der Niederlande und Polens), äußere Sicherheit und innere Souveränität. Eines der ersten Reichsgesetze ist das Verbot der Abtreibung. Polen erhält

Land im Osten und wird ein großes und mächtiges Reich. Russland wird klein, da große Teile Sibiriens nunmehr unter chinesischer Kontrolle stehen.

Religiöse Rückbesinnung

Der neue Papst kehrt nach 200-tägigem Exil im Frühjahr nach Rom zurück. Die Überlebenden des Krieges sind durchweg gläubige Menschen. Viele kleinere Sekten und Religionsgemeinschaften verschwinden, hingegen erfährt in den folgenden Jahren das Christentum in Form einer einzigen Kirche weiteste Verbreitung – auch in Russland, China und Afrika. Dies ist durchaus vorstellbar, da ja zu erwarten ist, dass es in erster Linie zum Einsatz von Neutronenwaffen mit geringer Rückstandsstrahlung und weniger zum Einsatz veralterter schmutziger Atombomben kommt. Zum Vergleich dazu Auswirkungen der Bomben aus dem letzen Atomkrieg, dem Zweiten Weltkrieg: Bei 701.000 Nachkommen von strahlenexponierten Opfern der amerikanischen Atombombenabwürfe über Hiroshima und Nagasaki zeigte sich entgegen der landläufigen Meinung nur eine geringe, aber nicht signifikante Erhöhung genetisch bedingter Anomalien.

Weitere Zukunftsaussichten

Nach der Katastrophe wird das Klima in Mitteleuropa mediterran. Zitrusfrüchte gedeihen nun auch nördlich der Alpen. Schnee im Winter gibt es nur noch in den Bergen. Die Landwirtschaft wird in unseren Breiten dadurch begünstigt und bringt in den folgenden Jahren gute Erträge. Die Böden sind durch die Abbauprodukte der beim Impakt und dem darauf folgenden Vulkanismus entstandenen Immissionen gut gedüngt und besonders fruchtbar. Durch die tektonischen Veränderungen hat sich auch die Geographie der Erde verändert: Viele ehemalige Küstengebiete und Inseln (z. B. ein Großteil Japans, Kaliforniens, Teile der Ostküste Amerikas, große Teile

Englands) sind versunken, Flüsse haben ihren Lauf geändert, neues Land ist aus dem Meer aufgetaucht (vor allem im Atlantik). Der Wiederaufbau, der in Deutschland besonders schnell und reibungslos vor sich geht, hat mit dem Problem der fehlenden Primärindustrie zu kämpfen. Viele wichtige Rohstoffe sind kaum zu bekommen. Immer mehr, zuerst in der Landwirtschaft, dann auch für Transportzwecke usw., setzt sich die Verwendung einer neuen Energieform, die Nullpunkt- oder Vakuumenergie, durch, die bereits im Krieg von einigen der modernsten Waffen genutzt wurde. Dadurch wird langfristig eine nicht versiegende, kostenlose Energiequelle, deren Nutzung keine Umweltverschmutzung mit sich bringt, erschlossen. Die Folge: Die lange Friedenszeit wird von vielen Sehern als ein goldenes Zeitalter beschrieben.

In diesem Szenario, das in einzelnen Details sicher falsch ist, in den Grundzügen – so müssen wir befürchten – aber zutrifft, gibt es eine Menge Ungereimtheiten. Besonders unglaubwürdig aber wirkt für den Leser vielleicht der russische Angriff auf Westeuropa, der zwar in der Zeit des Kalten Krieges genauso, wie in die Seher schildern, geschehen hätte können, heute aber ganz unmöglich erscheint. Es stellt sich die Frage, wie weit Russland und die früheren Sowjetrepubliken nach Glasnost, Perestroika und der Auflösung der UdSSR heute überhaupt nicht ein sicherheitspolitisches Risiko für Europa darstellen. Ist die Gefahr eines Krieges durch die Demokratisierung im Osten nicht längst gebannt und von der Geschichte überholt? Und ist darüber hinaus die russische Armee nicht in einem völlig desolaten Zustand? Anmerkungen zum Szenario eines russischen Überraschungsangriffes:

Aus geopolitischen, historischen, wirtschaftlichen, ideologischen und militärischen Gründen ist die Kontrolle über den in der klassischen russischen Militärdoktrin als TV-West bezeichneten Kriegsschauplatz Mitteleuropa der entscheidende Faktor in einem bewaffneten Konflikt gegen die NATO. Ein solcher

Konflikt müsste aber keineswegs notwendigerweise hier entstehen, sondern könnte in irgendeinem sicherheitspolitischen
sensiblen Raum (z. B. Balkan, Naher Osten) etwa in Folge eines sich aufschaukelnden Drohmechanismus und gegenseitiger
Missverständnisse aufflackern. Die Schlagkraft der russischen
Streitkräfte ist seit dem Zusammenbruch des Warschauer Paktes namhaft verringert. Ob das insbesondere seit den Kriegen
in Afghanistan (1978 – 1989) und Tschetschenien (1994 – 1996)
in den Medien vermittelte Bild von der völlig desolaten Armee
mit ihren Rekruten-, Material-, Unterkunft-, Besoldungs- und
Truppenmoralproblemen richtig ist, darf jedoch aus verschiedenen Gründen bezweifelt werden.

Das russische Arsenal:

- 51 nuklearbetriebene Unterseeboote/Die Hälfte aktiv. Im
  Krisenfall können diese auf 1.576 Sprengköpfe zurückgreifen

- Aktive Truppen ca. 1.800.000/Reservisten 20.000.000

- 21.870 Kampf-Panzer mit 321.000 Mann (300 werden laut
  ADAC 1996 pro Monat neu hinzukommen)

- 1 Flugzeugträger, 14 Zerstörer, 7 Kreuzer, 10 Fregatten, 88
  Patrouille-Boote mit 171.500 Mann Besatzung

- 2.434 Kampfflugzeuge, 184.600 Besatzung

- 753 ICBM, 13 SSBM, 100 ABM Raketen

Die UNO hat im Vergleich zu Russland 11,38 % an militärischen Gerätschaften. Personell 6,21 %, die dem Gegner gegenüberstehen. Aufgrund dieser Tatsachen sollten wir umdenken
und nicht erheblich auf die russische Militärkraft schauen.
Hinzu kommen ja noch die Kampf-Satelliten und ABC-
Waffen, denen unser Land nichts entgegensetzen könnte.

12 Stichpunktartiger Ablauf (Geschrieben im Jahr 1994!!)

Allgemeines Geschehen

- Wiedervereinigung Deutschlands
- USA werden in einen Nahostkonflikt verwickelt
- Kommunismus in der Sowjetunion scheitert
- Bundeswehr wird reduziert
- Schwere Unruhen auf dem Balkan, besonders in Jugoslawien
- Wirtschaftskrise im Westen, neue Steuern
- Stationierungsstreitkräfte der USA und UdSSR ziehen ab
- Weltweiter Börsen- und Bankencrash
- Handlungsunfähigkeit der westlichen Regierungen
- Krieg/Unruhe im Osten Afrikas
- Russland gewinnt Einfluss auf die Ölregion
- Abfall der Katholiken von Rom, Kirchenspaltung
- Verfolgung von Priestern in Italien und Frankreich
- Terroristischer Sprengstoffanschlag auf Hochhäuser im Zentrum New Yorks mit verheerenden Folgen *(Erschienen im Jahr 1994!!)*
- Krise im Inneren der Bundesrepublik bis zum verdeckten Bürgerkrieg
- Machtergreifung der Sozialisten in ganz Europa

Vorzeichen des Kriegsjahres

- Man entdeckt einen Planetoiden, dessen Bahn die der Erde kreuzt
- Außergewöhnlich milder Winter
- Innenpolitische Lage in Italien und Frankreich ist außer Kontrolle
- Straßenkämpfe in Paris, die Stadt brennt
- NATO handlungsunfähig
- Krise im östlichen Mittelmeerraum um Israel

- Scheitern von Friedensgesprächen
- Russland besetzt Iran/Irak/Türkei/Jugoslawien (oder USA?)
- Zweiter Golfkrieg
- Aufmarsch von Flottenverbänden im Mittelmeer
- Mord am dritten Hochgestellten
- Krieg um Israel
- Konflikt Türkei-Syrien

Verlauf des Krieges im Frühsommer

- Russische Truppen besetzen Jugoslawien und Griechenland
- Einmarsch der russischen Truppen nach Norditalien mit Stoßrichtung Südfrankreich (oder USA?)
- Der Papst flieht aus Rom (März)?
- Truppenverbände der Russen besetzen den Norden Skandinaviens (Juni)?
- US-Präsident reist nach Jugoslawien und fällt einem Attentat zum Opfer
- Abschluss der Flankensicherung des Angriffs in Europa
- Deutschland und Frankreich sind isoliert, ebenso die übrigen Staaten im Zentrum Europas (Juli)?
- Letzte Versuche, den Konflikt zu begrenzen und Friedenshoffnungen
- Bürgerkriegsähnliche Zustände in Italien und Frankreich
- Atombombe auf Syrien (oder Iran?)
- Russisch-islamisches Bündnis

Hochsommer

- Überraschender Angriff der Russen auf das Zentrum Europas mit drei Armeen: (August)?

- Norddeutsche Tiefebene in Richtung Niederrhein
- Durch Sachsen/Thüringen in Richtung Köln
- Durch Tschechien in Richtung Oberrhein in das Elsass und Richtung Besancon/Lyon

- Zerstörung Frankfurts und von Teilen des Ruhrgebietes
- Rote Truppen erreichen die Kanalküste
- Truppenlandungen in Alaska und Kanada
- Französische Truppen treten zum Gegenangriff an
- Polen kämpft an der Seite des Westens
- US-Luftstreitkräfte, vermutlich aus dem Nahen Osten, trennen entlang einer Linie Stettin – Prag – Schwarzes Meer mit einer chemischen Barriere die erste strategische Staffel des Angreifers von der zweiten und den Reserven sowie von seinem Nachschub
- Schlachten bei Lyon und Köln, etwas später, Mitte August, bei Ulm: Der Angriff der Roten ist gescheitert
- Einsatz von Atomsprengkörpern (Neutronenwaffen), z. B. auf Paris, Prag, London, Münster, Ulm und viele andere Städte
- China besetzt den Osten Russlands und stößt nach Westen vor

Herbst

- Weltweite Naturkatastrophen von kosmischen Ausmaßen, ausgelöst durch einen Himmelskörper
- Weltweite Erdbeben
- Massensterben der Menschheit
- Veränderungen des Küstenverlaufs durch Hebungen und Senkungen der Erdkruste
- Polsprung – Pol-Verschiebung – Klimaveränderung (Oktober)?
- Drei Tage Finsternis

- Russische Truppen werden in Westfalen vernichtet, Schweizer Armee greift in Süddeutschland ein
- Vernichtungsschlacht in Israel (Armageddon)
- Revolution in Russland, die Führungsschicht wird ermordet

Nachkriegszeit

Unmittelbar:

- Schwerste Hungersnot weltweit
- Menschheit durch Krieg/Erdbeben/Gifte/Verdursten (!) erheblich dezimiert
- Unsicherheit und Unruhen; Not
- Bandenkriege und Plünderungen
- Klima in Europa wird subtropisch

Im folgenden Jahr:

- Wiederherstellung der öffentlichen Ordnung
- Papst kehrt im Frühjahr nach Rom zurück
- Einigung des deutschen Sprachraums
- Republiken werden Monarchien, z. B. Deutschland, Frankreich, Polen und Ungarn
- Kaiserkrönung im Kölner Dom
- Zusammenschluss der skandinavischen Länder sowie Spaniens mit Portugal

Ergänzungen über die weitere Zukunft:

- Reform des Christentums (womöglich ohne Kirche)
- USA zerfällt in vier Teilstaaten und wird politisch unbedeutend, ebenso wie Russland
- Europa blüht in einer langen Friedenszeit auf

- Deutschland in Europa und weltweit in führender Stellung
- Interplanetare Kontakte und Reisen

Zur Frage der Datierung:

- Das Vorjahr ist geprägt von schweren Wirtschaftskrisen/Inflationen/Staatsbankrotten
- März/April erste Unruhen in Frankreich und Italien, die sich auf das ganze Land ausbreiten
- England und andere europäische Staaten folgen
- Zur Datierung: die Olympischen Spiele
- Ende März/Anfang April flieht der Papst aus Rom, nach 200 Tagen kommt er wieder, November (für mich der stärkste Impuls)
- US-Präsident wird von zwei (moslemischen?) Attentätern auf dem Balkan erschossen
- Vergeltungsschlag auf Syrien
- Russisch-arabisches Bündnis
- Russland marschiert in Mitteleuropa ein, zehn Millionen Mann werden mit 800 Panzerdivisionen von Osten gegen den Westen aufbrechen
- NATO-Strategen nehmen an, an einem Sonntag Morgen, 15. August (aus der Sichtweise der Seher zwischen den Jahren 2010/2012)

Allgemeines:

- Die letzte Polverschiebung fand wahrscheinlich vor zirka 13.000 Jahren statt, als die Mammute im Norden Sibiriens unter ewiges Eis gerieten. Diese waren angeblich nicht erfroren, wie manche zuerst annahmen, denn sie hatten noch frisches Grünfutter in ihren Mägen, was darauf hindeutet, dass sie nicht erfroren, sondern an giftigen Gasen erstickt und dann spontan eingefroren sind. Nostradamus: Es wird im Oktober sein, wo man eine große Verlagerung beobachten wird. (?) Wissenschaftler fanden auch heraus, dass eine Polverschiebung ca. alle 13.000 Jahre wahrscheinlich ist. (Ist ja ein Ding!)

- Wissenschaftlich wird erwägt, dass Erdbeben der Stärke 7,5 auf der Richterskala entweder Ursache oder Wirkung eines unregelmäßigen Schlingerns des geographischen Nordpols sind, oder ein Atombombenversuch, demzufolge kurz darauf ein Erdbeben an irgendeiner Stelle der Welt folgt.

13 Vorsorgepaket/Empfehlungen/Begriffserklärungen

Vorsorge

Beobachtungen:

1. Suchen Sie die immer wiederkehrenden Jahresvergleiche von kriegswichtigen Rohstoffen an den Warenterminmärkten und sehen Sie, wie diese Stoffe in ihrem Wert für die Zukunft eingeschätzt werden. Die Aktienkurs-Entwicklung ist nicht so wichtig. Besonders bedeutsam sind: Zinn, Blei, Zink, Aluminium, Kupfer, Chrom, Kobalt, Nickel, Platin. Wichtig ist auch Titan für die Herstellung von Flugzeugen, aber das wird fast nirgends angeführt. Weiterhin ist die Kursentwicklung von Weizen, Mais, Soja und Baumwolle beachtenswert. Die Warenterminmärkte sind wesentlich solidere Informanten als Aktienmärkte, da hier der einzige Basar der Weltindustrie ist. In Krisenzeiten werden die Preise in die Höhe getrieben durch erhöhten Bedarf und zweitens Steigerung der strategischen Reserven und Hortungen von privater Seite.

2. Gibt es plötzliche Verknappungen (z. B. Edelstähle, Gummi, Titan, Öl usw.), fährt die bisher Not leidende Stahlindustrie Sonderschichten? Haben Länder ohne nennenswerte eigene Rüstungsindustrie plötzlich Handelsbilanzdefizite ohne glaubhafte Begründung?

3. Steigen die Edelmetallpreise, besonders Platin (ebenfalls ein strategisch wichtiges Material)?

4. Gibt es eine Inflation? Nur eine Hyperinflation verhindert die riesigen Schulden (auf Kosten der Sparer und Lebensversicherungsbesitzer). Der riesige Schuldenberg wurde größtenteils angehäuft, damit riesige Sachwerte an Land, Bergwerken und Produktions-Kapazitäten weltweit aufgekauft werden konnten. In der nachfolgenden Währungsreform werden die noch

höchstens in Promille zu bemessenden Realschulden (die Sachwerte sind ja wertstabil, nur Geld verliert seinen Wert) durch einen entsprechend geringen Anteil der Sachwerte bestritten.

5. Werden Menschen der näheren Umgebung unruhig, wie die Tiere vor einem Erdbeben? Häufen sich Unfälle, Flugzugabstürze?

6. Ein weiteres Vorzeichen für einen unmittelbar bevorstehenden Krieg ist die Flankensicherung des Ostens. Für uns ist die Nordflanke am offensichtlichsten, die der Osten in der Hand haben muss, um die Ausfahrt seiner Flotte zu sichern. Ein Blick auf die Landkarte genügt zur Bestätigung.

7. Gefährlich und gleichzeitig augenöffnend ist die Rückführung der US-Streitkräfte oder eventuell sogar einzelner, besonders wertvoller militärischer Einheiten in die USA oder in entfernt gelegene europäische Teile (Irland, Spanien). Dies gilt auch für andere „Verbündete" wie die Franzosen. Denn wie Henry Kissinger schon 1979 in Brüssel sagte: „Ihr Europäer müsst schon verstehen, dass, wenn es in Europa zu einem Konflikt kommt, wir Amerikaner natürlich keineswegs beabsichtigen, mit euch zu sterben". Oder ein anderes Szenario: Die USA erhöhen ihre Truppenpräsenz in Westeuropa.

Maßnahmen:

Häusliche Versorgungsleitung:
Absperrhähne für Gas-, Wasser- und sonstige Leitungen sowie elektrische Hauptsicherungen freilegen, kenntlich machen und Zugang stets freihalten. Bei Schließung der Gasleitung muss die Hausleitung entleert werden (Explosionsgefahr).
Außenöffnungen:
Fenster, Türen, Lüftungen, Kamine, Lichtschächte und auch Wohnungstüren nach Treppenhäusern mit selbstklebenden

Tesamoll-Streifen (1cm Breite) in der Falz abdichten. Für Hertentlüfter und sonstige Lüftungsgitter passendes Abdeckpapier nebst Klebestreifen vorbereiten. Für Außenfenster und -türen lichtundurchlässiges, kräftiges Abdeckpapier passend herrichten, soweit Rollläden o. ä. fehlen. Sandsäcke für Kellerfenster vorbereiten. Lüftung für einen geschützten Kellerraum einrichten und mit Universalfilter gegen Gas- und Radio-Atome versehen.

Vorräte:
Verschließbare, transportable Behälter für Frischwasser (Camping-Behälter) für 2-Wochen-Ration bereitstellen. Speisevorräte in Blechdosen oder luftdichten Plastikbeuteln lagern. Keine Gläser (gehen bei Druckunterschieden auf und verderben). Bei Säuglingen Thermosflaschen für Babynahrung bereithalten. Campingkocher für Hartspiritus mit Brennstoffvorrat, Wachskerzen, Streichhölzer, Taschenlampen mit Ersatzbatterie, Verbandszeug (Brandbinden, Augensalbe, Schmerz- und Beruhigungstabletten etc.), Kofferradio mit Ersatzbatterie.

Sonstiges:
Verschließbare Eimer (Farbeimer) als Stubenabort mit Torfmull und Geruchsvernichter, Trockenfeuerlöscher, Werkzeug (Hammer, Zange, Stechmeißel, Brechstange, Hacke, Beil, Schaufel usw.), Holzleisten mit Folie zum Verschließen zerstörter Fenster, Schutzbrillen, Handschuhe, Atemgerät (Sporttaucher) mit Sauerstoff-Flasche, evtl. Strahlenmessgerät. Schlafgelegenheit im Keller herrichten sowie warme Decken und Kleidung. Bereitstellung von Tragetaschen für Vorräte; wichtige Papiere (Liste anfertigen) griffbereit halten. Hochwertige Lebensmittel-Komaprimate, 20 bis 25 Jahre haltbar. (Bei guter Lagerung wesentlich länger.)

Empfehlungen – Verhalten im Ernstfall

Folgende Katastrophenmöglichkeiten sind gegeben:

1. Kosmische Einwirkung: Umpolung der Erde/Staub-Gas-Einbruch mit Meteoriten
2. Atomexplosion
3. Erdbeben

Welche dieser Katastrophen eintreten und in welcher Zeitfolge sie ablaufen werden, ist belanglos, wenn die Schutzvorkehrungen und auch die Verhaltungsmaßregeln alle Möglichkeiten einschließen. So sollen hier alle Möglichkeiten behandelt werden, damit im Bedarfsfall eine rasche Orientierung möglich ist.

Allgemeine Verhaltensregeln:

Stets Ruhe bewahren, bei Aufenthalt im geschlossenen Raum möglichst wenig sprechen und bewegen, viel ruhen, nicht rauchen und Alkohol trinken, offenes Licht und Kocher sparsamst verwenden wegen Sauerstoffverbrauch, keine Blumen im Raum lassen, Panikmacher sofort isolieren und Beruhigungsmittel geben. Gemeinsam leise beten.

Gebet der Frauen aller Völker:
Herr Jesus Christus, Sohn des Vaters, sende jetzt deinen Geist über die Erde. Lass den Heiligen Geist wohnen in den Herzen aller Völker, damit sie bewahrt bleiben mögen vor Verfall, Unheil und Krieg. Möge die Frau aller Völker, die einst Maria war, unsere Fürsprecherin sein. Amen.

Kosmische Einwirkung

1. Umpolung der Erde (Polsprung):

Eine seit längerem zu beobachtende, zunehmende Schwächung des erdmagnetischen Feldes durch Sonnenenergien kann plötzlich durch konzentrierte natürliche Energie (kosmischer Blitz) oder eine auf der Erde ausgelöste nukleare Explosion zu einer Umpolung des gesamten Erdmagnetismus und damit zu einer Polwende um 180 Grad führen. Durch Verschiebung der Erdkruste ist eine zusätzliche Polverschiebung bis zu 30 Grad anzunehmen. Es werden also Nord- und Südpol vertauscht und Europa bis zu 30 Grad näher an den Äquator heranrücken, wodurch es subtropisches Klima erhalten kann. Derartige Polverschiebungen sollen mehrfach im Leben der Erde vorgekommen sein, wie sie auch im Alten Testament beschrieben werden. Dauer des Polsprungs ist etwa 3 Tage.

Verhalten:

Geschlossene Räume aufsuchen, Außenöffnungen verdunkeln und verschließen. Personen gleichmäßig auf Räume verteilen (Atemluft). Vorräte auffüllen und in Wohnung bleiben. Bei Häusern mit leichter Bauweise Keller aufsuchen.

2. Staub-Gas-Einbruch mit Meteoritenfall:

Wissenschaftlich erwiesen ist, dass durch den Weltraum dunkle (nicht selbstleuchtende) Staubwolken ziehen, in deren Kern Meteoriten bis zu gewaltiger Größe vorhanden sind. Diese Staubwolken enthalten u. a. Zyan-Gas von großer Giftigkeit. Wenn die Erde in eine derartige Wolke eintritt, kündigt sich dieses durch eine merkbare und zunehmende Eintrübung des Tageslichtes an, so dass mit einer rechtzeitigen Warnung zu rechnen ist. Zwischen beginnender Eintrübung und wirksamer Einhüllung vergehen mehrere Stunden.

Verhalten:

Wohnung oder geschlossene Räume aufsuchen, Fenster und Türen abdunkeln (Läden, schließen) und abdichten, Lüftungen abdichten, Versorgungsleitungen absperren, Wasserbehälter füllen, Vorräte, Decken und Kleidung bereitlegen und Keller aufsuchen, wenn Meteoritenfall einsetzt. Am Ende des 2. Tages hört der Meteoritenfall auf. Noch nicht ins Freie gehen Zimmer mit zerstörten Fenstern nicht betreten. Volles Tageslicht abwarten. Luftbedarf durch Sauerstoff aus Flasche ergänzen, keine Fenster öffnen, bis Leben im Freien beobachtet werden kann.

Atomexplosion (Diese Maßnahmen stammen von der Bundeswehr)

Diese hat 3 Gefahrenmomente:
a.) Der Hitzeblitz zu Beginn, der sofortige schwere Verbrennungen der Haut, Augen und ungeschützten Körperteile hervorruft und durch Strahlungsentzündung auch hinter Glasfenstern Textilien u. a. in Brand setzen kann.
b) Die Druckwelle, die der Detonation mit einer Schnelligkeit von 1 km in 3 Sekunden folgt.
c) Die radioaktive Strahlung, die längere Zeit anhält, jedoch zunehmend schwächer wird. Je weiter entfernt die Explosion stattfindet, desto geringer sind die Gefahrenmomente.

Verhalten:

Wenn eine Warnung erfolgt oder mit Bombenabwurf zu rechnen ist, sofort Fenster und Türen von außen abdunkeln und verschließen (im Hitzeblitz verbrennt zwar der Außenschutz, verhindert aber die Entzündung in den Räumen). Versorgungsleitungen absperren und mit Vorräten, Decken und Kleidung Keller aufsuchen, Radio einschalten und Warnmeldungen abhören. Bei Aufenthalt im Freien nicht in den Feuerball sehen. Jacke o. ä. über den Kopf ziehen, Hände verbergen, Schatten aufsuchen, dabei tiefe Erdmulden bevorzugen, nicht hinter leichten Bauwerken verstecken (Einsturzgefahr). So rasch wie möglich geschützten Raum aufsuchen, Taschentuch vor den Mund halten (radioaktiver Staub). Vor dem Schutzraum Außenkleider ablegen (strahlenstaubverseucht), Gesicht und unbedeckte Körperteile mit Seife abwaschen oder feucht abreiben. Schutzraum erst nach Entwarnung verlassen. Strahlungsabnahme nach 2 Tagen auf 1/100, nach 14 Tagen auf 1/1000. Im Bedarfsfall Strahlungsmessungen durchführen.

Erdbeben

Ankündigung meist durch leichteres Vorbeben. Sofort ins Freie eilen, dabei Vorräte, Decken und Kleider mitnehmen. Hohe Bauwerke und solche mit leichter Bauweise wegen Einsturzgefahr meiden. Erfolgt das Beben jedoch während eines kosmischen Staub-Gas-Einbruchs, muss der Keller aufgesucht werden.

Verhalten:
Sofort Versorgungsleitungen absperren. Vorräte, Decken, Kleidung und Verbandszeug (Taschenlampe) mitnehmen. Keine offenen Flammen wegen Explosionsgefahr gebrochener Gasleitungen. Radio einschalten und Warnmeldungen beachten. Im Notfall Wohnungen nur einzeln aufsuchen.

Maßnahmen nach dem Ereignis:
Nach Entwarnung, Beruhigung des Geschehens oder Rückkehr des Tageslichts vorsichtig durch geschlossene Fenster nach Leben in der Außenwelt Ausschau halten. Im Bedarfsfall Strahlungsmessungen vornehmen. Vorsicht bei gelblichen Staubablagerungen nach Atomexplosion, Staub nicht berühren, mit Wasser und Bürste entfernen, dazu Handschuhe anziehen, Treppen und Gehsteige mit Wasser säubern, nachdem die Versorgungsleitungen vorsichtig eingeschaltet wurden. Auf Gasgeruch achten und vorerst keine offene Flamme entzünden. Schuhe und Außenkleidung nach Aufenthalt im Freien vor der

Wohnungstür lassen. Räume und Keller erst lüften, wenn Gelbstaub entfernt ist.

Jetzt ist es Zeit, sich um die öffentliche Licht-, Gas- und Wasserversorgung zu bemühen. Daher empfiehlt es sich, schon bei der ersten Vorsorge sich über die Lage der öffentlichen Versorgungsorte, die Wohnung des Bedienungspersonals usw. zu informieren und mit den maßgeblichen Personen einen Katastrophenplan mit Einsatz von Hilfskräften im Bedarfsfall aufzustellen. Bei Gebäudezerstörungen sind vor allem Lebensmittelgeschäfte, Bäckereien, Metzgereien und andere lebenswichtige Versorgungseinrichtungen vor Plünderungen etc. zu schützen. Nehmen Sie daher Verbindung mit geeigneten Personen der Ortsverwaltung, der Polizei, der Feuerwehr und etwa vorhandener Bundeswehr zwecks geeigneter Vorsorge auf. Geben Sie auch den Anstoß zu Erstellung von Katastrophenschutzplänen unter Hinweis auf vorstehende Unterlagen.

Begriffserklärungen

NEMP:

Was passiert bei einem NEMP (Nuklearer elektromagnetischer Puls)?

Dieser entsteht, wenn ein atomarer Sprengkörper in 100 bis 200 km Höhe über der Erde gezündet wird. Durch die Explosion in dieser Höhe breitet sich der freigewordene elektromagnetische Puls kegelförmig in Richtung Erde aus und erreicht beim Auftreffen auf die Erdoberfläche einen Durchmesser von 1.000 – 2.000 km. In diesem Bereich fallen sämtliche elektronische und feinelektronische Geräte (z. B. Computer, Zündspulen von Autos, elektronische Steuergeräte usw.) aus. Zumindest tritt eine Funktionsstörung auf oder ein zeitlich begrenzter Ausfall.

Dekontamination (Verhaltensempfehlungen der Bundeswehr):

Ist strahlende Substanz auf den Schutzanzug oder Körper gelangt, so muss diese abgewaschen werden. Mit dem Schutzanzug stellen wir uns unter eine Dusche, z. B. einen Wassersack mit Behelfsdusche, und entfernen diese mit Schmierseife, es gehen auch aufgelöste Seifenreste, und einer weichen Bürste mit langem Stiel. Alternativ bzw. nach der Schmierseifenaktion ist das Besprühen mit Salzwasser gut. Ideal dazu ist eine Garteninsektenspritze (Handpumpe), die mit Salzwasser (2 – 3 Essl./1 Liter Wasser) gefüllt wird. Mit klarem Wasser nachspülen. Dass dieses Wasser auf keinen Fall in Mund, Nase oder Augen gelangen darf, versteht sich von selbst. Der Platz, an dem die Reinigung stattfindet, ist jetzt verstärkt verstrahlt, weshalb er außerhalb der üblichen Verkehrswege liegen sollte und nur diesem Zweck vorbehalten bleibt. Wurde der Körper direkt verseucht, so muss die Kleidung komplett ausgezogen und tief vergraben werden. Betroffene Haare sind zu rasieren oder zumindest mehrmals zu waschen.

Gasmasken und Filter:
Mit diesem „Gerät" richtig umzugehen ist leicht, wenn man es ein paar Mal geübt hat. Zuerst im Sitzen das Atmen üben, dann beim Gehen und auch mal unter Belastung, damit man ein Gefühl für seine Leistungsfähigkeit per Filter bekommt. Wie lange ein solcher Filter beim Einsatz durchhält, hängt vom Grad der Außenverschmutzung, der Atemfrequenz (Belastung) des Trägers und diversen anderen Kriterien ab. Eine feste Nutzzeit anzugeben, ist nicht möglich. Bei ruhigen, bedachten Bewegungen kann so ein Filter 2 Stunden nutzbar sein. Bei Gasfiltern wird der Benutzer durch Geruchswahrnehmung und Reizung der Schleimhäute gewarnt. Bei CO-Filtern durch Erhöhung des Atemwiderstandes. Ersatzfilter sind wichtig.

Filterwechsel:
Tief einatmen, Luft anhalten, Filter abschrauben, neuen Filter einschrauben und während des Einschraubens langsam ausatmen. Die Filter sind genormt.

Gasmasken für Kinder:

Bis zu einem Alter von 6 Jahren sind Gasmasken nicht verwendbar, da Kinder nicht die Lungenkraft besitzen, um den Atemwiderstand des Filters zu überwinden. Es gibt für Kinder Halbmasken in kleiner Größe.

Verseuchung mit bakteriellen Kampfstoffen (Nervengas):

Vorbeugung ist auch hier das Beste! Wie und womit? Durch Stärkung des Abwehrsystems mit Vitamin C: enthalten z. B. in Meerrettich, Paprika, frisch geschälten Zwiebeln. Naturheilmittel, z. B. Echinacea-haltige Medikamente wie Esperitox, Antitoy oder mit Vitamin B, z. B. Vitamin B 12 oder Vitamin B Komoplexmittel. Hochwertige Nahrungsergänzung hierfür sind Meeresalgen-Tabletten oder Sirulina (Mikro-Alge).

Allgemeine Verhaltensregeln (Schutzraum):

Überlegen Sie bitte genau, wer mit in den Schutzraum genommen wird. Labile Menschen, die leicht „durchdrehen", gefährden den Rest der Gruppe. Personen ab 50 sollten den Jüngeren weichen (Wiederaufbau). Wenn Alarm gegeben wird, zu Hause bleiben. Flucht wäre zu dem Zeitpunkt gefährlicher und vor allem sinnlos. Sprechen Sie nicht über Ihren Schutzraum und Lebensmittelvorräte; nur mit absolut vertrauenswürdigen Menschen (Plünderung).

Vorsorgepaket/Empfehlungen

Für Vorsorgemaßnahmen lässt sich kein allgemein gültiger Terminplan aufstellen. Jeder muss für sich entscheiden, ob und zu welchem Zeitpunkt er welche Maßnahmen durchführen will. Allerdings ist dabei einzukalkulieren, dass es im Ernstfall, gleich ob Naturkatastrophe oder Krieg, zu spät sein kann, sich noch mit Vorräten, Arbeitsgerät u. a. einzudecken. Viele werden dann nämlich in letzter Minute versuchen, das jahrelang Versäumte nachzuholen; dann wird es Versorgungs-Engpässe geben.

Darum sind in der folgenden Liste noch einmal alle im Text genannten Dinge aufgezählt, die rechtzeitig beschafft und organisiert werden sollten.

Energie und Beleuchtung:

1. Kerzen
2. Streichhölzer
3. Taschenlampe
4. Kochplatte, Spirituskocher, Trockenspiritus
5. Kanonenöfchen/Brenn-Paste
6. Rundfunkgerät/Reservebatterien

Lebensmittel und Trinkwasser:

1. Dauerbrot in Dosen, Knäckebrot, Zwieback
2. Kaffee, Tee
3. Haferflocken, Marmelade, Honig
4. Zucker, Salz, Gewürze
5. Speiseöl, Pflanzenfett, Schmalz
6. Fleischkonserven, Fisch-Vollkonserven
7. Babynahrung, Diät- oder Krankenverpflegung
8. Trinkwasser, Mineralwasser, Säfte
9. Fertiggericht USA/Bund bis zu 30 Jahren haltbar
10. Notration
11. ABC-Flüssig-Notration
12. Wasseraufbereitungstabletten

Hygiene- und Hausapotheke:

1. Seife, Waschmittel
2. Zahnbürste, Zahnpasta
3. Einweg-Geschirr und Besteck
4. Einweg-Handschuhe
5. Haushaltpapier

6. Toilettenpapier, Müllbeutel
7. Camping-Trocken-Klo/Ersatzbeutel, Torfmull
8. Sägemehl oder Chlorkalk
9. Desinfizierungsmittel, Schmierseife
10. DIN-Verbandskasten (Bunker-Verbandskasten)
11. Fieberthermometer
12. Wunddesinfektionsmittel/Wundgel
13. Kamille-Extrakt zum Gurgeln für die Spülungen
14. Vorbeugende Mittel gegen Grippe/Infekte
15. Schmerzlindernde Tabletten
16. Tabletten gegen Halsschmerzen
17. Medikamente, die vom Arzt verordnet sind
18. Wärmflasche (Gummi)
19. Augenklappe/Kalziumtabletten
20. Vitamintabletten/Kohletabletten (Natrium)
21. Abführmittel

Notgepäck und Dokumentensicherung:
(Vorgabe des Schweizer Zivilschutzes)

1. Wolldecke oder Schlafsack, Unterwäsche, Strümpfe
2. Gummistiefel, derbes Schuhwerk (bereits eingelaufene Schuhe)
3. Essgeschirr, Essbesteck, Thermos-Feldflasche mit Trinkbecher
4. Behelfsmäßige Schutzkleidung/Dosenöffner
5. Verbandpäckchen, Heftpflaster
6. Taschenmesser
7. Mullbinde, Dreiecktuch, elastische Binden
8. Strapazierfähige warme Kleidung
9. Kopfbedeckung, Schutzhelm
10. Schutzmaske oder behelfsmäßiger Atemschutz
11. Arbeitshandschuhe
12. Dokumentenmappe

Selbstschutz im Haus:

1. Behelfsmäßig hergerichteter Kellerraum/Behälter für Löschwasser
2. Keller und Dachboden entrümpeln
3. Einstellspritze/Wassereimer/Einreißhaken
4. Löschdecke (notfalls Wolldecke 2-mal)
5. Rettungsleine
6. Garten- oder Autowaschschlauch
7. Feuerlöscher/halblange Schaufel
8. Spaten/Spitzhacke/Brechstange/Beil
9. Bügelsäge, Fuchsschwanz, Stichsäge
10. Fäustel/Spitz und Flachsteinmeißel/Kneif- oder Beißzange
11. Bergetuch/Rettungsleiter/Verdunkelungsmaterial (schwarz)
12. Liege- und Sitzmöglichkeiten/Wolldecken
13. Verschließbarer Behälter für verstrahlte Bekleidung
14. Verschließbarer Abfalleimer/Notabort
15. Spielzeug für Kinder/Unterhaltungsspiele, Lektüre

Die Selbstschutzausbildung:

1. Selbstschutz-Grundlehrgang
2. Selbstschutz-Ergänzungslehrgang ABC-Schutz
3. Selbstschutz-Ergänzungslehrgang Wohnstätte/Landwirtschaft
4. Erste-Hilfe-Grundlehrgang

14 Überleben unter ABC-Bedingungen (Kurzfassung)

Unter ABC-Kampfmitteln versteht man atomare, biologische und chemische Angriffsmittel.

Kernwaffenexplosionen haben drei verschiedene Wirkungen: die Druckwelle, die Wärmestrahlung und die Kernstrahlung. Bei der Kernstrahlung muss die Anfangsstrahlung (innerhalb einer Minute) und die länger andauernde Rückstandsstrahlung unterschieden werden. Die Quelle der Rückstandsstrahlung ist der radioaktive Niederschlag. Er kann unter bestimmten Umständen mit atmosphärischen Niederschlägen oder als Staub aus der Explosionswolke zur Erde gelangen und ein Gebiet von einigen hundert Kilometern Länge und entsprechender Breite bedecken. Das betroffene Gebiet wird dann als verstrahlt bezeichnet. Die Strahlungsstärke des radioaktiven Niederschlages bleibt nicht unverändert, sondern klingt allmählich ab. In Gebieten mit radioaktivem Niederschlag gelten zwei prinzipielle Maßnahmen: 1. Schutz vor Strahlung, die die Menschen und Tiere von außen bedroht, und 2. Verhinderung der Aufnahme radioaktiver Stoffe in den Körper des Menschen durch Einatmen, Wasser- und Nahrungsaufnahme oder Eindringen in offene Wunden. Kernstrahlen sind mit menschlichen Sinnesorganen nicht wahrzunehmen. Ihr Nachweis und das Messen der Strahlenstärke sind nur mit besonderen Geräten möglich.
Biologische Kampfmittel sind Krankheitserreger oder ihre giftigen Produkte, infizierte Schädlinge oder Pflanzen einwirkende Stoffe. Die Verseuchung von Wasser, Nahrungs- und Futtermitteln ist auch durch Agenten oder Sabotagetrupps möglich.
Chemische Kampfstoffe können in zwei Erscheinungsformen auftreten, und zwar als Luftkampfstoffe und als Geländekampfstoffe. Der Schutz gegen chemische Kampfstoffe schließt weitgehend den Schutz gegen radioaktiven Niederschlag und biologische Kampfmittel ein. Die Unterrichtung

der Bevölkerung wird mittels Sirenen oder Alarmgeräten und über den Rundfunk getätigt. Je näher ein Ort zum eigentlichen Detonationszentrum liegt, desto weniger Zeit verbleibt der Bevölkerung bei radioaktivem Niederschlag, um letzte Schutzvorkehrungen zu treffen.

1. Schutz des Menschen

    1. Schutzraumbauten
    2. Kellerräume

Zu 1.: siehe Schutzraumbauten
Zu 2.:
Liegt die Kellerdecke über der Erde, so soll Erdreich bis zur Überkante der Kellerdecke angeböscht werden. Umfassungswände sind normalerweise nur bis zur Spritzwasserzone gegen aufsteigende Feuchtigkeit isoliert. Es ist daher erforderlich, eine zusätzliche Isolierung durch Kunststoff-Folien oder Teerpappe in Höhe der Anschüttung vorzunehmen. Auch bei Verwendung von Sandsäcken wird eine solche zusätzliche Isolierung empfohlen. Kellerfenster müssen entweder durch Beton-Fertigteile (Dicke mind. 15 cm) oder Sandsäcke (mind. 20 cm) geschlossen werden. Strahlenschutzwände haben in der Regel mindestens eine Stärke von etwa 50 cm. Dazu können Sandsäcke und Rasenziegel verwendet werden. Auch die Aufstellung einer Bretter- bzw. Stangenwand ist zweckmäßig, wenn der Zwischenraum mit Erde oder Sand aufgefüllt wird. Zu dem gleichen Zweck eignen sich Hohlblocksteine, die so an der Hauswand aufgestellt werden müssen, dass ihre Außenkante etwa 50 cm von der Wand entfernt ist. Die Steine und die Zwischenräume zur Wand sind ebenfalls mit Erde oder Sand aufzufüllen. So, wie Stahl eine charakteristische Halbwertsschicht von 4 cm gegenüber den Gammastrahlen der Anfangsstrahlung hat, gelten für andere Stoffe entsprechende Werte: z. B.:

- Blei   1,30 cm
- Beton   15,00 cm
- Erde   20,00 cm
- Holz   50,00 cm
- Wasser   33,00 cm
- Luft   150 – 200 km

Die Decken über Schutzkellern sollen trümmersicher sein, das heißt, sie müssen außer ihrer ständigen Last und Nutzlast die Trümmer des einstürzenden Gebäudes tragen können. Notwendige Absteifungen sind entsprechend der Bauberatung einzuziehen. Als Strahlenschutz ist Stahlbeton in einer Stärke von 30 cm zu empfehlen. Die Schutzunterkunft ist in jeder Weise gegen eindringenden Staub und gegen Dämpfe von chemischen Kampfstoffen abzudichten. Besondere Sorgfalt ist dabei auf die Abdichtung der Türöffnung und, wenn notwendig, auch der Tür selbst zu legen. Um den Luftzug beim Öffnen der Tür zu vermeiden, empfiehlt es sich, einen Vorhang vor oder hinter der Tür anzubringen. Liegen Fensteröffnungen bis 1,50 m Unterkante über Erdgleiche, dann müssen sie mit Sandsäcken aufgefüllt werden. Auf die Staubdichtung der Fenster selbst ist zu achten. Der Schutzraum sollte nach Möglichkeit nicht früher als etwa 6 Stunden nach Beginn des Niederschlags belüftet werden.

Die vorgeschlagene Herrichtung von Schutzunterkünften ist nur als Behelfsmaßnahme zu werten und dient vor allem dem Strahlungsschutz.

Ein Schutzraum, der gegen ABC-Abwehr eingerichtet wird, soll die Ausstattung von einem Daueraufenthalt von 14 Tagen ohne Versorgung von außen ermöglichen.

Das Dach soll im Anschluss nach dem Fallout mit Wasser gereinigt werden, wobei darauf zu achten ist, dass das Regenwasser mind. 5 m vom Haus in eine Grube geleitet wird, die im Anschluss zugeschüttet und zu markieren ist.

Der Wasserverbrauch beträgt pro Kopf und Tag für Trinken/Kochen/Körperpflege 3,0 l. Eine Bevorratung soll für 14 Tage ausreichen.

Lebensmittelbevorratung ist in Dosen oder Epa zu lagern. Desinfizierung wird mit Chlorkalk bzw. Chloramin empfohlen. Einfachstes und wirksamstes Mittel zur Körperdesinfektion ist das Abwaschen mit 1/2 % Cholaraminlösung und nachfolgende Reinigung mit Wasser und Seife.

2. Ausstattung

- Sitz- und Liegemöglichkeiten für einen längeren Aufenthalt. Ein Teil der Liegen sollte auch als behelfsmäßige Krankentragen verwendbar sein.
- Wolldecken
- Notbeleuchtung: In behelfsmäßigen Schutzunterkünften ohne Belüftungsanlagen eignen sich vorzugsweise Batteriegeräte.
- Dauerkerzen sind für den Notfall einzulagern.
- Gerät zur Selbstbefreiung und für die Rettung ist anzulegen.
- Rundfunkempfänger
- Lebensmittel und Trinkwasser für 2 Wochen.

3. Vorbeugende Maßnahmen

An geeigneter Stelle in der Schutzunterkunft sollten bereitgestellt werden:
- Notabort (Eimer mit Deckel und Torfmull)
- Löschgeräte wie Einstellspritze mit Wassereimern, Wasser zum Anfeuchten von Kleidern und Decken als Schutz gegen strahlende Hitze und Flammeneinwirkung beim Verlassen der Schutzräume;
- Kisten für verseuchte Kleidungsstücke;
- Mehrzweckgeräte, die sich für den Brandschutz eignen.

4. Notgepäck

Ein Notgepäck zur Mitnahme in den Schutzraum muss im Ernstfall griffbereit vorhanden sein. Es soll enthalten: Geld- und Wertsachen, Familienpapiere und sonstige wichtige Dokumente (Ausweispapiere, Renten- und Rentenbescheinigung, Bank- und Sparbücher, Versicherungspolicen) sowie Bekleidung, Wolldecken, Waschzeug und Sachen des persönlichen Bedarfs.

15 Auswirkungen

Eine Zeitschrift beschrieb im Jahr 1983 ein mögliches Szenario, die Folgen eines Atomangriffs auf den Rhein-Main-Flughafen:

- Ein greller Lichtblitz zuckt auf, so hell, dass ein Beobachter noch im 25 km entfernten Hanau zeitweilig erblindet. Dem Blitz folgt ein Feuerball, der sich sekundenschnell über mehrere hundert Meter ausdehnt und alles verglüht. Unmittelbar darauf breitet sich, wie Donner nach dem Blitz, eine Druckwelle aus, unter dem Explosionszentrum am Boden-Nullpunkt mit einer Stärke von sieben Kilogramm pro Quadratzentimeter. Innerhalb von sechs Sekunden erreicht die Schockwelle eine Entfernung von 1,8 km und legt dort alles in Trümmer: Die Flughafengebäude, die Air Base, Flugzeuge, Autos, das Tanklager mit 100.000 Tonnen Kerosin. Im neuen Terminal hat kaum einer von über 10.000 Beschäftigten und Fluggästen eine Überlebenschance. Wer nicht verdampft oder zerschmettert wird, stirbt an einer tödlichen Strahlendosis ... Noch in sechs Kilometer Entfernung, am Südrand der Farbwerke Hoechst, wird die Hälfte aller Bauten zerstört: Hochgiftige Chemikalien explodieren. Der gesamte Frankfurter Stadtwald im Sechs-Kilometer-Radius gerät in Brand. Die nun aufsteigende Atompilzwolke, die Rauschwand von Explosionen und Bränden verdunkeln den Himmel, noch in sechs Kilometer Entfernung werden ungeschützte Körperteile versengt und durch Brandblasen entstellt. All dies geschieht innerhalb weniger Minuten. Von etwa 90.000 Menschen in Sieben-Kilometer-Umkreis der Atomexplosion sterben über 10.000 und beinahe 70.000 werden verletzt. Der Flughafen existiert nicht mehr.

Wahrscheinlich werden bei dem Gegenschlag SS-20-Raketen mit Dreifach-Sprengköpfen eingesetzt, sie können auf einen

Schlag Frankfurt, Wiesbaden und Mainz auslöschen. Damit würde sich auch die Mainzer Prophezeiung erfüllen.

Die Folgen eines Atomwaffeneinsatzes

Vergleichen wir diese prophetische Warnung mit dem atomaren Ernstfall. Bei der Detonation einer Atombombe entwickelt sich zuerst ein unglaublich heller Lichtblitz, der Menschen noch in 25 Kilometer Entfernung erblinden lässt, selbst auf 80 Kilometer Entfernung ist es viermal heller als die Mittagssonne. Dann breitet sich mit Lichtgeschwindigkeit die Hitzestrahlung von mehreren Millionen Grad aus. In einem Umkreis von 3 – 4 Kilometern Durchmesser verdampfen alle Lebewesen, Fahrzeuge, Gegenstände, sogar Granit schmilzt. Zu tödlichen Verbrennungen kommt es noch in einem Radius von 8 – 10 Kilometern, und noch in 30 Kilometern können leicht brennbare Stoffe verkohlen. Gleichzeitig wälzt eine Druckwelle mit Überschallgeschwindigkeit in einer Entfernung von 6 Kilometern alles nieder, orkanartige Stürme schleudern weiter entfernt noch Menschen, Autos und Trümmer durch die Luft. Wer weiter entfernt ist, dem rät das Bundesamt für Zivilschutz: Sofort Deckung nehmen, dabei Gesicht am Boden und Hände unter den Körper sowie Augen schließen. Nach dem Atomschlag bedroht der nukleare Fallout, der radioaktive Staub verteilt sich im Gebiet von bis zu 10.000 km². Er kommt aus der Atmosphäre – und ist überall. Im Regen, auf dem Türgriff, in der Kleidung, in der Nahrung, im Wasser. Der Körper kann ihn durch die Nahrung, durch Einatmen oder durch die Haut aufnehmen. Im Tierkörper angereichert kann es durch die Nahrungskette, durch Fleisch oder Milch in unseren Körper gelangen, und eine jede Berührung kann den Tod bedeuten. Den Tod durch die Strahlenkrankheit. Ihre ersten Symptome sind Übelkeit, Erbrechen, Durchfall, Hautblutungen und Haarausfall, schmerzhafte Geschwüre in Mund und Darm folgen, das Endstadium ist oft der Blutkrebs.

Um die Kontamination, so lautet das Fachwort für radioaktive Verseuchung, zu vermeiden, rät der Bundesverband für Zivilschutz, bei einem möglichen Aufenthalt im Freien unbedingt eine Schutzmaske und behelfsmäßige Schutzkleidung zu tragen: Regenmantel oder Umhang mit Kapuze, am Hals und an den Handgelenken anliegend. Fest verschließbare Gummistiefel oder derbes Schuhwerk, feste Arbeits- oder Gummihandschuhe. Ohne jeden Zweifel ist es die radioaktive Verseuchung nach einem Atomschlag, die einige Seher so genau beschrieben haben und auf die grauenvollen Folgen hinweisen: Die Strahlenkrankheit.

Auswirkungen durch die Detonation:

Bei einer Atombombendetonation wird eine Druckwelle erzeugt, die sich sehr schnell vom Explosionsherd weg ausdehnt. Diese Druckwelle und der Sturm, den sie verursacht, bringt selbst entfernte Brücken und Häuser zum Einsturz, drückt Bäume um und reißt Fenster und Türen aus ihren Rahmen. Die Menschen werden durch die Luft geschleudert oder sterben, weil sie von herumfliegenden Trümmern und Glassplittern getroffen werden. Die Wenigen, die in den am stärksten betroffenen Gebieten von Hiroschima oder Nagasaki überlebt haben, wurden überwiegend taub oder blind.

Thermische Auswirkungen:

Bei der Explosion einer Zehn-Kilotonnen-Bombe in der Luft entsteht ein Feuerball mit einem Durchmesser von bis zu 300 m. In einem Umkreis von 4 km verglüht alles zu Asche und in einem Radius von 200 km tritt eine Klimaveränderung auf. Wissenschaftler fanden heraus, dass schon weniger als die Hälfte der Atombomben von Russland und den USA ausreichen würden, um den so genannten „Nuklearen Winter" auszulösen. Die Explosionen würden enorme Mengen an Staub und Rauch in die Atmosphäre wirbeln. Diese Menge würde ausreichen, um der Erde für mehrere Monate das Sonnenlicht zu nehmen; ein Frostklima wäre die Folge. Auf der nördlichen Halbkugel käme es zum Absterben der Pflanzenwelt und auch die Ozonschicht würde weiter beschädigt werden.

Radioaktive Strahlung:

Die Folgen der Strahlung sind noch verheerender als die der Explosion. Die Strahlen durchdringen alles – also sind selbst die Menschen, die sich in einem Bunker aufhalten, der Strahlung ausgesetzt. Die höchsten Werte von radioaktiver Strahlung wurden bei der Explosion in Hiroschima gemessen – nämlich 700 rad (rad ist die Einheit für alle Arten ionisierender Strahlung). Bei 700 rad sterben 100 % der bestrahlten Personen, bei 400 rad etwa 50 % und auch bei 70 rad können noch tödliche Krankheiten auftreten. Bei einer Atombombenexplosion werden Erde oder Wasser in eine Pilzwolke gesogen und hoch in die Luft gerissen. Je nachdem in welcher Höhe eine Atombombe detoniert, fällt der radioaktive Niederschlag über einem großen oder kleinen Gebiet nieder. Explodiert die Bombe nahe der Erdoberfläche, dauert der Niederschlag einige Minuten bis zu 24 Stunden und zieht ein Gebiet von Tausenden Quadratkilometern in Mitleidenschaft. Geschieht die Explosion in größerer Höhe, so dauert der Fallout länger und der radioaktive Niederschlag verbreitet sich über ein noch größeres Gebiet.

Anfangsstrahlung und Rückstandsstrahlung durch Kernwaffen:

Niederschlag bei günstigen Wetterbedingungen, der schon nach 1 Stunde eine Fläche von ca. 150 km² in Windrichtung kontaminiert. Die Anfangsstrahlung, die zu großen Teilen aus Gamma- und Neutronenstrahlung im K Gray-Bereich besteht, ist bei abwehrenden Maßnahmen zu vernachlässigen, da in ihrem Wirkungsbereich (ca. 0 - 4 km) kaum eine organische Lebensform überlebt. Ab ca. 1 Min. nach der Detonation auftretende Strahlung von Spaltprodukten wird als Rückstandsstrahlung bezeichnet. Diese tritt als Form sichtbarer niederfallender Teilchen unmittelbar (bis ca. 50 km) am Detonationsort sowie als radioaktiver Niederschlag (Fallout) in großen Entfernungen auf. Die Aufnahme von elektromagnetischer Wellenstrahlung kann durch Schutzmaßnahmen nicht verhindert, sondern im günstigsten Fall vermindert werden. Die Dosisleistungen und die damit verbundene Dosisaufnahme der Anfangsstrahlung von Kernwaffen werden hier nachfolgend nicht berücksichtigt, da in ihrem Wirkungsbereich keine Personen überleben. Die Dosisleistung wird in diesen Bereichen in einem Zeitfaktor von 7 – 10 h um 1/10 verringert. In der Regel werden nach einem Kernwaffeneinsatz, durch die erhöhte Aufnahme von elektromagnetischer Wellenstrahlung sowie die Inkorporation von radioaktiven Teilchen, alle Personen getötet, die sich in einem Bereich von bis zu 100 km längere Zeit im Freien aufhalten.

Energiedosisleistungen bei Kernwaffeneinsatz:

Ca. 50 km vom Detonationsort:

Zeitpunkt	GY/Stunde	Prozent Tote
1 Stunde	10	100 % nach 1 Stunde Aussetzung
7 Stunden	1	50 % Tote nach 7 – 8 Std. Aussetzung
2 Tage	0,1	50% Tote nach ununterbrochener Aussetzung
2 Wochen	0,01	50% Tote nach ununterbrochener Aussetzung
14 Wochen	0,001	0%

Ca. 160 km vom Detonationsort:

Zeitpunkt	GY/Stunde	Prozent Tote
1 Stunde	0	70 % Tote nach ununterbroche-ner Aussetzung
7 Stunden	0,5	50 % Tote nach ununterbrochener Aussetzung
2 Tage	0,05	5 % Tote nach ununterbrochener Aussetzung
2 Wochen	0,005	0 % für die nachher auftretende S
14 Wochen	0,0005	0 % für die nachher auftretende S

Dosis in Sv	Wirkung
bis 0,250	Keine
bis 1,000	Erste Anzeichen von Strahlenkrankheiten
bis 4,000	50 % wahrscheinliche Sterberate
bis 5,000	100 % wahrscheinliche Sterberate

Aufenthalt im Freien vermeiden. Diese Schutzmaßnahme ist zu treffen, wenn betreffende Einheiten sich direkt im lokalen Fallout befinden und keine Möglichkeiten haben, diesen geschützt und schnell zu verlassen. Hauptsächlich sind Keller oder ähnliche Räumlichkeiten zu nutzen. Je tiefer sich die betreffenden Räume befinden, umso mehr wird die elektromagnetische Wellenstrahlung abgeschirmt. In der Regel ist die Dosisleistung um ein 4-Faches geringer als außerhalb entsprechender Räume.

16 Verlauf einer Atombombendetonation (Strahlung)

Die Kernkraft

Mit einem grellen Lichtblitz wird die Luft- und Bodendetonation eines atomaren Kampfmittels eingeleitet. In Sekundenschnelle entsteht ein Feuerball, um den sich rasch eine Detonationswolke bildet, die meist auf einem Stamm aufsitzt, der aus der um den Nullpunkt herum entstandenen Basiswolke von der Erde aus nach oben steigt. Es entwickelt sich die typische Pilzform. Die verschiedenen Detonationsarten hinterlassen folgende, schematische Darstellungen:

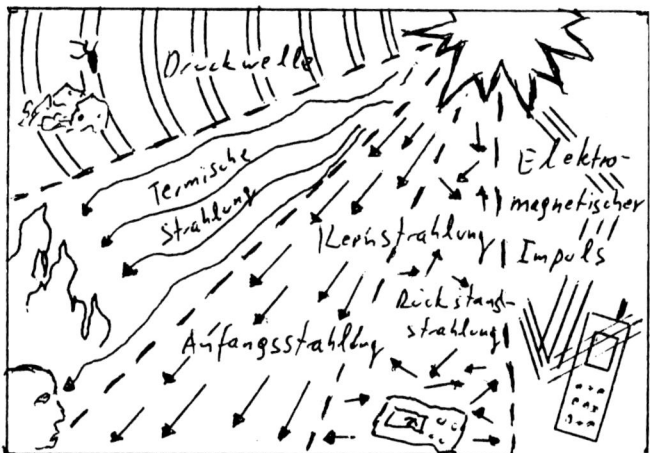

1. Thermische Strahlung mit Lichtblitz und Hitzestrahlung
2. Druckwelle mit Überdruckphase und Sogphase
3. Kernstrahlung mit Anfangsstrahlung und Rückstandsstrahlung mit radioaktivem Niederschlag und neutroneninduzierter Strahlung
4. Elektromagnetische Wirkung mit elektromagnetischem Impuls und Strahlungswirkung auf Elektronik

KT = Kilotonne	Durchmesser des Feuerballes in Meter
1	120 m
10	320 m
100	810 m
700	1.620 m

MT = Megatonne	Durchmesser des Feuerballes in Meter
1	1.800 m
10	4.260 m
20	6.000 m

Fensterglas hält die thermische Strahlung nicht zurück.

Auswirkungen Verbrennungen

KT-/MT-Werte	ersten Grades	zweiten Grades
KT 1	1.125 m	830 m
10	3.200 m	2.400 m
100	8.800 m	6.400 m
MT 1	24.000 m	18.000 m
10	50.000 m	40.000 m

KT/MT	Dosis Entfernung zum Nullpunkt in Meter				
Werte	3.000 r	1.000 r	300 r	100 r	30 r
KT 1	400 m	500 m	650 m	950 m	1.400 m
10	800 m	980 m	1.580 m	1.750 m	1.830 m
100	1.550 m	1.700 m	1.850 m	2.100 m	2.550 m
MT 1	1.900 m	2.200 m	2.600 m	2.850 m	3.100 m
10	2.750 m	3.000 m	3.500 m	3.660 m	3.900 m

Ab 1986 sind diese Maßeinheiten rad/r sowie die Bezeichnung Rem durch die neuen Bezeichnungen Sv und Sv/h (Sievert und Sievert pro Std.) aufgrund gesetzlicher Bestimmungen ersetzt worden. In diesem Buch wird jedoch noch mit den alten Begriffen gearbeitet.

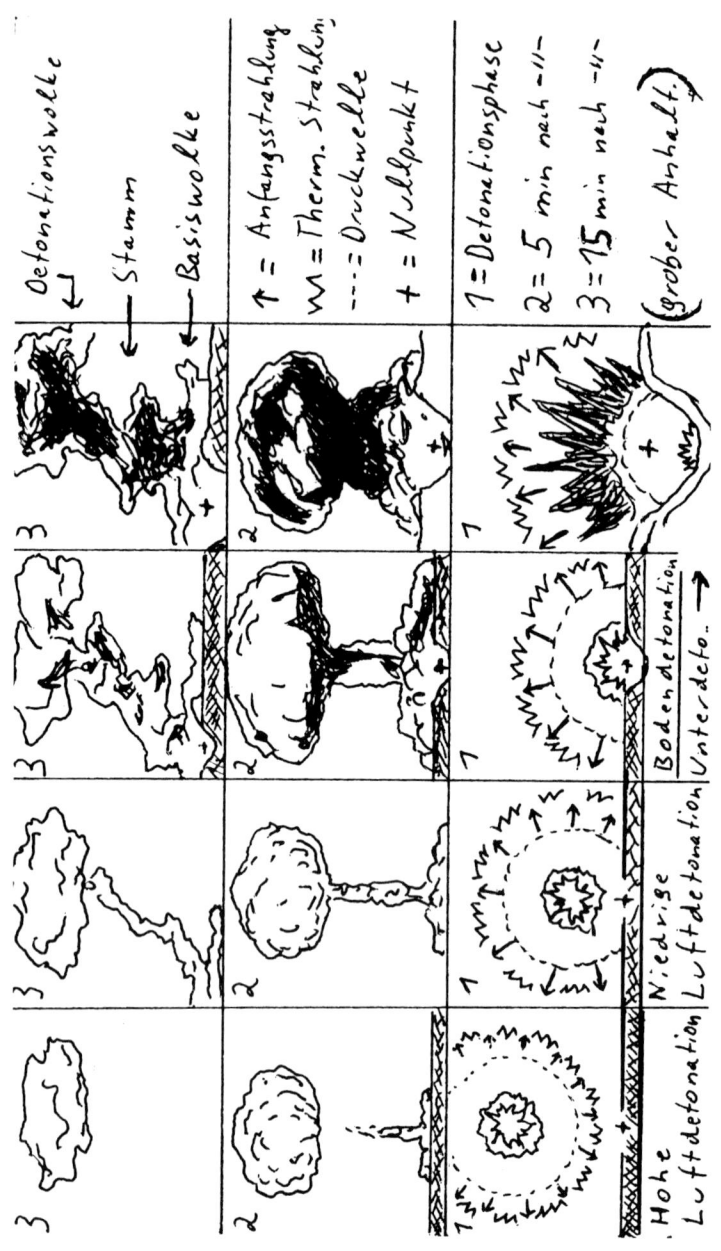

Detonationswolke
Stamm
Basiswolke

↑ = Anfangsstrahlung
ᗰ = Therm. Strahlung
-- = Druckwelle
+ = Nullpunkt

1 = Detonationsphase
2 = 5 min nach -"-
3 = 15 min nach -"-

(grober Anhalt)

Hohe Luftdetonation | Niedrige Luftdetonation | Bodendetonation | Unterdeto.. →

128

1. Dosisaufnahme und die sich daraus ergebenen Krankheitsbilder

Die Angaben über die Höhe der aufgenommenen Dosis und der sich daraus ergebenden Erkrankungsfolgen schwanken, können aber im Durchschnitt wie folgt als Bewertungsgrundlage angesehen werden:

100 r: Bei einer aufgenommenen Strahlendosis bis zu 100 rad kann nach 3 bis 6 Stunden das Allgemeinbefinden gestört sein. Übelkeit und Erbrechen können auftreten. Schwere, klinisch zu behandelnde Fälle kommen jedoch kaum vor, Todesfälle sind nicht zu erwarten.

100 r – 200 r: Strahlenbelastungen in dieser Höhe führen bereits zu akuten Erscheinungen der Strahlenerkrankung (Strahlenkater) mit starkem Durchfall, Erbrechen, Erschöpfung. Todesfälle können, in Verbindung mit leichteren, sonst nicht gefährlichen Verletzungen und Erkrankungen – wenn auch selten – eintreten, da die Kernstrahlung immer Schäden durch Zerstörung von Gewebezellen und von Blutkörperchen hervorruft und den Körper schwächt. Die Abwehrkräfte des Körpers werden herabgesetzt und der Heilungsprozess bei Verletzungen kann verzögert werden. Natürlich ist die Wirkung der aufgenommenen Strahlendosis auch abhängig vom Alter und der körperlichen Allgemeinverfassung betroffener Menschen.

200 – 400 r: Werden Menschen mit einer solchen Strahlendosis belastet, muss damit gerechnet werden, dass – in Abhängigkeit von der körperlichen Konstitution – im Bereich von 200 – 250 rad nach Ablauf eines Monats 5 – 10 % der Betroffenen sterben, dass bei etwa 300 rad die Überlebenschance bei 50 % liegt und bei Werten um 400 rad mit 90 % Todesfällen zu rechnen ist. Überlebende erholen sich von einer solchen Strahlenbelastung nur langsam und brauchen zur Genesung mehrere Monate.

Über 450 – 500 r: Übersteigt die Strahlenbelastung diese Werte, wird das in fast allen Fällen in wenigen Wochen zum Tode führen.

1.000 r und mehr: Eine sehr hohe Strahlenbelastung von tausend rad und mehr, wie sie vor allem im Bereich um den Nullpunkt einer Kerndetonation vorkommt, führt meist innerhalb von einer bis zu achtundvierzig Stunden zum Tod (Schädigung des zentralen Nervensystems, Krämpfe, Störung des Koordinationsvermögens, Apathie).

Eine Studie, die sich mit diesem Problem befasst, kommt zu ähnlichen Ergebnissen:

0 – 50 r: Keine nachweisbare Wirkung außer geringfügiger Blutbildveränderung.

80 – 120 r: Bei 5 bis 10 % etwa 1 Tag lang Erbrechen, Übelkeit und Müdigkeit, keine ernstliche Arbeitsunfähigkeit.

130 – 170 r. Bei etwa 25 % ca. 1 Tag lang Erbrechen, Übelkeit, keine Todesfälle zu erwarten.

180 – 260 r: Bei etwa 25 % ca. 1 Tag lang Erbrechen und Übelkeit, gefolgt von anderen Symptomen der Strahlenkrankheit. Einzelne Todesfälle möglich.

270 – 330 r: Bei fast allen Betroffenen Erbrechen und Übelkeit am ersten Tag, gefolgt von anderen Symptomen der Strahlenkrankheit. Etwa 20 % Todesfälle innerhalb von 2 bis 6 Wochen. Genesungszeit Überlebender: etwa 3 Monate.

400 – 500 r: Bei allen Betroffenen Erbrechen und Übelkeit am ersten Tag, gefolgt von anderen Symptomen der Strahlenkrankheit. Etwa 50 % Todesfälle innerhalb von 2 bis 6 Wochen. Genesungszeit Überlebender: etwa 3 Monate.

550 – 750 r: Bei allen Betroffenen Erbrechen und Übelkeit von 4 Stunden, bis zu 100 % Todesfälle, wenige Überlebende. Genesungszeit: 6 Monate.

1.000 r: Bei allen Betroffenen Erbrechen und Übelkeit innerhalb von 1 bis 2 Stunden, kaum Überlebenschancen.

5.000 r: Fast augenblicklich einsetzende schwerste Krankheitssymptome: Tod innerhalb einer Woche.

In diesem Zusammenhang muss darauf verwiesen werden, dass die Gesamtdosis kleiner und zeitlich verteilter Dosen (z. B. summierte Werte der Rückstandsstrahlung oder mehrfache kleinere Einzeldosen der Anfangsstahlung in zeitlichem Abstand) weniger schädlich ist, als die gleiche Gesamtdosis bei kurzfristiger Ganzkörperbestrahlung (massive Anfangsstrahlung dauert ca. 1 Minute). Ein gesunder, erwachsener Mensch verträgt im Durchschnitt noch eine Dosisbelastung von etwa 2 bis 3 rad/Tag, d. h. von 0,8 rad/h bis 0,13 rad/h für die Zeitdauer von mehr als einem Jahr, ohne dass er mit einer Erkrankung rechnen muss. Als gerade noch verträgliche Grenzdosen, die keinesfalls überschritten werden sollten, werden die nachfolgenden Werte angegeben:

Anfangsdosis aus Gesamtdosis Rückstandsstrahlung nach 1 Jahr der Anfangsstrahlung
(bei überraschender Kerndetonation aufgenommen)

	v. max. 1 Woche	1 Monat	1 Jahr

0 r plus

24 h x 0,83 r/h	24 h x 0,29 r/h	24 h x 0,004 r/h
= 20 r/Tag x 7	= 7 r/Tag x 30	= 1 r/Tag x 365
= 140 r/Woche	**= 210 r/Monat**	**= 365 r/Jahr**

Dosis nach 1 Jahr 715 r/J

50 r plus

24 h x 0,65 r/h	24 h x 0,21 r/h	24 h x 0,04 r/h
= 15 r/Tag x 7	= 5 r/Tag x 30	= 1 r/Tag x 365
= 105 r/Woche	**= 150 r/Monat**	**= 365 r/Jahr**

Dosis nach 1 Jahr 670 r/J

100 r plus:

24 h x 0,33 r/h	24 h x 0,12 r/h	24 h x 0,02 r/h
= 8 r/Tag x 7	= 3 r/Tag x 30	= 0,5 r/Tag x 365
= 56 r/Woche	**= 90 r/Monat**	**=182 r/Jahr**

Dosis nach 1 Jahr 428 r/J

Es kommt also darauf an, den Schutzraum so sicher zu bauen, dass die Stärke der Abschirmung auch sehr hohe Anfangs- und/oder Rückstandsstrahlung in ausreichendem Umfang herabsetzt.

2. Schutzwirkung von Schutzbauten

Bei der Detonation von Kernwaffen entfallen 50 % der frei werdenden Energie auf den Luftdruck und die Stoßwelle, 35 % auf die thermische Strahlung, 10 % auf die Rückstandsstrahlung und 5 % auf die Anfangsstrahlung. Es ist also erwiesen, dass ab einen Detonationsabstand von ca. 5 km eine Sicherheit im baulich verbesserten Hauskeller zum Überleben ausreicht. Zu berücksichtigen gilt hier allerdings noch die Strahlungswerte, die noch mindestens 14 Tage auf einen einwirken.

3. Die Anfangsstrahlung und der Schutz

Die Gamma- und Neutronenstrahlen, die bei einer Kerndetonation freigesetzt werden, durchdringen bis zu einer von der Detonationsstärke abhängigen Entfernung nicht nur die Luft, sondern auch feste Stoffe. Sowohl die Luft als auch die festen Stoffe verringern aber in einer gewissen Gesetzmäßigkeit die Strahlung so, dass sich – je nach der Dichte des Stoffes – bei einer bestimmten Stärke bzw. Dicke des Materials die auftreffende Dosis halbiert. Trifft z. B. eine Gesamtdosis von 800 r auf eine Stahlplatte von 4 cm Stärke, hat sie auf der Rückseite der Platte nur noch eine Strahlungsstärke von 400 r, d. h. sie ist auf die Hälfte des Anfangswertes herabgesetzt. Man spricht hier bei der die Dosis halbierenden Materialstärke von der

Halbwertsschicht. Daneben kennt man auch noch den Begriff der Zehntelwertsdicke. Beide Bewertungsarten führen zu annähernd gleichen Ergebnissen (während bei der Anfangsstrahlung in dieser Abhandlung die Halbwertsschicht als Berechnungsgröße angewandt wird). Stellt man sich eine Reihe von 10 Stahlplatten je 4 cm Stärke hintereinander gestellt vor, dann ergibt sich beim Auftreffen von Gammastrahlen der Anfangsstrahlung folgendes Bild:

4 cm Stahlplatten   z. B. Anfangsstrahlung 800 r:

1	=	400	r
2	=	200	r
3	=	100	r
4	=	50	r
5	=	25	r
6	=	12,5	r
7	=	6,25	r
8	=	3,12	r
9	=	1,56	r
10	=	0,78	r

Das bedeutet, dass eine 40 cm dicke Stahlwand die tödliche Strahlungsdosis von 800 r (die bei einer 100 KT-Detonation noch auf eine Entfernung von ca. 1.600 m zu erwarten wäre) nahezu auf Null herabgefiltert hätte.

So, wie Stahl eine charakteristische Halbwertesschicht von 4 cm gegenüber den Gammastrahlen der Anfangsstrahlung hat, so gelten für andere Stoffe entsprechende Werte: z. B. bei:

Blei	1,3 cm
Beton	15,0 cm
Erde (gewachsen)	20,0 cm
Vollziegel	26,0 cm
Holz	30,0 cm
Wasser	52,0 cm
Luft	150 – 200 m

Eine Dosis von 450 r würde durch 5 Sandsäcke voll festgestampfter, womöglich feuchter Erde mit je 20 cm Dicke auf den ungefährlichen Wert von 14 r herabgesetzt. Das Gleiche würde auch eine Erdschicht von 1 m Stärke bewirkt haben.

4. Die Rückstandsstrahlung

Lokaler Fallout (früher radioaktiver Niederschlag):
Er geht innerhalb von 10 bis 24 Stunden bis zu einer Entfernung von 400 km vom Detonationsort nieder und hat noch intensive Strahlenwirkung. Sie ist noch groß genug, um – auf längere Dauer aufgenommen – eine unmittelbare biologische Gefahr darzustellen.

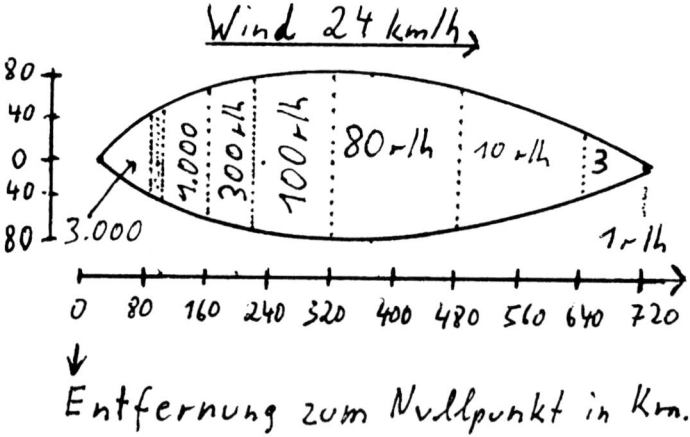

Radioaktiver Niederschlag bei 1 MT, eine Stunde nach Beginn des Fallout

Kontinentaler Fallout (verzögerter radioaktiver Niederschlag):
Er geht innerhalb der ersten Woche nach der Detonation im Bereich von 400 bis 4.000 km vom Detonationsort nieder. Er hat noch länger andauernde Strahlenwirkung, jedoch in wesentlich geringerer Stärke als die Strahlung des lokalen Fallouts.

134

Weltweiter Fallout (stark verzögert radioaktiver Niederschlag): Er geht noch nach Monaten und Jahren auf die Erde nieder und ist noch lange, wenn auch mit wenig intensiver Strahlenwirkung, messbar.

Für die Überlegungen und Bewältigung einer unmittelbaren Überlebenssituation können daher die beiden letzten unberücksichtigt bleiben, so dass wir nur die mit dem lokalen Fallout zusammenhängenden Fragen und Probleme betrachten müssen:
- Abstand von der strahlenden Materie,
- Schutzwirkung von Material,
- Zeitfaktor des Zerfalles radioaktiver Materie
(nach dem Niedersinken des Fallout) haben wesentlichen Einfluss auf die Wirksamkeit der Strahlung gegenüber den Menschen.

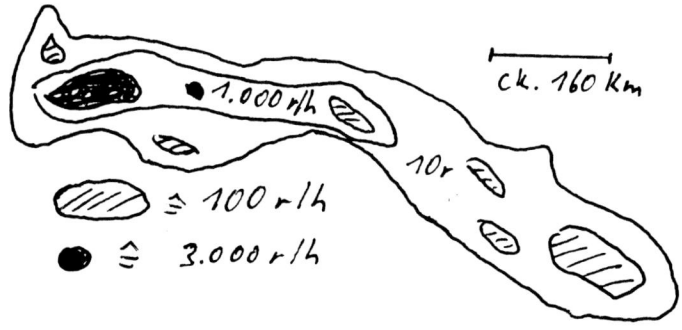

Dosisleistungskonturenkurve bei Atomwaffentest, 8 MT bei 64 km/h Windgeschwindigkeit

Es kommt also darauf an, keine oder nur eine geringe Anfangsstrahlung abzubekommen. Da die Summierung der Rückstrahlung daher in den tödlichen Bereich kommen kann, ist also bei zu erwartendem Fallout vorrangiges zu tun:

- Fenster und Türen schließen und möglichst abdichten;
- Kaminöffnungen (und bei Flachdachhäusern auch durch das Innere des Hauses führende Wasserabflussrohre) abdecken;
- Einen Schutzraum im Keller so wählen, dass er von dem Bereich, auf dem sich der Fallout ablagern kann, möglichst weit entfernt ist.

5. Richtungsbestimmung des effektiven Fallout-Windes

Starker Wind begünstigt weiträumige Verfrachtung radioaktiver Partikel aus der verdampften und empor geschleuderten Materie. Die Bodendetonation einer Kernwaffe von 1 Megatonne würde bei einer Windgeschwindigkeit von 25 km/h innerhalb von 24 Stunden einen radioaktiven Niederschlag mit einer (im Freien) tödlichen Dosis in einem Raum von 50 x 80 km Ausdehnung erzeugen. Weitere 200 km in Windrichtung sei die Dosisleistung immer noch so hoch, dass sie schwere Erkrankungen zur Folge haben müssen. Die Dosisleistung von 1.000 r/h ist noch in vielen Kilometern in Windrichtung und die von 500 r/h noch bis zu 200 km vom Nullpunkt entfernt zu erwarten. Nachfolgende Übersichten:

Windstärke:

Windstärke	Windgeschwindigk. in km/h	Verhalten des Windes	Auswirkungen
0	–	völlige Windstille	Keine
1	3,6 – 7,2	leiser Zug	Rauch fast senkrecht
2	7,2 – 14,4	leichter Wind	vom Gefühl her bemerkbar
3	14,4 – 21,6	schwacher Wind	Blätter bewegt
4	21,6 – 28,8	mäßiger Wind	Zweige bewegt
5	28,8 – 36	frischer Wind	größere Äste bewegt
6	36,0 – 43,2	starker Wind	als Sausen hörbar

7	43,2 – 50,4	steifer Wind	schwache Stämme werden bewegt
8	50,4 – 61,2	stürmisch	Bäume schwanken
9	61,2 – 72	Sturm	Ziegel werden vom Dach geworfen
10	72,0 – 86,4	starker Sturm	Bäume werden umgeworfen
11	86,1 – 108	orkanartiger Sturm	Verwüstungen
12	über 108	Orkan	schwerste Zerstörungen und Verwüstungen

Bezugsdosisleistungen + Entfernung:

Bezugs-dosis-leistung r/h	(20 KT) Entfernung in Windrichtung km	Breite km	(1 MT) Maximale Entfernung in Windrichtung km	Maximale Breite km
3.000,0	1,6	0,8	37	10
1.000,0	4,8	1,6	68	16
300,0	11,0	1,0	119	19
100,0	23,0	3,2	193	29
30,0	51,5	6,4	338	48
10,0	97,0	9,7	483	68
3,0	160,0	17,6	628	80
1,0	240,0	26,0	708	90
0,3	–	–	805	97
0,1	–	–	853	100

Radioaktiver Niederschlag bei 1 MT, eine Stunde nach Beginn des Fallout in Bonn. Die Windrichtung kommt aus Südwest, noch etwa 70 km nordostwärts von Bonn hat diese eine maximale Breite von 16 km. Die Bevölkerung ist nach einer Stunde nach Beginn des Fallouts ungeschützt einer Dosisleistung von 1000 r/h ausgesetzt. Bis 119 km in gleicher Richtung und in einer Breitenausdehnung von etwa 19 km müssten die Menschen mit einer Anfangsbelastung von 300 r/h rechnen. In Wirklichkeit wird der radioaktive Niederschlag – wie bereits dargestellt – durch unterschiedliche Wind- und Witterungseinflüsse in einer stark von dieser Zigarrenform abweichenden Weise verschoben. Auf dem Bikini-Atoll wunde dies mit einer 15 MT-Versuchsexplosion deutlich. Bei dieser Bodenexplosion entstand in Windrichtung ein etwa 270 km langer und über 50 km breiter Bereich mit einer so hohen Radioaktivität, dass Menschen, die sich dort etwa 100 Std. aufgehalten hätten, lebensgefährlich verstrahlt worden wären. Selbst bis zu einer Entfernung von 480 km hätten die Menschen noch eine Erkrankungsrate zu befürchten. Ungewöhnlich war hierbei die Feststellung, dass an der etwa 160 km entfernten Nordwestspitze einer Insel während der ersten 96 Std. nach dem Einsetzen des radioaktiven Niederschlages noch 3.300 r/h gemessen wurden. Nur 40 km südlich dieses Punktes, 185 km vom Nullpunkt entfernt, betrug die Dosis zu dieser Zeit nur 220 r/h.

Übertrag auf Karten:

Wenn eine Kernwaffendetonation stattgefunden hat, wird auf einer Karte, die einen Bereich von 1.000 km um den eigenen Standort abdecken sollte, die Stelle der Detonation (der Nullpunkt) eingezeichnet. Es ist wichtig, dass die Karte einen Maßstab bzw. eine Kilometereinteilung hat. Durch diesen Punkt wird die ermittelte Niederschlagsachse in Windzugrichtung des effektiven Fallout-Windes gezogen. Danach wird festgestellt, ob der eigene Standpunkt der Richtung nach in dem Gebiet liegt, das gefährdet sein könnte. Ist das der Fall, wird die vorher festgestellte Entfernung vom eigenen Standpunkt zum Nullpunkt um einen Sicherheitsabstandswert für die festgestellte Detonationsstärke zum Ausgleich eventueller Fehlschätzungen nach folgender Tabelle berichtigt, indem man den km-

Wert der Tabelle von der selbst festgelegten Entfernung abzieht.

Detonationswert

1 KT	20 K	50 K	100 K	500 K	1 MT	5 M	10 M

Sicherheitsabstand in km

2	6	8	10	18	25	46	61

Beispiel:

Detonationszeit:	10.00 Uhr
Entfernung zum Nullpunkt:	30 km
Detonationswert:	50 KT
Berichtigte Entfernung:	30 km – 8 K = 22 km
Windgeschwindigkeit:	15 km/h

(Windstärke 3 = schwacher Wind)
Berechnung des Eintreffens des Fallouts am eigenen Standort:
22 km : 15 km/h = rund 1,5 h > 1 h 30 min.
Danach ist mit dem Eintreffen des Fallouts im Bereich des eigenen Standortes gegen 11.30 Uhr zu rechnen.

6. Abklingen des Fallouts am eigenen Standort

Der Höchstwert in einem nicht unmittelbar im Einsatzraum eines Atomsprengkörpers liegenden Niederschlagsgebiet wird im Allgemeinen 1.000 bis 3.000 r/h nicht überschreiten. Die Zeit, die man im Schutzraum ausharren muss, bis die Bezugsdosisleistung im Freien auf ungefährliche Werte abgeklungen ist, lässt sich nur anhand einer Faustformel errechnen.
Nach einer – wenn auch groben, so doch zuverlässigen – Regel gilt, dass die ursprüngliche Bezugsdosisleistung jeweils in der 7-fachen Zeit auf 10 % ihres letzten Wertes abfällt. Mit der Berechnung beginnt man eine Stunde nach der Detonation des Atomsprengkörpers.

Danach ergibt sich:

Detonation + 1 h: Dosisleistung: 100 %, z. B. 3.000 r/h

Detonation + 1 h x 7 = 7 h: Dosisl.: 10 %, z. B. 300 r/h

Deton. + 1 h x 7 x 7 = 49 h = 2 Tage: Dosisl.: 1 % = 30 r/h

Deton. + 1 h x 7 x 7 x 7 = 343 h = 14 Tage: D.: 0,1 % = 3 r/h

Deton. + 1 h x 7 x 7 x 7 x 7 = 2401 h = 100 Tage = 3,5 Manatee: Dosisl.: 0,01 % = 0,3 r/h

7. Notausstattung

Nicht alle Behelfsschutzräume können in der beschriebenen umfassenden Weise ausgestattet und ausgerüstet werden. Es sollte jedoch für jeden auch noch so einfachen Schutzraum sichergestellt werden, dass rechtzeitig folgende Ausrüstung beschafft werden kann:

- Behelfsmäßige Luftfilteranlage und Ventilator
- Wasser bzw. Getränke in ausreichender Menge für mindestens 14 Tage
- Lebensmittel in Dosen und in möglichst konzentrierter Form, die kalt gegessen werden können, für mindestens 14 Tage
- Behelfstoilette, Toilettenpapier
- Notbeleuchtung (Kerzen und Streichhölzer, aber auch eine Dynamotaschenlampe)
- Erste-Hilfe-Tasche aus dem Auto
- Schanzwerkzeug (Spaten, Schaufel, Kreuzhacke, Stemmeisen, Säge, Hammer, Axt)
- Liegeplätze oder notfalls Sitzplätze
- Gummistiefel, Regenmantel, Gummihandschuhe
- Folien, Decken, Folientüten, Draht, Bindfaden, Messer, Nägel, eine Rolle Aluminiumfolie
- Mullbinden, Watte zur Herstellung eines behelfsmäßigen Atemschutzes gegen radioaktiven Staub
- Radio mit Batteriebetrieb

- Feuerlöscher
- Rucksack als Notgepäck mit den wichtigsten Dokumenten und Wertsachen
- Bekleidung für mindestens 14 Tage

In diesem Fall könnte man frühestens und im Notfall dann nach 49 Stunden den Schutzraum verlassen, um unverzüglich (d. h. innerhalb von einer Stunde) Gebiete aufzusuchen, die nicht von der Strahlung betroffen wären. (Wobei das in unserem Beispiel III. Weltkrieg ebenfalls eine 50 : 50-Chance wäre). Nach etwa drei Monaten könnte man nach dem Verlassen in das verstrahlte Gebiet zurückkehren, da dann die Strahlungsintensität auf 0,01 % des Ausgangswertes, wie hier 0,3 r/h, abgesunken wäre. Da auch bei hohen KT- und MT-Werten in Niederschlagsgebieten selten 3.000 r/h auftreten dürften, wird sich die Gefährdung natürlich entsprechend der niedrigeren Bezugsdosisleistung verringern. Man muss jedoch zu der nach dem Verlassen des Schutzraumes im Freien aufgenommenen Dosis noch die im Schutzraum angesammelte Dosis addieren, um festzustellen, ob die verträgliche Grenze dann nicht überschritten würde, bzw. wie lange man sich gegebenenfalls der Bestrahlung im Freien ohne Schaden aussetzen könnte. Im übrigen wird in der Literatur die Ansicht vertreten – der nirgends widersprochen wurde –, dass bei der Aufnahme von Strahlenbelastungen bis zu 200 rad innerhalb von 2 Wochen durch die Rückstandsstrahlung – im Gegensatz zur Anfangsstrahlung mit ihrer kurzzeitigen Intensivierung – keine bleibende Schädigung oder Erkrankung eintritt. Nach sowjetischen Angaben wird mit der Dauer von einer Woche gerechnet, bis eine Bezugsdosisleistung von 240 r/h (1 Stunde nach der Detonation) auf einen Wert von 0,6 r/h abgesunken ist. Bei einer Bezugsdosisleistung von 1.000 r/h wird ein Wert von 1 r/h etwa nach Ablauf von 2 Wochen angenommen. Das entspricht dem Ergebnis der Siebener-Faustregel. Die Sowjets halten es auch ohne Gefährdung von Menschen für möglich, dass bei einer Bezugsdosisleistung im Freien von 5 – 25 r/h (10 Stunden nach der Deto-

nation gemessen) die Schutzrauminsassen in den ersten beiden Tagen den Schutzraum täglich
- allgemein für 20 bis 40 Minuten, und in den folgenden Tagen
- wenn unumgänglich notwendig, für 1 bis 2 Stunden, und darüber hinaus in der aus der Tabelle ablesbaren Phase des Aufenthaltes in Gebäuden für 3 bis 4 Stunden verlassen können.
Diese kurze, im Freien zugestandene Aufenthaltszeit kann vor allem der Ergänzung der Verpflegung und der Beschaffung von Getränken unter Beachtung der gegebenen Hinweise dienen.

8. Mögliche Atomkriegsfolgen

In dem gewählten Beispiel nach etwa 14 Tagen der atomaren Katastrophe:
Es stellt sich heraus, dass sich die Bevölkerung in dem von atomaren Sprengkörpern nicht unmittelbar betroffenen Bereich durch Flüchtlinge nahezu verdoppelt hat. Ein großer Teil dieser aus Schadensgebieten geflohenen Menschen ist durch Verbrennungen, Verletzungen und Strahlen geschädigt und hat auf dem Fluchtweg weitere Strahlenbelastungen durch den Fallout hinnehmen müssen. Viele dieser Menschen sterben, viele können trotz intakter Krankenhäuser (dies wird bei einem Weltkrieg nicht der Fall sein) und medizinischer Hilfe nicht in erforderlichem Umfang versorgt werden. Gesunde, aber hungernde Flüchtlinge wiederum versuchen sich dort schadlos zu halten, wo dies möglich ist: bei Ortsansässigen, in Lebensmittelläden, in staatlichen Vorratslagern. Plünderungen beginnen. Viele Anwohner sehen die Flüchtlinge als Bedrohung für das eigene Überleben an, zumal sie nach Rückkehr aus den Schutzräumen oft ihre Häuser von Flüchtlingen besetzt vorfinden. Die Behörden haben kaum Möglichkeiten einzugreifen. Die Frage des nackten Überlebens hat Vorrang, wie z. B. die Organisation der Lebensmittel- und Wasserverteilung und die Aufrechterhaltung eines Mindestmaßes an Ordnung. Bald schon

stellt sich heraus, dass die Kommunen/Städte – auch wenn nicht unmittelbar getroffen – ohne Hilfe von außen mit ihren Problemen allein nicht fertig werden können. Es gibt nicht genug Energie. Lebensmittel, Heizöl, Benzin werden knapp. Nachschub von außen kommt nicht durch, da fast alle Transportsysteme, viele Straßen und Brücken zerstört und Flugplätze unbenutzbar sind. Mit der vorhandenen Bekleidung kommt man vorübergehend aus, aber die Versorgung der Flüchtlinge schafft auch in dieser Hinsicht Probleme. Rationierungssysteme werden eingeführt, neue Identitätskarten und Lebensmittelkarten werden ausgegeben. Der Schwarzhandel mit Lebensmitteln und knappen Bedarfsgütern beginnt. Viele Familien heizen und kochen mit Holz, entweder in ihren Hauskaminen oder in zu Öfen umfunktionierten Öl- oder anderen Eisenfässern. Das Holz wird in umliegenden Parks und Wäldern ungeordnet eingeschlagen. Trinkwasser wird knapp, da das aus der öffentlichen Versorgung kommende Wasser unzulässig hoch mit Jod verseucht ist und nicht in ausreichender Menge dekontaminiert werden kann. Besser haben es die Hausbesitzer, die hauseigene Trinkwasser-Tiefbrunnen benutzen können. Die Benutzung von Autos und Traktoren für den privaten Gebrauch wird verboten. Nur lebenswichtige Fahrten für die Allgemeinheit sind noch zugelassen.

14 Tage danach ist für einige Stunden am Tag Strom vorhanden. Die Belastung der Radioaktivität ist trotzdem zu hoch für den Aufenthalt im Freien. Ausgangssperren. Für die Flüchtlinge ist inzwischen eine Art Lagerleben zur Gewohnheit geworden. Zwangseinweisung in Häusern. Pro Zimmer 1 – 2 Personen. Der Flüchtlingsstrom in der Stadt reißt nicht ab. Versorgung wird immer schwieriger. Geld als Zahlungsmittel wird abgelehnt. Außer Edelmetalle.

3 Wochen danach werden überlebende Tiere, die für die Feldbestellung und als Eier- oder Milchlieferanten gebraucht werden, gestohlen und geschlachtet. Die Radiologen der Universität geben auch verseuchtes Fleisch frei, unter Auflagen, dass es nur lange gekocht werden muss, um die Leute noch einigermaßen versorgen zu können.

4 Wochen danach: Lebensmittellager werden leer. Die Zahl der Strahlentoten steigt ständig.

5. Woche: Medikamente sind nicht mehr vorhanden. Unruhen bei Getreidelieferung, da kein Mehl, sondern rohes Getreide angeliefert wird. Rebellion setzt ein. Arbeiter werden zwangsverpflichtet, um mit dem Aufbau zu beginnen. Erst im Frühling kommt ein gewisser Optimismus auf. Es ist am besten, Kartoffeln und Sojabohnen anzupflanzen aufgrund der verstärkten ultravioletten Strahlung, die z. B. Erbsen und Bohnen nicht vertragen würden, da die atomaren Detonationen eine Teilzerstörung der Ozonschicht verursacht haben könnte.

1 Jahr nach dem Desaster spürt man rundum kaum eine wesentliche Besserung der allgemeinen Lage. Eine Grippeepidemie rafft viele Alte und Jugendliche dahin, da keine Impfstoffe mehr vorhanden sind. Die tägliche Verpflegung – amtlich zugeteilt – besteht im Wesentlichen aus ungesäuertem Brot und aus Kartoffeln. Oft wird Jagd auf Katzen, Hunde und auch bereits auf Ratten gemacht. Der Hunger breitet sich aus. Trotz aller Beschwernisse, trotz aller Probleme und trotz aller Not ist im Grunde seines Herzens jedermann froh, dass er bis jetzt überlebt hat.

Zum Schluss:

Das Wissen über wichtige Dinge, wie man pflanzt, wie man Pferde und Ochsen zu Zugtieren abrichtet, wie man eine einfache Pumpe baut, wird nicht vergessen werden. Wir werden biologisch überlebt haben, aber unsere Lebensweise wird nicht wieder zu erkennen sein. Nach einigen Generationen werden die USA einer späten mittelalterlichen Gesellschaft gleichen.

Es muss nicht, aber es könnte so oder ähnlich oder noch viel schlimmer kommen, wie es in dieser Erzählung über die Nachkriegsfolgen eines Atomkrieges dargestellt wurde.

Man hätte überlebt – aber um welchen Preis!

17 Schutzraumbau

1. Allgemein

Wie die Beispiele und Vergleichsübersichten in den vorstehenden Abschnitten gezeigt haben, sind im Falle atomarer Unfälle oder eines Atomkrieges vor allem Schutzräume geeignet, Menschen vor Schaden zu bewahren und ein Überleben zu gewährleisten.

Atomversuchsexplosionen in Survival-Town, einer in der Wüste Bon Nevada/USA angelegten künstlichen Stadt, bestätigten, dass Schutzräume, die nicht unmittelbar am Nullpunkt lagen, das wirksamste Mittel für das Überleben nuklearer Detonationen waren. Wir können dort drei Stufen möglicher baulicher Schutzmaßnahmen unterscheiden: 1. Kleine, in bestehende Bauten oder in Gärten improvisierte Maßnahmen; 2. So genannter Grundschutz, d. h. Schutz gegen Trümmer, Brand und Radioaktivität sowie B- und C-Kampfstoffe; 3. Bunker, die auch gegen eine gewisse Sprengwirkung sichern.

2. Grundschutzräume und Schutzräume

Grundschutz im Sinne des Schutzes von Menschenleben in einer atomaren Katastrophe in Krieg und Frieden bedeutet in einem dafür vorgesehenen, ausgebauten, vorbereiteten und ausgestatteten Hauskeller:

1. Schutz vor herabfallenden Trümmern als Folge der Luftstoß- und Sogwirkung bei einer Kerndetonation
2. Schutz vor den Auswirkungen der Hitzestrahlung aus dem Feuerball, einschließlich daraus entstandener Brände
3. Schutz vor der Anfangsstrahlung
4. Schutz vor der Rückstandsstrahlung aus radioaktivem Niederschlag

5. Schutz vor chemischen Kampfstoffen und biologischen Kampfmitteln
6. Eignung des Schutzraumes für einen längeren Aufenthalt durch Belüftungsanlagen gegen ABC-Stoffe

Auf einige wichtige Erfordernisse für den Grundschutzbau sei hier hingewiesen, wenn auch auf Details nicht eingegangen wird, da die Unterlagen beim Bundesverband für den Selbstschutz bzw. bei den für den Zivilschutz zuständigen Stellen beschafft werden können. Bei der Bauplanung muss der unterzubringenden Personenzahl durch entsprechend großes Raumangebot Rechnung getragen werden. Es sollte auf alle Fälle sichergestellt sein – so weit das von der Anlage des Hauses her möglich ist –, dass der Schutzraum zwei erdberührende Außenwände hat und dass er mindestens durch einen Raum oder Kellerflur von Heizöl- oder Kokslagern getrennt ist. Ebenso dürfen weder Gas- noch Heizölleitungen durch den Schutzraum führen. Selbstverständlich ist die Einplanung eines Notausstieges, der außerhalb des Gebäudes ins Freie münden muss. Ist das nicht möglich, muss anderweitig Vorsorge getroffen werden, dass der Keller auch nach einem Einsturz des darüber stehenden Hauses noch verlassen werden kann. Für die Wände und Decken des Schutzraumes sind bestimmte Stärken und Materialarten vorgeschrieben. Die wesentlichsten Daten seien nachstehend aufgeführt:

1. Außenwände des Schutzraumes: 30 cm Stahlbeton
2. Wände zwischen Schutzrauminnerem und Filterraum sowie die Teile der Schutzraumaußenwände, die über die Erdoberfläche ragen: 40 cm Stahlbeton
3. Schutzrauminnenwände: 20 cm Stahlbeton
4. Decke (Normalfall): 40 cm Stahlbeton

Selbstverständlich bedarf es auch entsprechender Sicherungen und Schleusen im Bereich der Türen und Notausstiegsklappen sowie an allen nach außen führenden Öffnungen. Sie müssen hinsichtlich ihrer Druckbelastungsfähigkeit der gleichen Belastung standhalten können wie der Schutzraum selbst.

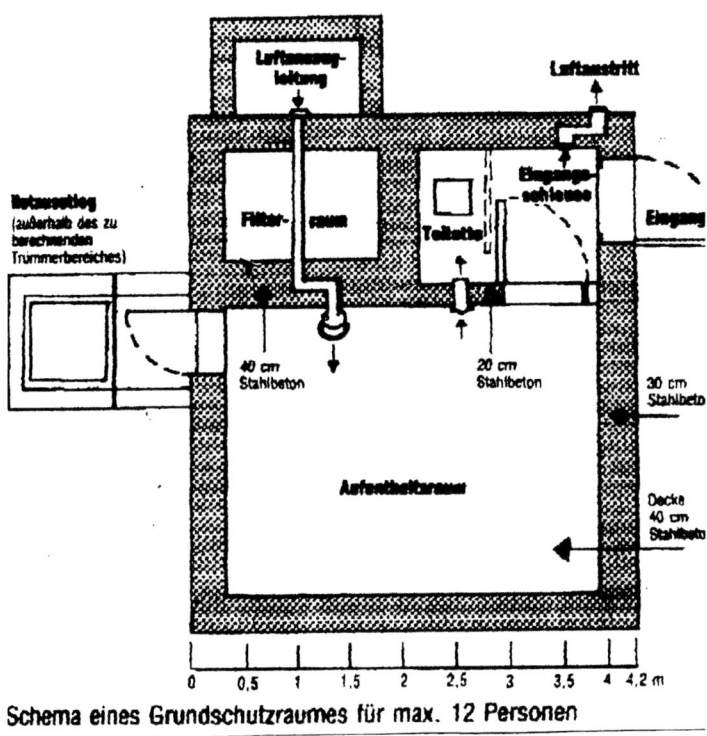

Schema eines Grundschutzraumes für max. 12 Personen

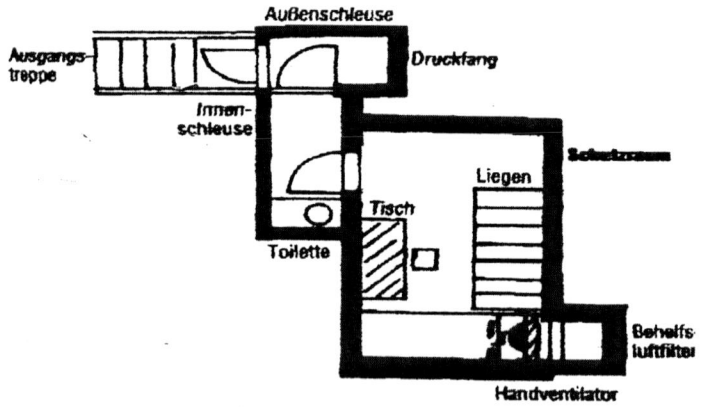

Außenschleuse

Ausgangs-treppe

Druckfang

Innen-schleuse

Liegen

Schutzraum

Tisch

Toilette

Behelfs-luftfilter

Handventilator

Grundriß eines gut ausgebauten Behelfsunterstandes
für 6–8 Personen

3. Grundschutzraum ohne Lüftungssystem

Die Türen sind so zu wählen, dass sie keine Luft hinein oder
hinaus lassen. Erhöht wird dies, indem man Filz oder Stoff
zwischen Tür und Türrahmen gibt. Bei einem solchen nach
außen gut abgedichteten Schutzraum wird nun zwar verhindert, dass verseuchte Luft eindringt, es fehlt aber dadurch auch
– ohne Belüftungs- und Filteranlage – an der Zufuhr von le-
benswichtigem Sauerstoff. Das bedeutet, dass die Aufenthaltsdauer der Insassen in einem ganz bestimmten Verhältnis zur
Zahl der Insassen und Schutzraumgröße steht. Hier hilft uns
eine Faustregel für den Luftverbrauch eines Menschen, anhand
deren man leicht ermitteln kann, wie lange sich eine bestimmte
Anzahl von Menschen in einem Raum bestimmten Kubikin-
halts an Luft gefahrlos ohne Frischluftzufuhr aufhalten kann.
Diese Faustregel besagt, dass
- ruhende Menschen 0,03 m³ Luft pro Minute und
- arbeitende Menschen 0,10 m³ Luft pro Minute verbrauchen.
Nehmen wir an, dass unser gut abgedichteter Schutzraum mit
6 ruhenden Menschen besetzt sei und dass der Wohnteil des

Unterstandes einen Rauminhalt von 4 x 2 x 2 = 16 m² habe. Dann errechnet sich die noch verträgliche Aufenthaltsdauer nach folgender Formel:

$$\frac{\text{Rauminhalt}}{\text{Personen x Luftverbrauch/Person}} = \frac{16 \text{ m}^3}{6 \text{ x } 0{,}03 \text{ m}^3 = 0{,}18 \text{ m}^3} = 88 \text{ Minuten}$$

Die 6 Schutzrauminsassen könnten also 1 Stunde und 28 Minuten ohne zusätzliche Luftzufuhr im Schutzraum aushalten, wenn sie absolute Ruhe einhalten.
Würden die 6 Menschen arbeiten, dann ergäbe sich folgende Lage:
16 : (6 x 0,10) = 16 : 0,60 = 26 Minuten
D. h. die mögliche Aufenthaltsdauer ohne Frischluftzufuhr würde sich auf weniger als ein Drittel verringern.

4. Gefahren und mögliche Schutzmaßnahmen

Der Notschutzraum im Keller muss auch bei einem Hauseinsturz sicher sein.
Dies lässt sich ereichen, indem man vor allem

- gewölbeartige Kellerräume bevorzugt benutzt,
- die Tragfähigkeit der Decke durch entsprechende Holz- oder Stahlunterzüge verstärkt,
- Fensteröffnungen und Außentüren zum Keller zumauert und mit Erdwällen abdeckt, wenn sie über die Erdoberfläche hinausragen (Auflage von mindestens 0,50 cm Erde),
- tragende Wände im Schutzraumbereich durch zusätzliche Doppelwände aus Ziegelstein verstärkt und die

- Kellerdecke mit einer etwa 1 m dicken Erdschicht abdeckt.

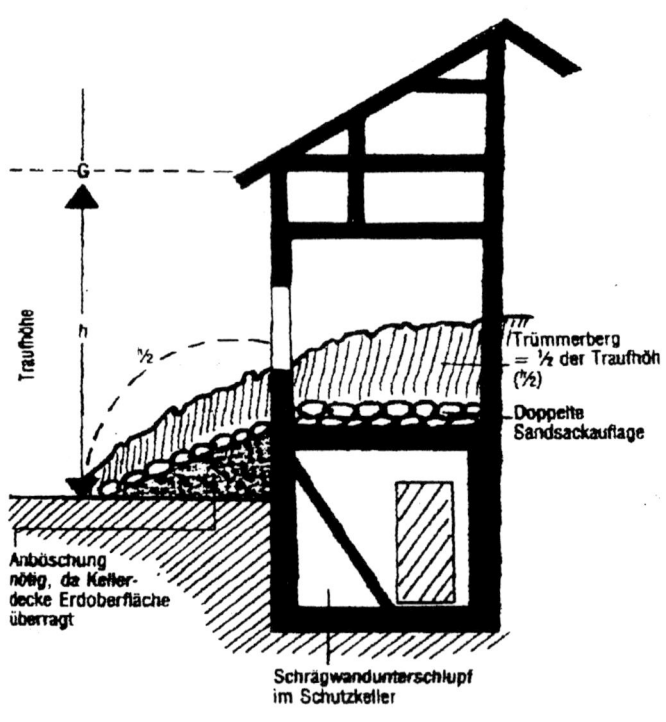

Gebäudekeller als Behelfsschutzraum
(Behelfsventilation und Notausgang jenseits des Trümmerberges erforderlich)

Auch in solchen Behelfsschutzräumen sollten die Kellertüren, wie bereits beschrieben, verstärkt und mit Abdichtstreifen beklebt werden, um an den Seiten einen luftdichten Abschluss zu erzielen. Wenn es bautechnisch möglich ist, sollte der Kellervorraum zu einer Schutzschleuse umfunktioniert werden. Das bedeutet, dass auch hier alle Türen entsprechend gut abgedichtet werden müssen. Aus allen Nebenräumen des Behelfsschutzraumes sind brennbare Stoffe oder Heizungsmaterialien zu entfernen und es ist darauf zu achten, dass der als Schutzraum ausgewählte Keller nicht von Gas- oder Ölleitungen durchquert wird. Lässt sich das nicht vermeiden, ist sicherzustellen, dass solche Leitungen außerhalb des Hauses – mindestens 20 m entfernt – mit einem Absperrventil ausgestattet werden. Hat man die Befürchtung, dass die Tragfähigkeit der Kellerdecke trotz zusätzlicher Abstützungen nicht voll ausreicht, so ist zusätzlich ein Schrägwandunterschlupf aus Balken, Bohlen, ausgehängten Zimmertüren, Tischtennisplatten usw., die mehrschichtig übereinander geschichtet werden, herzustellen. Über alle diese genannten Schutzmaßnahmen hinaus kann der Schutzfaktor gegen radioaktive Rückstandsstrahlung zusätzlich auch im Keller noch erhöht werden, wenn man unter den beschriebenen Schrägwandunterschlupf einen massiven Tisch schiebt, auf den man 25 – 30 cm hoch Sandsäcke, Ziegelsteine, Betonvollsteine oder am besten Röbalitsteine aufstapelt. Auch an nicht massiven Zwischenwänden dichtet man die Tischseiten mit Sandsacklagen bis in Höhe der Deckung auf dem Tisch zusätzlich ab. Selbst ohne Schrägwand bietet ein derart in einem Keller präparierter Tischschutz nach amerikanischen Quellen einen Schutzfaktor von 20 (100 r/h werden auf 5 r/h herabgesetzt). Je dicker die eingesetzten Schutzschichten sind, umso höher wird der Schutzfaktor und umso größer wird auch die Chance, den Schutzraumaufenthalt bis zum Absinken der Bezugsdosis im Freien auf ungefährliche Werte zu verlängern. Dieser Zeitraum wird jedoch entscheidend mitbestimmt von der rechtzeitigen Zufuhr gefilterter Luft, von der Einlagerung einer ausreichenden Menge an Lebensmitteln und vor allem von Getränken.

Er wird außerdem möglicherweise durch Brände im Bereich des Schutzkellers beeinflusst. Um diese Gefahr möglichst niedrig zu halten, sollte man vorbeugend

- Holzteile des Hauses mit schwer entflammbaren Materialien behandeln oder mit nicht brennbaren Platten (Schiefer, Bakelit usw.) abdecken,
- Kellerräume, Dachböden, Höfe und Hauswände von allem leicht brennbaren Material (Holz, Reisig, Abfallpappe, Stroh, Papier, Kunststoffabfall usw.) freihalten.

Versuche in Nevada haben gezeigt, dass solche Maßnahmen dazu beitragen können, ein Haus gegenüber der Hitzewirkung widerstandsfähiger zu machen. Als Behelfsimprägnierungsmittel zum Schutz von Holzteilen kann man dünnflüssigen Brei aus Kalk oder Schlämmkreide, aber auch aus Lehm oder Zement benutzen. Man kann darüber hinaus den Schutz des Kellerraumes gegen die Brandwirkung noch dadurch erhöhen, dass alle über dem Schutzraum feindlichen Möbelstücke, Teppiche, Vorhänge usw. aus den entsprechenden Räumen entfernt werden. Dass in allen verfügbaren Behältern, Wannen, Kesseln und Schüsseln Wasser und auch in Kisten Sand zum Löschen von Kleinbränden bereitgestellt werden, dies wird nur der Vollständigkeit halber erwähnt. Deckt man die Wasserbehälter staubdicht ab, dann kann man das Wasser nach einer möglichen Atomdetonation, die nicht zu Bränden geführt hat, sofort als Trinkwasser nutzen. Es sollte dann allerdings möglichst rasch in den Keller gebracht werden. Eine weitere Maßnahme zur Verhinderung der Hitzewirkung durch die Fenster in das Haus hinein ist es, die Fensterläden und Jalousien (möglichst aus Aluminium mit Brandschutz ausgeschäumten Materialien in den Hohlräumen) zu schließen. Die Druckwirkung kann zwar diese zerstören, aber sie haben vorher der eintreffenden Hitzewirkung widerstanden und Sofortbrände im Haus verhindert.

5. Herstellung von Behelfsfilter- und Ventilationssystemen für Schutzräume

Auch im atomaren Überlebensfall kommt es immer wieder auf die Kunst der Improvisation an. Wichtig ist die

- Aufrechterhaltung erträglicher Temperaturen und Luftfeuchtigkeitsbedingungen,
- Gewährleistung der für die Atmung benötigten Luft-/Gasgemischzusammensetzung.

Ein Mensch gibt in einer Stunde durchschnittlich 100 kcal Wärme und 80 Gramm Feuchtigkeit ab.
Sowjetischen Quellen zufolge macht – mehr noch als Filterung und Belüftung – das übermäßige Anwachsen von Wärme und Luftfeuchtigkeit den Schutzraumaufenthalt zum Problem. Selbst ein Luftstrom, der die Luft in einem gerade noch ausreichenden Qualitätszustand erhält, kann nicht verhindern, dass Wärme und Luftfeuchtigkeit nach kurzer Zeit auf nicht mehr vertretbare Höhe anwachsen.
Untersuchungen in der Schweiz zu dieser Frage haben ergeben, dass die Produktion von Körperwärme und Feuchtigkeit im Schutzraum durch gezielte sparsame körperliche Tätigkeit und Bewegung der Insassen stark beeinflusst werden kann. Diese Wärmesteuerung kann ebenso wirksam sein wie teure technische Kühlanlagen. Bei diesem Versuch wurde in einem für 14 Tage von 25 Personen besetzten Schutzraum eine Temperatur von 28,2 °C und eine Luftfeuchtigkeit von 85 % nie überschritten.
Nach sowjetischen Erkenntnissen sollten in einem Schutzraum folgende Grenzwerte beachtet und eingehalten werden:

Höchstwerte für

- Temperatur: 27 bis 29, max. 30 °C
- Luftfeuchtigkeit: 70 bis 75, max. 85 %
- Kohlendioxydanteil: 1,5 bis max. 2 %

Mindestwerte für

- Sauerstoffanteil: 15 % und höher

Nachstehende Übersicht macht deutlich, welcher Zusammenhang zwischen Temperatur und der Menge an Luft besteht, die erforderlich ist, um einen Schutzraumaufenthalt über längere Zeit unter erträglichen Wohnbedingungen zu überstehen.

Umgebungstemperatur der Luft	Volumenmenge der Luft, die ein Mensch pro Std. benötigt
bis zu 20 °C	7 m³
20 bis 25 °C	10 m³
25 bis 30 °C	14 m³
über 30 °C	20 m³

Die Übersicht lässt erkennen, dass bei einem Temperaturanstieg um 10 Grad bereits das Dreifache an Frischluft pro Stunde erforderlich wäre, um für einen langen Schutzraumaufenthalt erträgliche Verhältnisse zu schaffen.

6. Filteranlage

Das einfachste wäre natürlich, sich eine solche Anlage zu kaufen, die in verschiedenen Größen (personenbezogen) angeboten wird, mit dem entsprechenden Zu- und Abluftsystem. In unserem Fall wird die Filteranlage grundsätzlich in Handarbeit mit leicht beschaffbarem Material und unter Verwendung unterschiedlichster, einfacher, nicht elektrisch betriebener Ventilatoren hergestellt. Dieses einfache Filter-Ventilationssystem besitzt zwei äußere Lufteintritte, bei denen

- in einem Lufteintritt nach dem Filter-Ventilationsverfahren Rauch und toxische (giftige) Stoffe zurückgehalten werden und
- in dem anderen Lufteintritt durch einen einfachen Staubfilter, wenn nötig und aufgrund der äußeren Bedingungen möglich, nach dem Luftzufuhrverfahren Frischluft zugeführt werden kann.

Der erste Filter wird etwa 4 bis 6 m vom Schutzraum entfernt in einer Ausschachtung eingerichtet. Die äußere Form der Filteranlage ist an keine Vorschrift gebunden. Besteht der Schutzraum aus vorgefertigten runden oder eckigen Zementröhren, kann auch ein in die Erde versenktes Röhrenelement, dessen obere Öffnung mit der Erdoberfläche abschließt, benutzt werden.

Auf dem Boden der Ausschachtung ist ein Metallgitter oder ein Gitter aus Holzstämmen oder Holzleisten auszulegen. Darauf wird eine etwa 10 cm starke Lage von 25 bis 30 mm dicken Kieselsteinen aufgeschüttet, die von einer 5 bis 6 cm dicken Kiesschicht mit einer Kornstärke von 5 – 10 mm bedeckt wird. Darauf kommt dann eine etwa 1 m starke Sandauflage (Kornstärke 0,5 – 3 mm) oder eine 0,75 m dicke Schlackeschicht. Eine 10 cm starke Holzkohleschicht kann als Zwischenschicht noch eingeschoben werden.

Die gesamte Filteranlage ist mit einem Giebeldach, das über die Ränder hinausragen muss, und das aus Brettern und Teerpappe oder Plastikfolie herzustellen ist, abzudecken. Die Ränder der Filteröffnung sind wasserdicht abzusichern. Einzelheiten der Konstruktion dieses Filters sind auf folgender Skizze zu sehen:

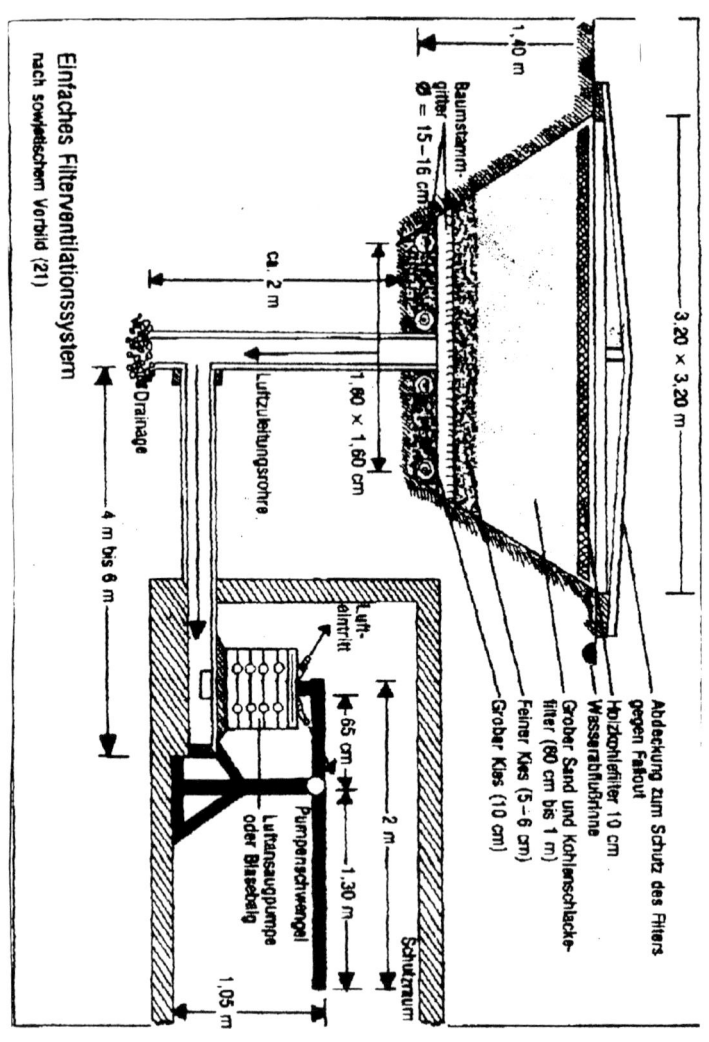

Einfaches Filter/Ventilationssystem
nach sowjetischem Vorbild (21)

Baumstamm-gitter
⌀ = 15–16 cm

1,40 m

3,20 × 3,20 m

ca. 2 m

1,80 × 1,60 cm

Drainage

Luftzuleitungsrohre

4 m bis 6 m

Abdeckung zum Schutz des Filters gegen Fallout

Holzkohlenfilter 10 cm

Wasserabflußrinne

Grober Sand und Kohlenschlacke-filter (80 cm bis 1 m)

Feiner Kies (5–6 cm)

Grober Kies (10 cm)

Luft-eintritt

65 cm

2 m

1,30 m

1,05 m

Pumpenschwengel

Luftansaugpumpe oder Blasebalg

Schutzraum

Die Herstellung eines solchen Filters mit einer Oberfläche von nur etwa 3 m² erfordert den Ansatz von 20 bis 30 Mann/h. (Ich habe nicht versprochen, dass dies eine leichte Aufgabe ist.)

156

Die Oberflächengröße des Filters ist abhängig von der Anzahl der im Schutzraum unterzubringenden Menschen. Man muss dabei berücksichtigen, dass

- 1 m² Sand in der angegebenen Stärke 30 m³ Luft/h
- 1 m² Schlacke (wie angegeben) 60 m³ Luft/h

filtern können. Für eine ausreichende Versorgung eines Schutzraumes für 10 Personen müsste man also mindestens eine Filteroberfläche von

- 0,7 m² aus Sand und von
- 0,35 m² aus Schlacke

einplanen, um den Mindestbedarf von 2 m³ Luft pro Person und Stunde zu erreichen.

Man kann als Faustformel festhalten, dass im Durchschnitt bei Schutzräumen, die 10 bis 15 Personen aufnehmen sollen, die Oberfläche eines Sand- und Kies-Filters der beschriebenen Art etwa 1 m² groß sein muss, um eine ausreichende Luftversorgung sicherzustellen. Für die daneben zu betreibende Ventilation im Frischluftverfahren setzt man Gewebe-Staub-Filter ein. Dazu verwendet man Leinen, Satin, Flanell, Sackleinwand, Futterstoff, groben Kattun, Seide oder Wollstoffe als Filtereinlage oder nimmt eine 15 cm dicke Sand- oder Schlackeschicht oder 50 cm dicke Strohballen für die Filterung der Luft. Auch in Holzrahmen gespannte Ölfilter können benutzt werden.
Bei der Verwendung von Gewebefiltern muss man beachten, dass mit einer 1 m² großen Fläche maximal 75 m³ Luft pro Stunde gefiltert werden können. Das bedeutet, dass man für einen 8 Personen fassenden Behelfsschutzraum bei einem Bedarf von 10 m³ Luft pro Person und Stunde einen Gewebefilter mit einer Oberfläche von 1 m² einsetzen müsste.

Bei Verwendung von Sand oder Schlacke benötigt man 1 m² Oberfläche für die Ventilation von 100 m³ Frischluft in der Stunde. Ein gleich großer Strohfilter kann 150 m³ Luft bewältigen. Im Gegensatz zum Filter für das Filter-Ventilationsverfahren, der als sein eigener Druckwellendämpfer wirkt, benötigt der Filter für die Frischluftzufuhr eine Schutzvorrichtung gegenüber der Luftdruckwirkung. Sie muss verhindern, dass der Überdruck über das Luftzufuhrrohr Eingang in den Schutzraum findet. Dazu wird die normalerweise 1 bis 3 m über den Erdboden emporragende Lufteintrittsöffnung mit einem angeschweißten Metalldeckel oder einer aufzementierten Steinplatte verschlossen. Unterhalb dieser Druckanweiser sind schlitzförmige Lufteintrittsöffnungen zu belassen. Luftdruckschutzvorrichtungen ähnlicher Art sind auch an den Luftaustrittsröhren außerhalb des Schutzraumes anzubringen. Ein an einem Scharnier befestigter Deckel, der vom Überdruck von innen geöffnet und vom Luftstoß von außen vor die Öffnung des Luftaustritts gepresst wird, erfüllt hier am besten seinen Zweck. Hier werden keine seitlichen Luftschlitze benötigt. Im Inneren des Schutzraumes ist zwischen Ventilator und Lufteintritt in der Lufteintrittsröhre eine einfache, stabile, aber rasch schließbare Schiebevorrichtung einzubauen, mit der ein Luftstoß von außen zusätzlich abgefangen werden kann. Um das System in Betrieb zu setzen, können verschiedene Arten von Ventilatoren oder Luftgebläsen als Luftansaugvorrichtung eingesetzt werden. Luftventilatoren können aus dem Auto (Ventilator vor dem Kühler), aus Gastwirtschaften (Luftreinigungsventilatoren) rasch für den manuellen Einsatz umfunktioniert werden, wenn die Stromversorgung ausfällt und handelsübliche Elektroluftgebläse nicht mehr eingesetzt werden können. Im Notfall kann man sich ein Luft ansaugendes Turbinenrad auch selbst aus Holz herstellen. Beim manuellen Verfahren ist die einfachste Form des Antriebes die Verwendung eines hochgebockten Fahrrades, mit dem man über Keilriemen (behelfsmäßig mit einem Fahrradschlauch oder zusammengebundenen Damenstümpfen oder Strumpfhosen) oder durch einfachen Reibungsantrieb des Hinterrades auf die verlängerte Ventilatorenwelle den Ventilator in Umdrehungen versetzt. Natürlich geht das auch mit einer Handkurbel, deren Verwendung jedoch sehr kräfteraubend ist. Man kann aber auch einen Blasebalg konstruieren und zum Ansaugen der Frischluft einsetzen. Sowjetische Quellen gehen davon aus, dass man mit einem Blasebalg maximal 150 m³ Luft pro Stunde im Frischluftverfahren zuführen kann.

Ein Zentrifugal-Ventilator, wie er im Fahrrad- oder Handbetrieb eingesetzt werden kann, kann nach den gleichen Quellen beim Fahrradbetrieb bis zu 300 m³ Luft/Stunde liefern, wenn die Filteranlage entsprechend groß dimensioniert ist. Ist die Stromversorgung sichergestellt, dann kann man mit einer Elektromotorluftpumpe 1.500 bis 3.000 m³ Luft/Stunde in den Schutzraum blasen. Eine Handkurbel – zentrifugal – bietet die Möglichkeit, bis zu 50 Personen mit Frischluft zu versorgen, während man mit einem Fahrrad-Ventilatorsystem für 70 bis 80 Personen ausreichend Luft zuführen kann.

Die Luftzufuhrröhren zwischen Filter und Schutzraum können aus den unterschiedlichsten, geeigneten, allgemein zugänglichen Materialien hergestellt werden, wie z. B. aus Lehm oder Ton, Stahl- oder Eisenblechrohren, Ofenrohren, Zementrohren, Abwasserrohren, gemauerten Ziegelsteinen, Holzröhren aus Brettern, ausgehöhlten Baumstämmen, Kanalisationsrohren usw. Von den im Freien liegenden Lufteintrittsöffnungen abgesehen, führen die Rohre von den Filteranlagen unterirdisch zu den Schutzräumen, in die sie nahe oberhalb des Fußbodens münden, während die Entlüftungsrohre den Schutzraum oder die Luftschleusenkammer am Eingang immer oben, in der Nähe der Decke verlassen und ins Freie führen.

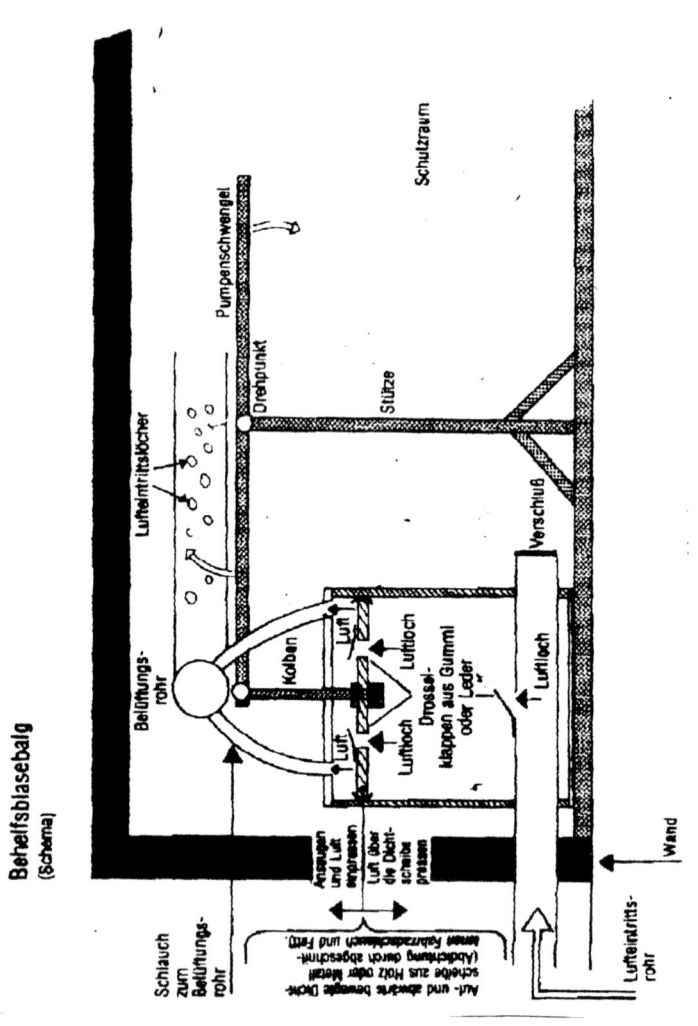

Behelfsblasebalg
(Schema)

Beide Filterarten können noch dadurch verbessert werden, dass man zwischen zwei Seiden- oder andere feinfädige Stoffschichten eine 10 cm dicke Lage aus feinkörnig zerstampfter Holzkohle einfüllt. Wird diese Holzkohle-Filterschicht in einen in die Filteröffnung passenden Holzrahmen gespannt, kann dieser Filter gegebenenfalls auch ausgetauscht und durch einen neuen Filter ersetzt werden. (Holzkohle für diesen Zweck kann man in jedem Supermarkt und bei vielen Tankstellen bekommen.)

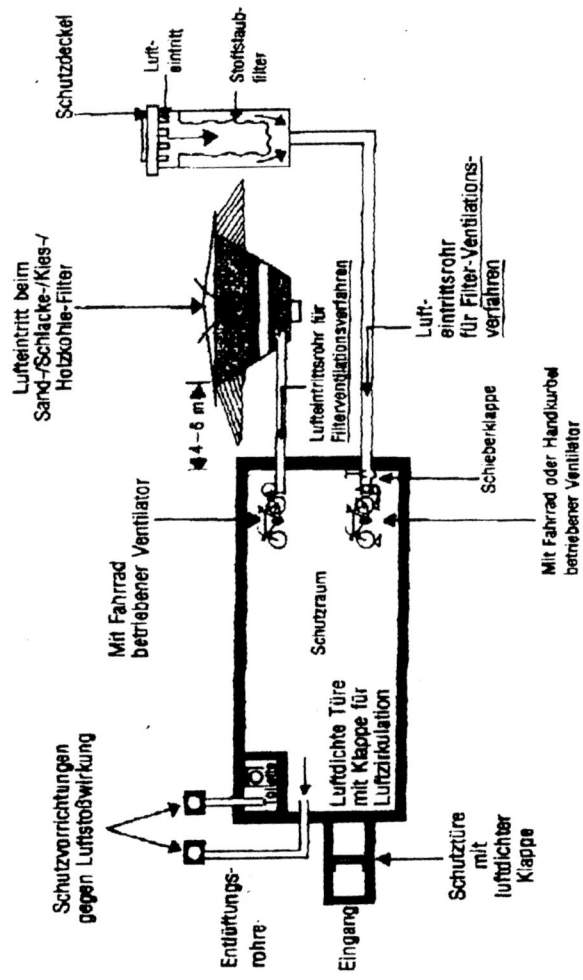

Schema eines einfachen Schutzraum-Ventilationssystems
nach sowjetischem Vorbild (26)

Bei Kellergeschossen und Kellern, die als Behelfsschutzräume vorbereitet werden, kann z. B. eine Lufteintrittsröhre eingesetzt werden, deren obere, durch ein Giebeldach geschützte Mündung entweder im Haus oberhalb des Schutzraumes oder auch im Freien endet. Die Eintrittsöffnung liegt etwa 1 bis 2 m oberhalb der Erdoberfläche. Sie ist unterhalb des Giebelschutzdaches mit einem Gewebeluftfilter abgedeckt, dem wiederum ein ganz bespannter Rahmen als Staubfilter vorgeschaltet ist. Die Lufteintrittsröhre kann mehrfach im rechten Winkel abknicken, bevor sie mit ihrer bei 50 cm über dem Schutzraumboden liegenden tiefsten Stelle in den Schutzraum mündet.

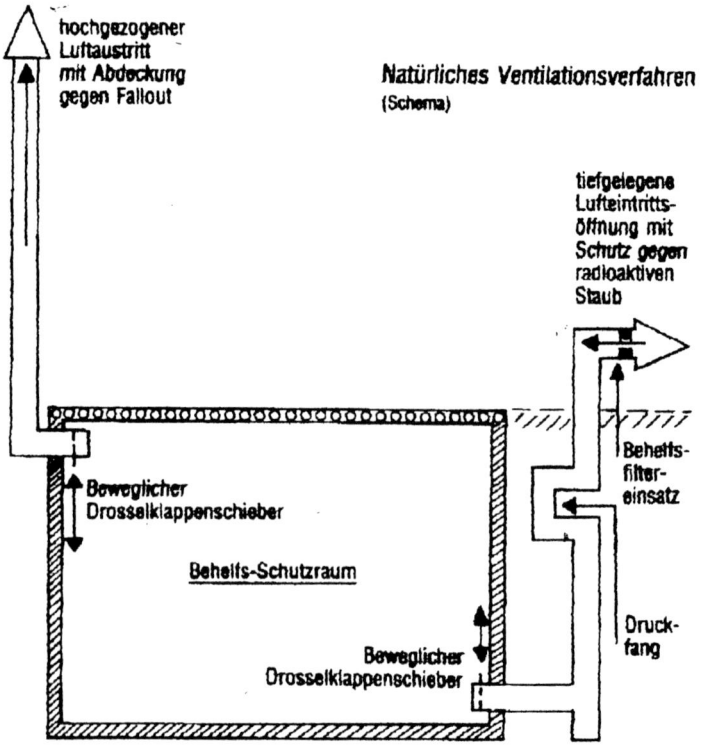

7. Grundausstattung des Schutzraumes

Da auch im tiefsten Frieden immer eine atomare, chemische oder sonstige Katastrophe nie ganz auszuschließen und zeitlich nie vorauszusehen ist, sollte nicht erst auf die Gefahr einer militärischen Konfrontation gewartet werden. Es erscheint in der heutigen Zeit durchaus ratsam, den persönlichen Schutzraum so vorbereitet zu halten, dass das Überleben eines Ernstfalles – gleich welcher Art – jederzeit möglich ist. Diese Angaben sind nur einige Tipps (Auszüge) und Anregungen, die Sie berücksichtigen sollten. Bei Interesse wenden Sie sich an den Fachhandel, in dem Sie in dieser Hinsicht beraten und auch die benötigte Ausstattung erwerben können. Zu einer optimalen Schutzraumausstattung gehören außerdem:

- ABC-Schutzmaske (mit Ersatzfilter) für jeden Schutzrauminsassen,
- ABC-Schutzhandschuhe aus Gummi oder einfache Gummihandschuhe, wie man sie bei der Gartenarbeit trägt,
- Gummistiefel, möglichst oben verschließbar,
- Schutzanzüge einfachster Art (z. B. gummierte Regenschutzanzüge mit Kapuze),
- Rettungsdecken zum Wärmeschutz für verletzte Menschen,
- Dosisleistungsmessgerät mit einem Messbereich von mindestens 0,5 bis 500 r/h und Verlängerungsmesskabel mit Sonde zur Feststellung der Dosisleistung im Freien. Das Gerät muss auch von Laien verwendbar sein (taktische oder Strahlenschutzdosismeter),
- Thermometer (für die Wärmekontrolle) und Hygrometer (für die Kontrolle der Luftfeuchtigkeit),
- Erste-Hilfe-Sanitätsausstattung mit den wichtigsten Artikeln für eine erste medizinische Versorgung. Hierzu gehören auch einfach Dekontaminierungsmittel zur Reinigung der Haut bei radioaktiver Verschmutzung,

Mittel zur Entgiftung der Haut bei chemischer Vergiftung und Desinfektionsmittel zur Entfernung von B-Kampfstoffen von der Haut.

- Aber auch Medikamentensets für den Notfall sind zu beschaffen. Sie sind speziell für den Schutzraumaufenthalt zusammengestellt und enthalten die wichtigsten – im allgemeinen auch rezeptfrei zu bekommenden – Medikamente, wie z. B.:

1. Hautdesinfektionsmittel zur Desinfektion der Hunde
2. Baldrian-Tropfen oder auch Valium zur Beruhigung
3. Kohletabletten gegen Durchfall
4. Dulcolax, Agiolax gegen Verstopfung
5. Jodtabletten zur vorbeugenden Behandlung gegen Strahlenschäden der Schilddrüse
6. Ungeziefer-Bekämpfungsmittel zur Beseitigung von Ungeziefer beim Menschen oder im Schutzraum
7. Kopfschmerz- und Grippetabletten gegen grippale Infekte und Schmerzen
8. Kreislauf- und Herzmittel zur Behebung von Kreislaufschwächen
9. Magentabletten gegen Sodbrennen und Magenschmerzen
10. Wundrandtinktur zur Desinfektion von Schürf- und Brandwunden
11. Hustentropfen gegen Hustenreizung
12. Schlafmittel gegen Schlaflosigkeit
13. Wund- und Brandsalbe und Wundpflaster
14. Kinderpflegemittel zur Behandlung von Kleinkindern
15. Brandwundenverbandspäckchen
16. Mullbinden, Augenkompressen, elastische Binden, Dreieckstücher, Hansaplast-Strips zur Behandlung von Verletzungen und Verstauchungen

17. Fieberthermometer (keine elektrisch messenden, wegen NEP-Strahlung)

Darüber hinaus gibt es aber auch komplette für den Schutzraum gut geeignete Verbandskästen mit den nötigsten Hilfsmitteln (wie bereits erwähnt).

8. Lebensmittel im Schutzraum

Von besonderer Bedeutung für die Aufenthaltsdauer in einem Schutzraum ist auch dessen Ausstattung mit Lebensmitteln und vor allem mit Getränken. Nach Erfahrungen im Krieg und in der Gefangenschaft, aber auch bei aktuellen konventionellen Überlebensfällen, wäre ein Mensch durchaus in der Lage, 14 Tage ohne Verpflegung zu überstehen und im Schutzraum auszuhalten. Voraussetzung wäre jedoch, dass er genügend Flüssigkeit zur Verfügung hätte. Da ein Mensch mit Flüssigkeit allein zwar lange Zeit überleben könnte, aber schließlich körperlich so geschwächt wäre, dass er gepflegt werden müsste, anstatt tatkräftig bei der Dekontaminierung und Aufräumung helfen zu können, müssen daher im Schutzraum auch ausreichende Mengen qualitativ hochwertiger und vor allem haltbarer Lebensmittel bereitgestellt werden. Durch diese Vorratshaltung beugt man auch Erkrankungen vor, befriedigt die Bedürfnisse der Schutzrauminsassen, fördert die unter den gegebenen Umständen erreichbare Zufriedenheit und verhindert den Aufbau von unerträglichen Spannungen, wie sie während der Gefangenschaft in und nach dem Krieg aus vielen Lagern bei Knappstand und Hungerrationen bekannt geworden sind. Mit ausreichenden Lebensmittel- und Getränkevorräten werden die Moral und die Hoffnung auf ein Durchkommen und damit auch der Überlebenswille und die Einsatzbereitschaft gestärkt.
Bei der Einlagerung von Lebensmitteln ist insbesondere auf die Erfüllung folgender Erfordernisse Wert zu legen:

1. Lange Haltbarkeit
2. Lagerfähigkeit bei warmer und schwankender Raumtemperatur sowie hoher Luftfeuchtigkeit
3. Hohe Vitaminerhaltung im Produkt
4. Kalorienreichtum
5. Lebensmittelkonserven mit hohem Nährwert und gutem Geschmack
6. konzentrierte Kraftnahrung
7. Keine zu großen Dosen, Packungen oder Gebinde, deren Inhalt nach dem Öffnen nicht sofort voll verbraucht werden kann. Aufbewahrung der Reste im feuchtwarmen Klima des Schutzraumes kann zu deren raschem Verderb und zu Lebensmittelvergiftungen führen.

Es ist weiterhin zu berücksichtigen, dass

- Lebensmittel, die radioaktive Staubteilchen aufsaugen (absorbieren) oder sich mit ihnen vermischen können (offene Getränke, Öl, nicht staubgeschützte Gebinde mit Mehl, Gries, Reis, Zucker, Salz usw.), unschädlich gemacht, d. h. weitab vom eigenen Aufenthaltsbereich – auch für Tiere unzugänglich – vergraben werden müssen, da weder Kochen noch Brühen die Radioaktivität der Fallout-Partikel beseitigt.

- Fleisch von frisch geschlachteten Tieren, die aus einem verstrahlten Gebiet stammen, dann ohne besondere Gefährdung gegessen werden kann, wenn man die Tiere vorsichtig enthäutet (wobei man Mundschutz und Schutzanzug tragen muss) und nur solche Fleischteile entnimmt, die nicht aus der unmittelbaren Umgebung von Knochen stammen, Herz, Nieren, Lunge, Leber und alle Innereien sowie alle Knochen müssen beseitigt werden.

Man wird sich darauf einstellen müssen, in einem solchen Fall auch anderen Früchten der Natur wie Nüssen, Bucheckern, Esskastanien usw. als Behelfsnahrungsmittel wieder Beachtung zu schenken. Sie sind, wenn durch radioaktiven Staub bedeckt, leicht zu reinigen und von ihrer Schale zu befreien. Die Kerne sind nicht von der Strahlung betroffen und können bedenkenlos gegessen werden. Auf alle Fälle wird man möglicherweise für einige Zeit einfache, naturnahe Verpflegung aus seinen Überlegungen nicht ausschließen können, und es ist gut, wenn man sich auf diesem Gebiet die notwendigen Kenntnisse rechtzeitig angeeignet hat. Stehen z. B. Getreidevorräte zur Verfügung, die ja oft in Silos oder landwirtschaftlichen Betrieben – auch gegen radioaktive Strahlung geschützt – lagern, dann kann z. B. das Getreide zerstoßen oder behelfsmäßig zwischen Steinen zermahlen werden.

Ein besonderes Problem ist vor allem darin so sehen, die für das Überleben erforderlichen Getränke zu beschaffen, wenn alle gelagerten trinkbaren Vorräte aufgebraucht sind. Besteht die Möglichkeit, Wasser aus unterirdischen Quellen und tiefen Hausbrunnen zu entnehmen, dann kann man dies bedenkenlos verwenden. Das Wasser aus oberirdischen Quellen allerdings kann verstrahlt sein, da es aus dem Bereich von Wassereinzugsgebieten kommen kann, die von Fallout betroffen waren. Das gilt insbesondere auch für Wasser, das man aus Oberflächengewässern, wie Bächen, Seen, Flüssen und Teichen entnimmt. Abgesehen von der in jedem Fall notwendigen Filterung zur Beseitigung von Schmutzteilchen, wozu man sich einen Behelfsfilter herstellen kann, um die im Wasser enthaltenen radioaktiven Schadstoffe durch Koagulierung (Gerinnung, Ausflickung) und Sedimentierung (Ablagerung) zum größten Teil zu beseitigen. Mann kann darüber hinaus Wasser mit im Haushalt vorhandenen Wasserenthärtungsmitteln behandeln und dann, mehrfach gefiltert und abgekocht, verwenden. Im Übrigen steht oft auch noch ein nicht von der radioaktiven Verstrahlung betroffener Reservevorrat an Wasser im Leitungssystem des Hauses und im Heißwasserkessel in der Heizung zur Verfügung. Bei der Entnahme muss nur sichergestellt werden, dass verstrahltes Wasser von außen nicht nachfließen kann.

9. Notausstattung

Nicht alle Behelfsschutzräume können in der beschriebenen umfassenden Weise ausgestattet und ausgerüstet werden. Es sollte jedoch für jeden, auch noch so einfachen Schutzraum sichergestellt werden, dass rechtzeitig folgende Ausrüstung vorhanden ist:

- Behelfsmäßige Luftfilteranlage und Ventilation
- Wasser bzw. Getränke in ausreichender Menge für 14 Tage
- Lebensmittel in Dosen und in möglichst konzentrierter Form, die kalt gegessen werden können, für 14 Tage
- Behelfstoilette, Toilettenpapier
- Notbeleuchtung (Kerzen und Streichhölzer, aber auch eine Dynamotaschenlampe)
- Erste-Hilfe-Tasche aus dem Auto
- Werkzeug (Spaten, Schaufel Kreuzhacke, Stemmeisen, Säge, schwerer Hammer, Axt)
- Liegeplätze oder notfalls Sitzplätze
- Gummistiefel, Gummiregenmantel, Gummihandschuhe
- Folien, Decken, Folientüten, Draht, Bindfaden, Messer, Nägel, eine Rolle Aluminiumfolie
- Mullbinden, Watte zur Herstellung eines behelfsmäßigen Atemschutzes gegen radioaktiven Staub
- Radio mit Batteriebetrieb
- Feuerlöscher
- Rucksack als Notgepäck mit den wichtigsten Dokumenten und Wertsachen
- Bekleidung für 14 Tage

10. Schutzraumzubehör und Zivilschutzausrüstung (Zusatz)

Die nun folgenden Angaben sind aus einem Prospekt der Firmen, die sich auf Schutzraumausrüstungen spezialisiert haben.

- Schutzraum-Liegeeinrichtung – Einlagerung: Die Einlagerung der Einzelteile (unmontiert) ist extrem Platz sparend.
- Sitzeinrichtung: Freistehende, stabile und standfeste Ausführung zur Bodenbefestigung, einfache Montage, alle Stahlteile feuerverzinkt.
- Markierung: Streifen aus gelb-grün-nachtleuchtendem Hart-PVC. Nach Stromausfall dienen diese Leuchtstreifen zur kurzzeitigen Orientierungsfindung im Schutzraum.
- Kurbel- und Solar-Radio (Weltempfänger)
- Luftentfeuchter
- Einstellspritze
- Löschdecke
- Einreißhaken
- Bergetuch
- Befreiungswerkzeug – Wandtafel ca. 1.000 x 1.000 mm – Brechstange mit Klaue/Spitzhacke/Beil/Metallsägebogen/Pionierschaufel/Holzbügelsäge/Rollgabelschlüssel/Klappspaten/Flachmeißel/Spitzmeißel/Fäustel/Bolzenschneider/Rettungsleine 20 m/Kneifzange/Leuchtstäbe
- Rettungsleiter
- Notabort
- Trinkwasser-Kanister
- Trinkwasser-Faltkanister
- Wasserentkeimungsmittel
- Wasserfilter verschiedener Arten
- Vollkornbrot in Dosen
- Dinkel-Paket

- Mahlzeiten in Notzeiten: Diese Lebensmittelprodukte sind gefriergetrocknet oder getrocknet. Feuchtigkeit und Sauerstoff lassen Lebensmittel verderben. Deshalb sind diesen Produkten mehr als 98 % Wasser entzogen. Mit Stickstoff in Dosen gefüllt, ist eine lange Haltbarkeit gewährleistet. Vorteile: Lange Haltbarkeit, leichtes Gewicht, Platz sparend, Lagerung bei Keller- oder Raumtemperatur, keine Konservierungsstoffe, Erhaltung von Vitaminen und Aromastoffen, sehr schmackhaft, kein Kochen, schnell zuzubereiten. Alle Gerichte werden nur in kaltes bzw. heißes Wasser eingerührt und dann 5 – 10 Minuten ziehen lassen. Fertig ist die schmackhafte Mahlzeit: Haltbarkeit 10 Jahre.
- Verbandskasten: Der Kasten besteht aus sehr starkem Blech, ist grün lackiert, wird mit zwei Hakenverschlüssen staub- und wasserdicht verschlossen. Außerdem hat er zwei Tragegriffe. Die genormte Grundausstattung ist für Betriebe und Schutzräume! (Diesbezüglich gibt es bei den Herstellern Unterschiede, die man beachten sollte. Hier in diesem Beispiel wird nicht genannt, dass Jodtabletten [Verbrennungen], Mittel gegen Durchfall u. a. Medikamente enthalten sind.)
- Krankentrage
- Leuchtstäbe
- Dynamo-Leuchte (Sherpa). (Diese sind im Preis sehr teuer, aber meiner Meinung nach die Besten. Deswegen die Namensangabe.)
- Brennpaste
- Gastester
- Prüfröhrchen
- Volksgeigerzähler (für einen Schutzraum eigentlich unumgänglich)
- ABC-Vollmaske/-Filter
- ABC-Schutzanzug
- Infektionsschutzset

Ebenfalls erhältlich sind komplette Schutzraumanlagen oder Filteranlagen. Viele der oben genannten Gegenstände sind auch auf Internetseiten zu ersteigern. Diese sind wesentlich kostengünstiger. Es ist aber erforderlich, dass sich jeder mit der Problematik auseinandersetzt und sich damit dauernd befasst. Die Lebensmittel sind im Internet zu haben, man sollte aber auf das Militär-EPA zurückgreifen, da man zum Erwärmen keinerlei Heizquellen benötigt. Zudem ist die Haltbarkeit bis 25 Jahre gegeben, wobei bei normaler Kellerlagerung eine erhöhte Haltbarkeit gewährleistet ist.

18 Schutzraumausrüstung und Entstrahlung

1. ABC-Schutzausrüstung

Zu einer ABC-Schutzausrüstung für eine Einzelperson sollten gehören:

- ABC-Schutzmaske
- ABC-Schutzplane
- ABC-Schutzanzug
- ABC-Selbsthilfesatz

a) Schutzmaske

Sie schützt davor, dass

- strahlende Teilchen aus radioaktivem Niederschlag,
- biologische Kampfstoffe,
- chemische Kampfstoffe und Reizstoffe

über die Atemwege und durch den Mund und die Augen in den Körper eindringen. Sie schützt außerdem das Gesicht vor den Spritzern flüssiger Kampfstoffe und vor der Ablagerung strahlender Staubteilchen.
Zur ABC-Schutzmaske gehören:

1. Maskenkörper,
2. Filtereinsatz und
3. Tragetasche/Tragedose mit Klarsichttüchern, Reinigungslappen und z. T. auch Pflegemittel.

Die ABC-Schutzmaske muss so gut angepasst sein, dass nur über den Filtereinsatz Luft eindringen kann.

Die im Handel befindlichen Schutzmasken, z. B. u. a. die

- ABC-Schutzmaske 62 und
- ABC-Schutzmaske 65 sind von der Bundeswehr;
- Atemschutzmaske C 607,
- Gasschutzmaske Duoflex,
- Vollmaske S 3 (Auer)

mit entsprechenden Filtereinsätzen, z. B. für alle Masken passende, aber nicht gegen Kohlenmonoxid schützende

- Filtereinsätze 55 (Bundeswehr),
- Kombinationsfilter B2 – B3,
- Kombinationsfilter Reaktor B2 – B3 (Auer),
- Schraubfilter KS 80,

müssen bereits beim Erwerb angepasst und durch entsprechende Einstellung der Bebänderung so vorbereitet werden, dass sie ohne zu drücken – das Eindringen von Kampfstoff am Maskenkörperrand sicher verhindern. Die den Masken beiliegenden Bedienungsanleitungen sind genau zu befolgen. Das gilt auch für die zur Aufbewahrung gegebenen Hinweise und Pflegeanweisungen, da hiervon die Lebensdauer von Masken und Filter beeinflusst werden können. Fehler, die man beim Anpassen und bei der Aufbewahrung macht, könnten sich im Ernstfall bitter rächen. Es ist in jedem Fall auch angebracht und zweckmäßig, das Aufsetzen der ABC-Schutzmaske drillmäßig so zu üben, wie dies bei allen Streitkräften geschieht, denn wie dargestellt kann es dabei um Sekunden gehen, die über Leben und Tod entscheiden.

Ohne die Besonderheiten, die bei jeder ABC-Schutzmaske zu beachten sind, anzusprechen, gelten doch folgende allgemeine Hinweise:

- Man muss darauf eingestellt sein, die Maske in Bruchteilen von Sekunden aus der Tragetasche/der Aufbewahrungsdose entnehmen zu können. Der Verschlussmechanismus des Transportbehälters muss daher leicht gängig, und die Handgriffe zur Entnahme müssen geübt sein;
- Bereits bei der Entnahme der Maske aus ihrer Verpackung ist der Atem anzuhalten, die Augen sind zu schließen;
- Mit beiden Händen sind die Hinterkopfbänder auseinander zu ziehen;
- Der Kinnteil der Schutzmaske ist auf das vorgestreckte Kinn zu setzen und die Kopfbänder sind nach hinten über den Kopf zu ziehen;
- Mit der flachen Hand ist das Ausatmenventil zu schließen und tief auszuatmen (um die im Inneren der Maske befindliche womöglich kampfstoffhaltige Luft am Dichtrahmen vorbei auszublasen);
- Erst dann sind die Augen zu öffnen, und es ist ruhig und gleichmäßig zu atmen;
- Sodann sind die Kopfbänder auf richtigen Sitz zu prüfen und erforderlichenfalls zurechtzurücken.

Nach jedem Gebrauch ist die Schutzmaske zu säubern bzw. nach Verstrahlung zu dekontaminieren und nach Vergiftung mit sesshaftem Kampfstoff vorschriftsmäßig zu entgiften. Die Maske darf erst dann wieder verpackt werden, wenn sie nach Dekontamination und Reinigung völlig getrocknet ist. Auch für diese Maßnahmen sind die Angaben in den Bedienungsanleitungen zu beachten.

b) Schutzplane/Poncho

Die ABC-Schutzplane soll im Freien bei überraschendem Sprühangriff vor der Berührung mit Kampfstoffen in fester oder flüssiger Form, aber auch kurzfristig gegen niederrieselnden radioaktiven Staub schützen. Sie muss wie beschrieben rechtzeitig bei einem Sprühangriff (d. h. spätestens 6 – 8 Sekunden nach Beginn des Sprühens) so über den Körper geworfen werden, dass vergiftete/verstrahlte Partikel nicht auf die Haut bzw. Bekleidung gelangen können.

Gut geeignet für diesen Zweck ist die in der Bundeswehr eingeführte, zusammenlegbare und daher auch leicht zu transportierende ABC-Schutzplane.

c) Schutzanzug

Der ABC-Schutzanzug soll gegen alle über die Haut wirkenden Kampfstoffe schützen. Während für den militärischen Bereich und für Hilfsdienste im Katastrophenfall spezielle Schutzanzüge entwickelt wurden, wie z. B.

- Die original NATO-Schutzbekleidung ist im Fachhandel erhältlich mit Schutzhose, Überziehjacke mit Kapuze, Schutzstiefeln, Handschuhen und Tragebeutel,
- ebenso erhältlich der Kontaminationsschutz-Overall AUER,

genügt für den Überlebensfall im nicht entsprechend ausgestatteten Zivilbereich die Benutzung einfacher, aus Polyäthylen hergestellte Schutzbekleidung. Diese leichten und bequemen Schutzanzüge werden über der Bekleidung getragen, sind gegen mechanische Abnutzung, Chemikalien und Feuchtigkeit sehr widerstandsfähig, schützen gegen staubförmige und radioaktive Substanzen und sind wirksam auch gegen biologische Luft.

Der TYVEK-Schutzanzug hat eine angeschweißte Kapuze und ist zusammen mit

- Schutzhandschuhen und
- Überstiefeln

zu tragen. Zusammen mit einer Atemschutzmaske bietet diese insgesamt preiswerte Kombination einen ausreichenden Schutz, falls man vor Beginn eines Angriffes den Schutzraum nicht mehr erreichen konnte oder nach einem Angriff aus zwingendem Grund den Schutzraum vor der Entwarnung kurzzeitig verlassen muss. Beim Anlegen der Schutzkleidung ist darauf zu achten, dass die Übergangsstellen von einem zu anderen Teilen der Bekleidung (Überstiefel, Schutzhandschuhe, Schutzmaske zum Schutzanzug) dicht abschließen. (Kleiner Tipp: Übergangsstellen mit Klebeband abkleben.) Es muss also ausgeschlossen sein, dass Kampfstoffspritzer oder Falloutteilchen an undichten Stellen auf den Körper gelangen. Wird man in seinem Schutzanzug von einem Sprühangriff überrascht, dann schützt man sich trotzdem zusätzlich mit der ABC-Schutzplane. Vergiftete oder verstrahlte Schutzbekleidung ist so abzulegen, dass die darunter getragene Bekleidung und freie Hautstellen nicht mit den kontaminierten Teilen in Berührung kommen. Die Schutzbekleidung ist nach einer Verwendung im Freien niemals im Schutzraum, sondern immer an Dekontaminationsstellen oder vor Gasschleusen auszuziehen, um mögliche Sekundärvergiftungen grundsätzlich auszuschließen.

Erst nach dem Ablegen vergifteter Schutzbekleidung ist die Schutzmaske abzunehmen. Ein Schutzanzug sollte aber nur dann und dort getragen werden, wo das unumgänglich notwendig ist, da die Schutzbekleidung den Träger überaus stark belastet und anstrengende Tätigkeiten nur für kurze zeit gestattet.

d) Selbsthilfesatz

Im militärischen Bereich stehen für die Selbst- und Kameradenhilfe ABC-Selbsthilfeausstattungen zur Verfügung, deren Inhalt geeignet ist, Schäden durch chemische Kampfstoffe vorzubeugen und eine behelfsmäßige, erste Entgiftung vorzunehmen. Im Einsatz werden außerdem Atropinspritzen ausgegeben, die zur Selbstinjektion auch durch die Bekleidung hin-

durch geeignet sind, wenn eine Vergiftung durch nervenschädigende Kampfstoffe vorliegt.

Der Inhalt des bereits im Frieden an jeden Soldaten ausgege-
benen Selbsthilfesatzes kann als Muster für die Zusammenstel-
lung eines eigenen Selbsthilfepäckchens dienen:

- Entgiftungspuder gegen chemische Kampfstoffe
- ABC Tupfer
- ABC-Schutzverband
- Ohrenstopfen
- Schmierseife
- Klarsichttuch

Im Fachhandel sind analog dazu erhältlich:

- C-Tupfer zum Abtupfen chemischer Kampfstoffe von
  der Haut
- C-Wundschutzverband zur Versorgung von Wunden,
  die durch chemische Kampfstoffe verursacht wurden
  oder die vor einer Vergiftung geschützt werden sollen
- C-Ohrstopfen zum Verschließen der Ohren als Schutz
  gegen das Eindringen von Kampfstoffen
- Collo-Dekontacoll zur Entfernung radioaktiver Ver-
  unreinigungen
- Schraubflasche mit Pinsel zum Ansetzen und Auftra-
  gen von Dekontaminationsmitteln
- Formaldehydseifenlösung (1 Ltr.) zur Entfernung von
  B-Kampfstoffen von der Haut und der Bekleidung
- Schmierseife (1,5 kg-Dose) zur Entfernung von Ner-
  venkampfstoffen und Lost
- Entgiftungspuder (60 g-Flasche) zur Entgiftung der
  Haut von Kampfstoffspritzern
- Natriumcarbonat (1.100 g-Kunststoffdose) zur Entgif-
  tung von Nervenkampfstoffen

2. ABC-Alarm

Unmittelbar nach einem ABC-Alarm sind kleine Hautverletzungen und Wunden mit ABC-Schutzverband zu bedecken. Der äußere Gehörgang ist mit C-Ohrenpfropfen zu verschließen. Ist es zu einer Berührung von Kampfstoff mit der Haut gekommen, dann ist bei Einsatz von Nervenkampfstoff sofort Atropien zu spritzen. (Es wird hier unterstellt, dass im Falle einer erkannten Vorbereitung auf die chemische Kriegsführung auch für die Zivilbevölkerung bevorratete Atropinspritzen zur Selbstinjektion rechtzeitig in genügender Zahl ausgegeben werden!)

Außerdem, und das gilt auch für alle anderen flüssigen Kampfstoffarten, sind betroffene Körperstellen unverzüglich mit Entgiftungspuder einzupudern. Nach etwa einer Minute Wartezeit sind erkennbare Kampfstoffspritzer mit C-Tupfer abzutupfen. Dann ist die betroffene Stelle erneut kräftig einzupudern.

Nachdem auch dieser Puder rasch und gründlich mit C-Tupfer entfernt wurde, wird der gesamte Entgiftungsvorgang wiederholt. (Erforderlichenfalls ist auch die Atropinspritzung ein- oder zweimal zu wiederholen.)

Danach sind betroffene Hautstellen mit einer Schmierseifenlösung abzuwaschen. Dabei sollte man versuchen, nur den von dem Kampfstoff berührten Bereich so abzuwaschen, dass andere Körperteile vom Spülwasser nicht benetzt werden (Gefahr der Verteilung von Giftstoffresten mit dem Wasser).

Bei der Benutzung des Entgiftungspuders muss unter allen Umständen Kontakt mit den Augen vermieden werden. Das Puder darf auch nicht in Mund und Nase gelangen. Ist dies versehentlich doch geschehen, dann sind

- Mund und Nase mehrfach kräftig mit Wasser zu spülen,
- die Augen sofort 30 Sekunden lang mit Wasser in Richtung auf die Wange hin auszuspülen.

Röten sich die Augen trotzdem und treten Schwellungen auf, sind die Augen zu verbinden. Ärztliche Hilfe ist unbedingt erforderlich.

3. Entstrahlungsmittel und Entstrahlungshilfsmittel nach Fallout

Der Übersicht halber werden die z. T. in den bereits vorausgegangenen Abschnitten behandelten Entstrahlungsmittel und die für eine Dekontamination geeigneten Ersatzstoffe nachstehend gegenübergestellt.

Entstrahlen heißt: Rückstandsstrahlung aus radioaktivem Fallout mit Entstrahlungsmittellösungen, mit Lösungsflüssigkeiten oder mit mechanischen Verfahren zu entfernen. Neben den mechanischen Maßnahmen (ausbürsten, ausklopfen, abkratzen usw.) können folgende Mittel und Hilfsmittel hierzu verwendet werden:

A 1 = im Fachhandel erhältlich
A 2 = Ersatz- und Aushilfsstoffe

A 1

- Entstrahlungsmittel: A 3 (1 % g/Liter) Alkylarylsulfonat zur Entfernung von radioaktiven Substanzen von Haut und Material (Lösung so heiß wie möglich!)
- Collo-Dekontacoll entfernt radioaktive Verunreinigungen rasch, gründlich und schonend von verschmutzter Haut

A 2

- Für A 3
- Handelsübliche Geschirrspülmittel (z. B. Priel, Palmolive usw.)
- Handelsübliche Feinwaschmittel (z. B. Perwoll, Fewa usw.)

179

- Handelsübliche Vollwaschmittel (Sunil, Dash, Omo usw.)
- Reinigungsmittel für den Haushalt (General, Ajax, Meister Proper usw.)
- Gewerbliche Waschmittel (Lavaplex, Hostapal, Basopol usw.)
- Schmier- und Kern- sowie Feinseifen aller Art

A 1

- Äthylen Diamin Tetra essigsaures Natrium: A 4 zur Entstrahlung von Haus und Material (3 – 5 g/Liter, so heiß wie möglich)

A 2

- Für A 4
- Handelsübliche Wasserenthärtungsmittel (z. B. Calgon)

A1

- Perchloräthylen: A 5
- Zur Entstrahlung von Material (unverdünnt, kalt anwenden; Vorsicht: Dämpfe sind gesundheitsschädlich)

A 2

- Für A 5
- Tetrachlorkohlenstoff
- Tripchloräthylen
- Organische Lösungsmittel für die chemische Reinigung von Textilien
- Benzin
- Alkohol, Spiritus, Methanol
- Dieselkraftstoff, Kerosin
- Handelsübliche Fleckenwasser

A 3 und A 4 und Dekontacoll – wie auch die Ersatzstoffe – sind in Wasser zu lösen. Verstrahlte Stellen sind damit abzuwaschen, abzutupfen bzw. abzubürsten. Ein A 4-Zusatz in einer A 3-Lösung erhöht die Entstrahlungswirkung.

4. Entseuchungsmittel und Hilfsmittel nach biologischem Kampfstoff

Entseuchung bedeutet, biologische Kampfstoffe zu vernichten oder zu entfernen.
B-Kampfstoffe werden mit Entseuchungsmitteln unschädlich gemacht oder durch Hitzeeinwirkung (sterilisieren, auskochen) vernichtet.

A 1 = Fachhandel
A 2 = Ersatz- und Aushilfsstoffe

A 1

- Aliphatischer Alkohol: (Isopropanol) B 6
- Formalinseifenlösung B 7
- Calciumhypochlorid C 8 (65 – 70 % aktives Chlor)

A 2

- Formalin
- Spiritus
- Lysol
- Alkohol
- Chlorkalk
- Natronbleichlauge
- Allgemeine Desinfektionsmittel (Rivanol, Kaliumperlmanganat, Sagmontan)

5. Entgiftungsmittel und Hilfsmittel nach chemischem Kampfstoff

Entgiften heißt, sesshafte chemische Kampfstoffe zu vernichten, unwirksam zu machen oder zu entfernen.

Entgiftungsmittel oder Ausweichprodukte vernichten die mit ihnen in Berührung gebrachten chemischen Kampfstoffe durch chemische Umwandlung in Stoffe ohne Kampfstoffcharakter. Sie machen Kampfstoffe teilweise ungiftig. Lösungsmittel dagegen entfernen den Kampfstoff nur von der Oberfläche, auf der sie haften, wobei das benutzte Lösungsmittel selbst durch Anreicherung mit Kampfstoffen giftig wird. Mit Behelfsmitteln kann man einen großen Teil der bekannten Kampfstoffe partiell aufnehmen und absaugen (Lappen, Papier, Puder, Tupfer). Es ist jedoch nach allgemein gültiger Ansicht sehr schwierig, Materialien vollständig von eingedrungenem sesshaftem Kampfstoff zu reinigen und eine absolute Entgiftung zu erzielen. Zwar kann nach der Dekontaminierung von Material eine unmittelbare Kontaktgefahr ausgeschlossen werden, aber die Spätwirkung giftiger Dämpfe kann monatelang gegeben sein, wenn das Oberflächenmaterial Kampfstoff aufgesaugt hatte. Kontaminiertes Material, vergiftete Schutzbekleidung oder normale Kleidung, die mit Kampfstoff in Berührung gekommen sind, sollten durch den dazu nicht ausgebildeten Bürger deshalb ohne Anleitung niemals dekontaminiert werden.

Nach der Reinigung kampfstoffbespritzter Körperteile sind sofort Entgiftungsmittel anzuwenden. Der Vorgang ist mehrfach zu wiederholen. Bei Einsatz von Nervenkampfstoffen muss vor der Dekontamination Atropien gespritzt werden! Treten erneut Krankheitssymptome auf, ist so lange weiterzuspritzen, bis sich das Verhalten normalisiert. Die hierfür benötigten Atropien-Autojet-Spritzen gibt es z. Z. noch nicht im Fachhandel. Sie sind voraussichtlich erst bei der Gefahr einer chemischen Kriegsführung beschaffbar. Das gleiche dürfte für Oxim-Tabletten (P²S) bzw. das Vorbeugungsmittel Pyrodostigmin-Tabletten gelten. Es ist zu hoffen, dass dann auch das kombinierte Mittel Combipan (Atrophien + Oxim) als Spritze verfügbar ist. In der britischen Armee steht dieses Kombinationspräparat zusammen mit Pyrodostigmin-Tabletten für den Ernstfall zur Verfügung.

Bei jeder Dekontamination von Körperteilen, die mit Kampfstoff in Berührung geraten sind, ist unbedingt zu beachten, dass die Hände durch Handschuhe (Gummihandschuhe) geschützt bleiben, um so eine spätere Übertragung von Giftstoffen durch die ungeschützten Hände zu vermeiden.

Die Körperdekontamination hat also beim Bemühen ums Überleben absoluten Vorrang. Hilfreiche Mittel dazu könnten sein:

A 1

- Natriumhydrogebsulfat zur Entgiftung von N-Lost und Nervenkampfstoffen C 13

A 2

- Für C 13
- Calgonit S (2-fache Menge von C 13 *)
- Calgonit ST (*)

A 1

- Natriumcarbonat (Soda) zur Entgiftung von Nervenkampfstoffen C 14

A 2

- Für C 14
- Kristallsoda (2-fache Menge von C 14 +)

- Natronlauge, Kalilauge 20 % der Menge von C 14. (Vorsicht: Ätzend! Sofort nachspülen!)

A 1

- Calciumhypochlorid (65 – 70 %) zur Entfernung von Nervenkampfstoffen, Lewis und S-Lost C 8

A 2

- Chlorkalk (2-fache Menge von C 8 +)
- Natronbleichlauge (Eau de Javelle) (6-fach +)
- Chloramin T (*)

Konzentration der Entgiftungsmittel für Lösungen sind: C 8 = 30 bis 50 g pro Liter Wasser. C 13 = 50 g pro Liter Wasser (kalt anwenden) und C 14 = 50 – 100 g pro Liter Wasser (so heiß wie möglich anwenden).

A 1

- C-Kampfstoff – Spürpulver zur Überprüfung, ob Kampfstoff beseitigt wurde
- C-Dekontaminationstücher zur Personendekontamination und zur Entgiftung empfindlicher Materialien
- Schmierseife zur Entfernung von Nervenkampfstoffen und Lost
- C-Tupfer zum Abtupfen chemischer Kampfstoffspritzer von der Haut
- C-Ohrenstopfen zum Verschließen der Gehörgänge
- C-Wundschutzverband zur Ersten Hilfe bei Kampfstoffwunden
- Entgiftungspuder zur Entgiftung von chemischen Kampfstoffen

- Die Ausweich- und Hilfsstoffe für A 3 und A 5 können ebenfalls als Lösungen auf Tupfern oder in Breiform verwendet werden. Sie vernichten jedoch den Kampfstoff nicht, sondern helfen nur, ihn von der Haut zu entfernen
- Zum Abtupfen benutzte C-Tupfer oder Tücher aus saugfähigem Material sind zu vergraben oder zu verbrennen (Vorsicht vor dem Rauch!)
- Ohrenstopfen können auch aus Watte hergestellt werden

Sind Giftstoffe in die Augen geraten, müssen diese sofort mit 2%igem Borwasser oder einer 5%igen Natriumbikarbonatlösung ausgespült werden. Handelt es sich dabei um Spritzer von Nervenkampfstoffen, ist sofort Atropien zu spritzen, da die Wirkung dieses Kampfstoffes über die Augen besonders rasch erfolgt. Für die Atropienbehandlung verbleiben in diesem Falle höchstens 3 bis 4 Minuten Zeit.

Trotz aller angebotenen Hilfsmittel und Hilfsmöglichkeiten muss der Vorrang für den Schutz jedes zivilen Bürgers in einem geeigneten Schutzraum gesehen werden. Nur hier findet er nach rechtzeitiger Vorbereitung größtmögliche Sicherheit. Mehr Sicherheit jedenfalls, als durch die alles in allem doch nicht so ganz einfache und in manchen Fällen recht ungewöhnliche Behandlung und Dekontamination. Die Hinweise und Tipps in diesem Abschnitt sollen also vor allem jenen helfen, die im Freien von den Auswirkungen der ABC-Waffen getroffen werden und gezwungen sind, sich selbst zu helfen. Immer wieder aber sei daran erinnert:
Vorbeugen und Vorsorgen ist besser als späteres Helfen und Heilen!

19 Verlassen des Schutzraumes

1. Wann?

Man sollte sich beim Verlassen eines Schutzraumes oder vor dem Ablegen einer Schutzmaske jedoch nie alleine auf seine zeitlich errechneten Daten verlassen, sondern stets bemüht bleiben, seine Entscheidung auf gemessene und über Radio oder Fernsehen bekannt gegebene Werte abzustützen. Ist das nicht möglich, muss man sich nach seiner eigenen Lagebeurteilung richten, wobei eigengeschätzte Gefährdungszeiträume um einen kräftigen Sicherheitszuschlag erhöht werden sollten (50 % des Schätzwertes als Zeitzuschlag). Selbst dann ist ein Risiko nie ganz auszuschließen. Das bedeutet, dass man sich nicht nur auf Indizien verlassen sollte, weil damit die unmittelbare persönliche Gefährdung verbunden sein kann. Mit ausreichender Sicherheit sind Kampfstoffe nur durch

- Kampfstoffspürgeräte und
- Kampfstoffspürmittel nachweisbar.

2. Anlegen der ABC-Schutzmaske

In diesem Beispiel gehe ich davon aus, dass ein neuer ABC-Schutzanzug bereits getragen wird. (Ein alter ABC-Schutzanzug ist ein dicker Gummianzug; dieser verhindert zwar, dass die Person körperlich kontaminiert wird, aber den Anzug nicht ständig tragen kann durch die entstehende Wärme im Inneren.) Neue ABC-Schutzkleidung ist durchlässig (wie Gorotex), dass heißt, entstehende Wärme kann von innen nach außen, aber Kampfstoffe von außen können nicht nach innen.
Die nun folgenden Schutzmaßnahmen müssen in Sekundenschnelle abgeschlossen seien, denn bei einem Sprühangriff oder einer Luftdetonation von Kampfstoffbomben, Raketen, Granaten und Behältern in niedriger Höhe (100 – 200 m) benötigen die giftigen Dämpfe bzw. Aerosole 6 – 8 Sekunden, bis sie

den Boden erreichen. Rasches Handeln ist also hier die halbe Lebensversicherung! Diese rasche Reaktion wird bei der Bundeswehr systematisch geübt. Das Training im zivilen Bereich sollte – zumindest in gefährlichen Spannungszeiten – nicht vernachlässigt werden. Es kommt in dieser Lage darauf an,

- eine ABC-Schutzplane (behelfsmäßig eine Plastik- oder Gummifolie im Format von 2 x 2 m) schnell über den Körper zu werfen,
- die Luft anzuhalten und
- in dieser Zeit eine ABC-Schutzmaske unter dem Poncho anzulegen.

Hierzu dreht man sich mit dem Gesicht zum Wind, wirft die Plane (Poncho) so über den Kopf, dass sie sich hinter dem Rücken entfaltet, zieht sie dann mit gespreizten Armen nach vorn über den Kopf herunter und tritt mit den Füßen auf den Innenrand. Unter Anhalten des Atems setzt man dann unter der Plane die Schutzmaske auf. Diese rasche Reaktion setzt voraus, dass Schutzanzug/Schutzmaske/Poncho ständig griffbereit sind. Nach dem Angriff wirft man die Schutzplane vorsichtig, ohne mit dem Kampfstoff in Berührung zu kommen, nach hinten ab und verlässt rasch das vergiftete Gelände.

3. Entgiftung und Atropinspritze

Ist trotz aller Vorsichtsmaßnahmen Kampfstoff auf die Haut gekommen, muss er unverzüglich mit dem für eine Entgiftung der Haut geeigneten Bestandteil des Entgiftungssatzes neutralisiert werden. Die Entgiftungsmaterialien (Puder und Tupfer) können die Wirkung von Kampfstofftropfen auf der Haut verhindern, wenn sie sofort angewendet werden. Der Einsatz von nervenschädigenden Kampfstoffen erfordert jedoch vorab, dass sofort und vor allen anderen Maßnahmen eine Atropinspritze gesetzt werden muss. Dafür gibt es Spritzen, die für eine Selbstinjektion konstruiert sind. Die Atropingabe verhindert die Sofortwirkung des Nervenkampfstoffes. Eine anschließende Entgiftung betroffener Stellen ist wichtig. Erst dann kann das unmittelbare Abwaschen der vom Kampfstoff gereinigten Stellen unter fließendem Wasser und unter Verwendung von Schmierseife oder flüssiger Seife sowie das Auswechseln der Bekleidung und ein Duschen des dekontaminierten Körpers ebenfalls unter kräftigem Seifeneinsatz erfolgen. Steht für die ersten Dekontaminationsmaßnahmen fließendes Wasser nicht zur Verfügung, dann kann nach der Entgiftung mit Entgiftungspuder und mehrfachen Abtupfen der betroffenen Stellen auch das Wasser aus einer Feldflasche oder einem anderen Wasserbehälter benutzt werden. Es ist sicherzustellen, dass das benutzte Wasser ohne Gefahr für andere Menschen beseitigt wird. Keinesfalls sollte man versuchen, die öligen Tropfen des Kampfstoffes auf der Haut von der Behelfsdekontamination sofort mit Wasser abzuspülen. Man verteilt dadurch den Kampfstoff nur umso mehr auf dem Körper, insbesondere, wenn es sich um einen in Wasser löslichen Kampfstoff handelt.

Atropinspritze

Für die ersten Entgiftungsmaßnahmen und insbesondere für das Setzen der Atropinspritze hat man beim Einsatz nervenschädigender Kampfstoffe nur wenig Zeit. Atropinspritze und Entgiftung sind nur wirkungsvoll, wenn sie innerhalb von höchstens 10 Minuten nach Berührung des Kampfstoffes mit der Haut angewandt werden. Nach einem Sarin-Angriff z. B. muss die Entgiftung innerhalb von 2 Minuten erfolgen, wenn man eine Überlebenschance von 80 % erreichen will. Nach 5 Minuten liegt die Chance bei 30 %. Beginnt die Entgiftung erst nach 10 Minuten, ist die Überlebenswahrscheinlichkeit gegen 0 % gesunken. Diese Zeitangaben lassen erkennen, wie reaktionsschnell man handeln muss, wenn man überleben will.

4. Persönliche Entgiftung

Während der ersten persönlichen Entgiftung (also vor dem Duschen), darf die ABC-Schutzmaske nicht abgesetzt werden, da sonst die Gefahr besteht, aus den Kampfstoffspritzern aufsteigende giftige Dämpfe einzuatmen. Den persönlichen Dekontaminierungsmaßnahmen sollte so rasch wie möglich eine volle Entgiftung in einer dazu eingerichteten Entgiftungsstelle folgen.

Bei einer fachgerechten Entgiftung werden an einer dazu bestimmten Stelle zunächst die Schutzanzüge und die Schuhe nach dem Reinigen ausgezogen und auf einen Lattenrost getrocknet. Dann folgt die übrige Bekleidung. Nun erfolgt der eigentliche Dekontaminierungsvorgang. Diese Maßnahme ist in jedem Fall erforderlich, bevor ein Schutzraum oder ein bisher nicht vom Kampfstoffeinsatz betroffenes Gebiet oder Gebäude betreten wird.

20 Verhalten nach dem Verlassen eines Schutzraumes

Entstrahlung

Auf diese Weise soll vor allem verhindert werden, dass hochgewirbelte radioaktive Partikel über den Atemweg in den Körper gelangen. Es kommt aber auch darauf an, dass die abgedichtete Schutzbekleidung das Eindringen von radioaktivem Staub auf die Haut und womöglich auf Wunden ausschließt.

Vor dem Verlassen des Schutzraumes sind daher

- die Ärmelöffnungen und der Halsausschnitt eines Behelfsschutzanzuges zuzubinden bzw. abzudichten (Wollschal),
- Handschuhe (möglichst Gummi- oder Plastikwegwerfhandschuhe) anzuziehen,
- hohe Gummi- oder Lederstiefel zu tragen, über die man als zusätzlichen Schutz Plastikeinkaufsbeutel streifen kann, wobei die Hosenbeine über die Stiefel und Plastikumhüllung zu ziehen und dicht oberhalb der Stoßkante zuzubinden sind,
- Wunden mit einem sauberen Wundschutz abzudecken,
- Kopfbedeckung (evtl. glatte Gummibadehaube oder Haube aus Plastiktüte) und Brille zu tragen,
- die Ohren mit Wattepfropfen oder ähnlichem Material zu verschließen, wenn die Kopfbedeckung die Ohren nicht mit bedeckt.

Je besser die Abdichtung gelingt, umso geringer ist die Gefahr, dass strahlende Teilchen sich auf der Haut festsetzen. Damit auch der Zutritt radioaktiver Partikel durch Mund und Nase in den Körper verhindert wird – die in dieser Phase schwerste Bedrohung – ist (falls eine ABC-Schutzmaske fehlt) eine

Staubmaske aus Seide oder ähnlich luftdurchlässigem, filterndem Stoff herzustellen. Sie muss Mund und Nase bedecken und nach dem Gebrauch weggeworfen (an geeigneter Stelle vergraben) werden. Nach den Außeneinsätzen ist eine Entstrahlung in jedem Fall zwingend notwendig, um zu verhindert, dass radioaktives Material

- in einen Schutzraum eingeschleppt oder
- in ein Gebiet transportiert und dort verteilt oder
- auf die Bekleidung anderer, bisher nicht verstrahlter Menschen weiterverstreut wird.

Dabei braucht allerdings **nicht** befürchtet werden, dass ein **Mensch, der durch Anfangs- oder Rückstandsstrahlung** Gammastrahlen – **egal in welcher Höhe** – körperlich aufgenommen hat, nun **zum Selbststrahler würde**. Er kann in dieser Hinsicht keinen anderen Menschen gefährden. Er kann dies **nur**, wenn er radioaktiv verstrahlten **Staub** weiterverbreitet.

Im Hinblick auf diese Möglichkeit ist es daher angebracht, außerhalb eines Schutzraumes vorsorglich einen behelfsmäßigen Entstrahlungsplatz mit gesondertem Außeneingang einzurichten. Dies geschieht am besten in einem Waschküchenraum im Keller oder in einem Nebenkeller mit Wasseranschluss und Wasserabfluss oder in einem Bad des Hauses, so weit das Haus nicht durch Luftdruck oder Feuer zerstört ist. Diese Räume können nach dem Absinken der Dosisleistung der Rückstandsstrahlung gefahrlos genutzt werden und in einem von Fallout bedeckten, aber von Zerstörungen nicht betroffenen Gebiet durch die vorhandenen Wasserleitungen und Abwasseranlagen für eine Entstrahlung beste Voraussetzungen bieten.

Den Behelfsentstrahlungsplatz stattet man mindestens wie folgt aus:

- Dusche (wenn nicht bereits vorhanden) oder Schlauchanschluss an die Wasserleitung
- Stielbürsten
- Kleiderbürsten mit rauen Borsten
- Teppichklopfer
- Putzlappen, alte Stoffreste
- Papierhandtücher, mehrere Rollen Haushaltshandtücher aus saugfähigem Papier, Handtücher, Badetücher
- Wandhaken zur Kleiderablage oder entsprechendes Gerüst
- Seife, Schmierseife, Spülmittel, Duschgel
- Bürsten für die Körperreinigung mit weichen Borsten
- Dekontaminationsmittel
- Staubsauger (Wassersauger)
- Behälter zur Aufnahme benutzter Papierhandtücher bzw. der Schutzbekleidung
- Wandhaken zum Aufhängen gereinigter Schutzbekleidung
- Lattenrost zum Abstellen dekontaminierter Stiefel

Dass meine Forderungen zu hoch gegriffen sind, ist mir auch klar, aber man muss das Unmöglichste verlangen, um das Möglichste zu erreichen. Eine Entstrahlung ist auch nach militärischen Kriterien erforderlich, wenn die mit einem Verstrahlungsmessgerät 10 cm vom Körper entfernt gemessene Dosisleistung 10 r/h übersteigt. Die Reinigung des Körpers ist so lange zu wiederholen (eventuell Abschneiden aller Haare am Körper), bis die Werte auf ungefährliche Werte herabgesetzt sind.

Vor dem Betreten des vorstehend beschriebenen Entstrahlungsraumes ist, noch im Freien, eine Grobentstrahlung durchzuführen.

Grundsatz:

- von oben nach unten,
- Wind darf radioaktiven Staub nicht auf die Tür des Behelfsentstrahlungsplatzes zutreiben.

1. Atemschutz bzw. Behelfsatemschutz bleiben aufgesetzt.

- Kopfbedeckung wird in Windrichtung ausgeklopft,
- Schutzbekleidung wird in Windrichtung ausgeklopft (Gerte, Lattenstück, Teppichklopfer),
- Schutzbekleidung wird ausgebürstet,
- Stiefel werden mit Reisigbesen oder Bürste gereinigt, nachdem benutzte Plastiktüten entfernt und in Abfallbehälter geworfen worden sind,
- Handschuhe werden ausgezogen, feucht abgewischt oder weggeworfen.

2. Haare werden ausgeschüttelt oder ausgebürstet (oder möglichst vorher komplett entfernt).

- Atemschutz wird abgenommen. ABC-Schutzmaske wird im Entstrahlungsraum gereinigt, hier daher nur feucht abgewischt.
- Gesicht wird mehrfach mit jeweils gewechseltem feuchtem Tuch oder Papierhandtuch abgewischt. Bei Wasserknappheit können auch trockene Tücher verwendet werden (Augen, Nase und Ohren nicht vergessen!!)
- Mund wird mit sauberer Flüssigkeit ausgespült, Nase kräftig ausgeschnaubt und abgeputzt.
- Schutzmaske oder neuer Behelfsatemschutz wird aufgesetzt.

3. Behelfsentstrahlungsplatz wird betreten.

- Mit Staubsaugern werden der gesamte Schutzanzug und die Stiefel abgesaugt.
- Schutzanzug wird ausgezogen und auf Holzgestell abgelegt oder an Wandhaken aufgehängt, Stiefel werden auf gesondertem Holzgestell abgestellt.
- Schutzmaske wird abgenommen.
- Schutzmaske wird sorgfältig mit Wasser und Dekontaminationsmittel gereinigt. Dabei muss der Filtereinsatz trocken gehalten werden. Die Schutzmaske wird gesondert zum Trocknen aufgehängt.
- Stiefel und Schuhe werden in Bottichen oder unter fließendem Wasser unter Verwendung von Dekontaminationsmittel und Stiefelbürste abgebürstet, anschließend auf Lattenrost zum Trocknen aufgestellt.
- Oberbekleidung wird zum Waschen von Kopf, Oberkörper und Händen ausgezogen und neben dem Ausgang aufgehängt. Bei stärkerer Verstrahlung wird die gesamte Bekleidung, also auch die Unterwäsche, abgelegt.
- Der gesamte Oberkörper oder Körper wird unter der Dusche oder dem Wasserschlauch gründlich von oben nach unten gewaschen. Behaarte Körperteile werden besonders gründlich gereinigt (bzw. rasiert). Behaarte Körperteile sind besonders gefährdet und müssen besonders gründlich gereinigt werden. Ohren und Augen sind gut auszuspülen, Hände mit Bürste und Seife kräftig abzubürsten, Fingernägel sind besonders sorgfältig mit der Bürste zu bearbeiten.

Regel: 2 Minuten Hände abbürsten, Staub und Schweiß vom Körper abspülen, 4 Minuten Kopf und Körper einseifen, dann 2 Min. abspülen.
(Diese Angaben sind lebensnotwendig!!)

- Mund wird erneut mit sauberem Wasser kräftig ausgespült, ohne dass dabei das Wasser verschluckt werden darf.
- Körper wird mit Papierhandtüchern abgetrocknet, Papierhandtücher werden in Abfallbehälter geworfen. Mit Handtüchern wird sodann nachgetrocknet. Benutzte Handtücher werden zur Schmutzwäsche gelegt und später mit dieser gewaschen.
- Sodann werden frische Unterwäsche und die gereinigte, abgelegte Bekleidung angezogen.
- Die alte Unterwäsche wird nicht mehr benutzt, sie wird mit der Schmutzwäsche zusammen gewaschen.
- Abfallbehälter werden vor die Außentür gestellt oder in vorbereitete Abfallgruben geleert.
- Danach kann der Behelfsentstrahlungsraum verlassen und der Schutzraum betreten werden.

Werden alle diese Maßnahmen mit größter Sorgfalt und Gewissenhaftigkeit durchgeführt, dann ist mit einer gesundheitsschädigenden Einwirkung radioaktiver Teilchen nicht mehr zu rechnen.

21 Bedrohung durch biologische Kampfmittel

1. Allgemeines

An den Beispielen von Hiroshima und Nagasaki konnte gezeigt werden, dass die hohe Zahl der Opfer zwar auf die gewaltige Wirkung der Waffe, aber auch auf die Unkenntnis über die Existenz und die Wirkung des neuen Kampfmittels zurückzuführen war. Das gilt in ähnlicher Weise auch für die Bedrohung durch biologische Kampfmittel. Auch hier sind nur dann vorbeugende Maßnahmen und schadensverhindernde bzw. wirkungsmindernde Vorbereitungen möglich, wenn man

- die Art und Wirkung biologischer Kampfmittel kennt und
- weiß, woran die Bedrohung zu erkennen und wie sie zu bewerten ist.

Biologische Kriegsführung bedeutet die militärische Verwendung von Kampfmitteln aus lebenden Organismen und Mikroorganismen oder der von ihnen erzeugten giftigen Stoffwechselprodukte, um durch ihre Wirkung Krankheit und Tod bzw. Vernichtung bei Menschen, Tieren und Pflanzen zu erzielen.
Das bedeutet, dass in erster Linie die Zivilbevölkerung von ihren Auswirkungen betroffen wäre, da insbesondere auch für sie wichtige Zielobjekte wie

- Lebensmittellager
- Wasserspeicher
- große Industriestädte
- Gemüse- und Feldfruchtanbau
- Weiden mit Nutzvieh
- Teiche und Seen als Wasserspeicher für künstliche Bewässerung

- Flüchtlingslager
- militärische Reserveverbände in Lagern und Kasernen

einen im Sinne der Kriegsführung des Gegners hohen Wirkungs- und Ausfalleffekt versprechen würde.

2. Die zu erwartende Bedrohung

Die spezifischen Eigenschaften der verschiedenen biologischen Kampfstoffe und ihre Abhängigkeit von bestimmten Umweltfaktoren lassen die Vermutung zu, dass bei einer biologischen Kriegsführung nur solche widerstandsfähigen (resistenten) Mikroorganismen, Toxine und Pilze eingesetzt würden, deren Ausbringung auch den gewünschten epidemischen Erfolg verspräche. Ihr Einsatz würde auch nur unter den für den Erregertyp günstigsten Umweltbedingungen erfolgen.
Nachstehende Darstellung soll ein (keineswegs vollständiges) Bild über die mögliche und unter Umständen zu erwartende Bedrohung geben.

Erkrankung	Ausgelöst durch	Inkuba- tionszeit	Krankheitsbild
Gelbfieber (Viren)	Moskitos Mücken Aerosole	3 – 6 Tage	Plötzlicher Ausbruch mit Fieber, Kopfschmerzen, Hinfälligkeit, Rücken- schmerzen, Übelkeit, Erbrechen, dann Nasenbluten, blutiges Erbrechen, Gelbsucht. Sehr schwe- res Krankheitsbild. Sterbeziffer: 30 – 40 %

Explosionsartige Verbreitung der Seuche kann die Gesundheitsdienste überfordern.

Enzephalitis (Viren) (Hirnhaut-Entzün-dung)	Zecken Milch von Ziegen Schafe, Kühe	1 – 2 Wochen	Anfangsphase mit leichten Kopfschmerzen, Atmungsbeschwerden, Unwohlsein. Es kommt dann zu starken Kopfschmerzen, Fieber, Übelkeit, Erbrechen,
Japanische Enzephalitis	Tröpfcheninfektion Aerosole		gefolgt von steifem Nacken, anormaler Schläfrigkeit, Fieberwahn, Bewusstlosigkeit, Krämpfen, teilweiser oder völliger Lähmung.

Tod gewöhnlich innerhalb einer Woche. Bei nichttödlichem Verlauf dauert die Krankheit meist nur eine Woche. Die Erholung kann Monate dauern. Lähmung der Arme und des Schultergürtels ist häufig.

Maßnahmen: Impfstoffe gewähren nur bedingten Schutz. Bettruhe, Krankenhauseinweisung, Ungezieferbekämpfung, Milch mindestens 15 Minuten kochen. Arztsache!!

Achtung: In Aerosolform und durch gezielte Verseuchung der Milch eingesetzt, könnte es zu hohen Menschenopfern kommen. Die europäische Abart ist weniger gefährlich.

Sterbeziffer: 0 bis 5 %

Dengue-Fieber (Viren)	Moskitos Aerosole	5 – 7 Tage	Akute, fieberhafte Erkrankung mit plötzlichem Ausbruch. Starke Kopf- und Rückenschmerzen, Schmerzen in den Muskeln und Gelenken. Sterbeziffer: bis 5 %

Maßnahmen: Impfung, Bettruhe, Moskitobekämpfung: Ärztesache!

| Venezo-lanische Pferdeenze-phalitis (Viren) | Aerosole Moskitos | 1 – 2 Wochen | Schweres Krankheitsbild, Arbeitsunfähigkeit. |

Aerosolinfektion führt zu großen Ausfällen. Teilweise tödlicher Verlauf. Erholung bis zu 3 Wochen.
Maßnahmen wie bei Enzephalitis.

| Rift-Valley-Fieber (Viren) | Tiere | 4 – 6 Tage | Schweres Krankheitsbild, plötzliches Fieber, Unwohlsein, Übelkeit, Erbrechen, starke Kopfschmerzen, Muskelschmerzen, Schwindel, 2 – 3 Tage Fieber, 1 – 2 Tage Nachlassen des Fiebers, dann weitere 2 – 3 Fiebertage. Meist nicht tödlich. |

Maßnahmen: Antibiotika, Bettruhe

| Grippe (Viren) | Aerosole | 1 – 3 Tage | Fieber, Atemnot, Schwäche, Kopfschmerzen, Muskelschwund. |

(Möglich sind unbekannte Stämme, Schmerzen Erschöpfung, Kreislaufschwäche. Mutierte, die durch Mutation gezüchtet wurden.) Und neugezüchtete Stämme könnten so gefährlich sein wie bei der Grippeepidemie 1918, während der 20 Mio. Menschen starben. Besonders gefährlich für körperlich geschwächte Menschen. Bei nicht tödlichem Verlauf nur langsame Erholung.
Maßnahmen: Vorbeugende Impfung, Antibiotika, Bettruhe.
Achtung: Aus einer hochinfektiösen neugezüchteten Gattung könnten über große Städte ausgebrachte Aerosole zu Massen-

erkrankungen und hunderttausenden von Toten führen. Gefahr der Panik.

Pocken (Viren)	Aerosole Haftung auf der Haut Direktüber-tragung	9 – 10 Tage	Fieber, allgemeines Krankheitsgefühl, Kopf- und Rücken-schmerzen,
(im Labora-torium in großen Mengen herstellbar, Gefriertrock-nung möglich)			Ausschlag auf der Haut, meist im Gesicht am stärksten, fleckiger Aus-schlag wird knötchen-förmig, dann bläschen-förmig und bildet Pus-teln und Krusten. Hohe Ansteckungsfä-higkeit über Monate und Jahre. Ausschlag stark ansteckend. Sterbeziffer: ungeimpft 30 %

Maßnahmen: Vorbeugender Impfschutz, nach der Anste-ckung sofort isolieren, Bettruhe. Arztsache!
Achtung: In Aerosolform über großen Städten, aber auch auf dem Sabotageweg eingesetzt, könnten Massenerkrankungen bei nicht geimpfter Bevölkerung und eine hohe Anzahl von Toten die Folge sein. Panikgefahr.

Fleck-fieber (Mikro-organismen)	Rickettsien Aerosole	10 – 14 T.	Krankheitsbild schwer und lang andauernd. Schüttelfrost, Glieder- u. Kopfschmerzen, Schwäche. Fieber bis zum Tode oder zur Genesung. 1. Woche leichte Symptome mit Aus-schlag, Steigerung bis

zur Krisis in 2. oder 3.
Woche, Benommenheit,
anfallweise Delirium,
Koma.

Bei Überlebenden können Nervensystem und Herzmuskel schwer geschädigt werden. Sterbeziffer: steigt mit zunehmendem Alter. Kleinkinder: 3 %; zwischen 40 und 50 Jahren: bis 30 %; ältere Menschen: 50 % und mehr.

Maßnahmen: Vorbeugende Impfung, Antibiotika, die auch nach Beginn der Erkrankung wirksam sein können. Arztsache!! Bekämpfung der Läuse.

Achtung: Großangelegter Überraschungsangriff mit Aerosol könnte in einem ausgedehnten Gebiet schwere epidemische Erkrankungen und viele Todesfälle hervorrufen. Panik möglich. Kontaktübertragung von Mensch zu Mensch ist nicht möglich

<u>Nordame-</u> Zecken 3 – 13 T.   In der Wirkung von der
<u>rikanisches</u>   Menge der versprühten
<u>Fleckenfieber</u>   Mikroorganismen einer-
        Rickettsien   seits und der vorbeu-
        Aerosole   genden Impfung und
<u>(Rocky-Mountain-</u>   antibiotischen Behand-
<u>spotted-fever)</u>   lung abhängig. Beginn
                                mit plötzlichen starken
                                Kopfschmerzen, Schüt-

telfrost, Fieber, Schmerzen in Muskeln und Gelenken, Lichtempfindlichkeit, Schwäche, Krämpfe, Zittern, Muskelstarre, Gelbsucht, Delirium, Koma. Am 4. Tag Ausschlag auf dem größten Teil des Körpers. Tödliche Fälle meist in der 2. Woche durch Vergiftung. Schock, Veränderung der Blutgefäße. Nierenversagen.

Sterbeziffer: Ohne Antibiotika bei Erwachsenen: 80 %; bei Kindern: 37 %

Maßnahmen: Vorbeugende Impfung. Antibiotika, ärztliche Betreuung könnte die Sterblichkeit auf 3 bis 7 % senken.

Achtung: Hohe Todesrate bei ausgedehntem Aerosoleinsatz gegen nicht durch Impfung und Antibiotika geschützte Bevölkerung zu erwarten. Massenerkrankungen und Massensterben überfordern medizinische und andere Hilfsdienste. Gefahr der panischen Flucht aus betroffenem Gebiet.

Queenland-Fieber	Tröpfcheninf. Rickettsien Staub Aerosole Milch Milchprodukte Zecken Schafe Ziegen Großvieh	Die Erreger können in der Außenwelt viele Monate lebensfähig bleiben u. sind hochgradig infektiös. Die Krankheit beginnt mit Schüttelfrost, Kopfschmerzen. Appetitlosigkeit. Muskel- u. Brustschmerzen. Dann kann sich der Zustand durch Nacken-/Rückenstreifigkeit, geistige Verwirrung, Lungenentzündung stark verschlechtern. Fieber u. Desorientierung. Sterbeziffer: unter 1 %

Maßnahmen: Hygiene, Nahrungsmittel nur nach gründlichem Kochen essen, Bettruhe, Antibiotika, ärztliche Betreuung.

Achtung: Da sich die Erreger in großen Mengen züchten lassen (auf einen Milliliter gehen 20 Milliarden Mikroorganismen), eignen sie sich besonders zum längerfristigen Ausschalten großer Bevölkerungsteile, ohne tödlich zu wirken.

Einsatz mit dem Ziel denkbar:

- Besetzung des Landes ohne große Gegenwehr
- Erhaltung des Arbeitspotentials

Psittakose (Papageien-krankheit)	Rickettsien Aerosole	10 Tage	Schwere Bronchial- und Lungenerkrankung, Lungenentzündung, Schüttelfrost, Fieber, Halsschmerzen, Verstopfung, Schwäche, Delirium.

Sterblichkeitsziffer: ca. 10 % Menschen über 30 Jahre fallen der Psittakose leichter zum Opfer.

Maßnahmen: Antibiotika, ärztliche Behandlung, Krankenhaus.

Achtung: Hohe Infektionsgefahr bei Ausbringung konzentrierter Aerosole. Bereits ein Erreger genügt zur Infizierung. Nach Mailloux und Vandt würden 12 mit Psittakose infizierte Eier ausreichen, um genügend Erreger zur Vergiftung der gesamten Weltbevölkerung zu erzeugen.

Pest (Beulenpest) (Bakterien)	Flöhe Aerosole Tröpfchen-infektion	2 – 6 Tage 3 – 4 Tage	Beulenpest: hohes Fieber, Schock, geistige Verwirrung, akute und schmerzhafte Schwellung der Lymphknoten an der Eintrittsstelle der Bakterien, Entkräftung, Delirium, Koma.
(Lungenpest)			Sterblichkeit: 100 %

Maßnahmen:

- Vorbeugende Impfung (wirkt nur gegen Beulen-, nicht gegen Lungenpest), Impfimmunität kann durch besonders massive Infektion durchbrochen werden.
- Isolierung, Arztsache!!
- Ungezieferbekämpfung, Hygiene, Sauberkeit
- Ausrottung der Nagtiere (Ratten, Mäuse), da sich hier Pestherde bilden können.

Achtung: Potentielles Kampfmittel, da schwere Krankheit mit hoher Sterblichkeitsziffer und großer Infektionsgefahr, vor allem bei Lungenpest. Jede Berührung von Kranken bedeutet Gefahr der Ansteckung. Bei massiver Ausbringung wäre die große Mehrheit der Bevölkerung eines Landes innerhalb von 20 bis 30 Tagen indizierbar, wobei 60 bis 70 % nicht überleben würden. Panik aus Furcht vor dem „Schwarzen Tod" denkbar.

Milzbrand (Bakterien) (Sporen)	Hautinfektion Aerosole Nahrung	1 Tag	Bei Infektion über die Haut Pustelbildung, dann bis 2 Wochen Blutvergiftung (Sepsis). Sterblichkeit: 20 %

Bei Infektion über die Luftwege oder mit der Nahrung stürmischer Verlauf mit Vergiftung. Sterblichkeit: über 80 % bei Menschen und Nutzvieh nach 2 bis 3 Tagen.

Maßnahmen: Immunisierung der Bevölkerung durch Schutzimpfung z. Z. undurchführbar – Antibiotika wirken nur begrenzt. Isolierung. Arztsache!

Achtung: Potentielles Kampfmittel. Erreger bilden sehr widerstandsfähige Sporen, die in der Außenwelt jahrzehntelang ansteckend bleiben. Laborzüchtung unbegrenzt möglich. Infektion auch durch Kontakt mit erkrankten Tieren, deren Produkten oder durch Einatmen infizierten Staubes aus Tierfellen, aber auch von konzentrierten Aerosolen möglich. Betroffene Gebiete sind noch lange verseucht/kontaminiert. Panik denkbar!

Tularämie (Bakterien)	Aerosole	1 – 10 Tage	hochinfektiöser, sehr umweltresistenter Erreger, der durch Haut, Augenbindehautgewebe und über Atmungs- bzw. Verdauungssystem in den Körper gelangt.
(Hasenpest)	Nagetiere, insbes. Kaninchen, Hasen		

Sterblichkeit allgemein:
25 – 30 %

Allgemeine Symptome: Schüttelfrost, Übelkeit, Erbrechen, Fieber, Entkräftung; bei Eintritt über die Haut und Augenbindehaut: Schwellungen der in diesem Bereich liegenden Lymphdrüsen, Fieber, Unwohlsein; bei Eintritt über die Verdauungsorgane: typhusähnliche Erscheinungen; bei Eintritt über die Atemwege: Lungenentzündung, Rippenfellentzündung. In diesem Fall hohe Todesrate (40 – 60 %, wenn nicht behandelt).

Maßnahmen: Vorbeugende Impfung, hochgradig wirksames Gegenmittel, wenn 1 Std. nach Kontakt gegeben: Streptomycin oder Tetracyline. Arztsache!

Achtung: Besonders geeignetes Mittel für die biologische Kriegsführung. Ausbringung in Aerosolform einfach. Dadurch weitflächige Verseuchung von Wasser und Nahrungsmitteln möglich. Die Züchtung von Stämmen, die gegen Antibiotika resistent sind, ist möglich.

Brutzellose (Bakterien)	Aerosole	1 – 4 Wochen	Chronische Infektion bei Menschen und Haustieren mit Schüttelfrost,
-Abortus:	Rinder, Körperkontakt		Fieber, Kopfschmerzen, Appetitlosigkeit,
-suis:	Schwein, Nahrung		Niedergeschlagenheit, äußerster Erschöpfung,
-melitensis:	Schaf, Ziege		Gliederschmerzen, Schweißausbrüchen,
	Tröpfcheninfektion		die monatelang anhalten können.
			Sterbeziffer: unter 2 %

Rückfälle in periodischen Abständen jahrelang möglich. Invalidität mit Leberschaden und Knochenkomplikationen zu erwarten. Wochen, ja Monate andauernde Arbeitsunfähigkeit.

Maßnahmen: Antibiotika, ärztliche Behandlung, evtl. Krankenhaus.

Achtung: Für die biologische Kriegsführung besonders geeignet, wenn Widerstand gebrochen, die Arbeitskraft aber nur vorübergehend geschwächt werden soll. Ziel: Erhaltung des Arbeitspotentials.

Typhus (Bakterien)	Aerosole Nahrung	1 – 2 Wochen	Unwohlsein, Kopf schmerzen, Fieber, Schwäche, Leibschmerzen, Ausschlag, hohes Fieber, Delirium.

3 – 5 % infizierter Personen bleiben lebenslang Bazillenträger und bilden ständige Ansteckungsquelle.

Sterbeziffer: Unbehandelt: 10 %; behandelt: unter 1 %

Maßnahmen: Isolierung, Arztsache! Antibiotika, Chlorierung oder Abkochen des Wassers.

Cholera (Bakterien) (Sporen)	Insekten (besonders Fliegen) Körperkontakte Nahrung	3 – 4 Std. 5 Tage	Schwerer und heftiger Krankheitsverlauf, schmerzhafte Darmentleerungen, Erbrechen, Erschöpfung, großer Flüssigkeitsverlust, Austrocknung des Körpergewebes, Blut in den Adern dickt ein, Kreislaufzusammenbruch, rascher Tod.

Sterbeziffer: unbehandelt allgemein 20 – 60 %; Kinder und alte Menschen bis zu 90 %.

Maßnahmen: Vorbeugende Schutzimpfung, Isolierung, Antibiotika, Hygiene, Ungeziefervernichtung; Arztsache! Wasser nur nach 15 min. Abkochen trinken, da Wassertemperatur von 60 °C und höher die Cholerabakterien vernichtet.

Wirksame – primitive – Abhilfe: Unmittelbar nach Krankheitsausbruch Verabreichung von Wasser bis zu 10 Liter innerhalb weniger Stunden. Im Wasser sollen Salz, Soda und Zucker gelöst sein. Nach D. Thierbach ist kaum eine andere Therapie wirksamer, da so die Flüssigkeits- und Salzverluste ausgeglichen werden. Bei schneller Behandlung auf diese Art soll es kaum noch Todesfälle geben.

Achtung: Die Erreger der Cholera sind sehr resistent gegen normale Umwelteinflüsse. Sie halten sich wochenlang im Wasser und finden sich massenweise im Stuhl erkrankter Menschen. Sie sind jedoch empfindlich gegen trockene Wärme und ultraviolettes Licht (Sonne). Jede Berührung von Erkrankten oder deren Bekleidung kann zur Ansteckung führen.

<u>Ruhr</u> (Bakterien)	Insekten	wenige Stunden	Ähnlich dem Krankheitsbild der Cholera, jedoch wesentlich leichterer Verlauf.
	Körperkontakte Nahrung	5 Tage	Gute Heilungsaussichten.

Sterbeziffer: ungeimpft und unbehandelt bis zu 20 %

Maßnahmen: vorbeugende Schutzimpfung, Ungeziefervernichtung, Hygiene, Isolierung, Antibiotika. Arztsache!

Achtung: Jedes Berühren erkrankter oder von deren Bekleidung kann zur Ansteckung führen. Stuhl Erkrankter sofort desinfizieren und erforderlichenfalls vergraben. Nahrungsmittel können von Fliegen verseucht sein.

<u>Mykosen</u> (Pilze verschiedener Art)	Aerosole Staub	–	Fieber, Schüttelfrost, Husten, Schmerzen im Brustkorbbereich, Kopf- und Rückenschmerzen, Abszess, Arbeitsunfähigkeit.

Wirkung nur schwer abschätzbar, da vorbeugende und heilende Mittel weitgehend fehlen.

Sterbeziffer: bis zu 50 %

Maßnahmen: Krankenhaus, Arztsache!

Achtung: Hochkonzentrierte Aerosole mit Choccidioidomykose, Blastomykose, Cryptococcose, Histoplasmose könnten ausgedehnte Infektionen bewirken.

Botulismus (Toxine)	Aerosole – Nutzpflanzen Fleisch	Erbrechen, Verstopfung, Durst, Kopfschmerzen, Fieber, Schwindel, Doppelsehen, Lähmungen der Augen-, Schlund- u. Kehlkopfmuskeln, Lähmungen des Atemzentrums, Tod.

Sterblichkeit: 65 – 100 %; Tod nach 36 – 48 Stunden

Maßnahmen: Arztsache! Nahrungsmittel und Wasser abkochen, da Toxin bei 100 °C abstirbt.

Achtung: Es handelt sich beim Botulismustoxin um die giftigste biologische Substanz, die in geringsten Mengen zu großen Ausfällen bei der Bevölkerung führen würde (US-Quellen zufolge genügen 28 g, um die Bevölkerung von Kanada und der USA zu vernichten!!!!).

Besonderheiten und Eigenschaften der in vorstehender Übersicht erwähnten Krankheitserreger werden zum allgemeinen Verständnis nachstehend kurz erläutert:

Viren:

Sie sind die kleinste Form nachweisbaren Lebens und bisher nur unter dem Elektronenmikroskop sichtbar. Auf lebenden Nährböden lassen sie sich züchten. Durch genetische oder chemische Veränderungen können Stämme mit höherer Ansteckungsfähigkeit oder größerer Stabilität gegenüber Umwelteinflüssen gezüchtet werden. Sie sind empfindlich gegen Sonnenlicht und unempfindlich gegen Kälte und übliche Desinfektionsmittel. Getrocknet und staubförmig verteilt, bleiben sie ansteckungsfähig. Überstehen Menschen und Tiere eine Viruserkrankung, so bieten die im Blut gebildeten Immunkörper lang Zeit Sicherheit

Rickettsien:

Sie sind Mikroorganismen, die eine Erregergruppe zwischen Viren und Bakterien bilden. Auch sie gedeihen wie Viren nur auf lebenden Nährböden. Sie sind sehr wärmeempfindlich, widerstehen aber gut chemischen Pflanzenschutzmitteln.

Bakterien:

Sie lassen sich leicht in großen Mengen auf toten Nährböden züchten. Bakterien sind zwar im Allgemeinen empfindlich gegenüber Antibiotika, aber es gibt auch resistente Stämme. Durch genetische Veränderungen kann man einige Erregerarten unempfindlich gegen Sonnenlicht und Austrocknung machen. Bakterien sind unter dem optischen Mikroskop als Stäbchen, Kugeln, kommaförmig oder schraubenartig ausgebildet sichtbar. In Haufen oder Ketten auftretende Bakterien werden Kokken genannt. Man kennt bisher etwa 6.000 Bakterienarten mit vielen Untergruppen. Stäbchenförmige Bakterien, die Sporen bilden, nennt man Bazillen (z. B. Cholera). Die Sporen sind sehr widerstandsfähig gegenüber Umweltbedingungen. So vertragen manche Sporenarten noch Temperaturen bis zu minus 250 °C.
Trotz schlechter Umweltbedingungen bleiben Sporen monate- und jahrelang infektionsfähig. Bei verbesserten Umweltbedingungen produzieren sie plötzlich wieder Krankheitskeime.

Toxine:

Bei ihnen handelt es sich um giftige Zerfall- oder Ausscheidungsprodukte verschiedener Erreger (Bakterien). Sie haben oft in geringsten Mengen tödliche Wirkung (0,025 mg des Tetanustoxins sind für den Menschen absolut tödlich). Toxine werden über Erreger auf toten Nährböden produziert. Sie sind widerstandsfähig, haltbar und unempfindlich gegen Umwelteinflüsse.

Pilze:

Pilze sind niedere Pflanzen, die vorwiegend gegen landwirtschaftliche Erzeugnisse, aber in einigen Formen auch gegen Menschen und Tiere hochwirksam eingesetzt werden können. Ihre Sporen sind durch Windverfrachtung weit verteilbar. Dazu erwähnenswert ist, dass im Rahmen einer möglichen biologischen Kriegsführung aus diesen Krankheitserregern künstlich veränderte oder Kombinationen von stark wirksamen Erregerstämmen eingesetzt werden könnten, ohne dass Gegenmittel bekannt oder rasch herstellbar wären. Epidemien könnten sich ungehindert und mit verheerenden Folgen ausbreiten. Selbst gegen die heute bekannten Erreger, die als Kampfstoffe eingesetzt werden könnten, sind nur begrenzt wirksame vorbeugende und nach der Infizierung einsetzbare Impfmittel (Seren) und chemotherapeutische Mittel (Antibiotika) vorhanden, deren Schutz darüber hinaus durch den Einsatz hochkonzentrierter Kampfmittel durchbrochen werden kann. Erschwerend wäre bei einer explosionsartig auftretenden Epidemie der Mangel an Krankenhäusern, Ärzten und Pflegepersonal. Im Kurztext für ungeschützte Personen: mindestens ca. 1/3 aller Beteiligten GAME OVER!

22 Chemische Kriegsführung und deren Gefahren

1. Allgemein

Vorweg ist hier zu erwähnen, dass chemische Waffen

1. vom militärischen Standpunkt aus hochwirksam sind,
2. vom politischen Standpunkt aus außerordentlich widerwärtig sind,
3. vom menschlichen Standpunkt aus abzulehnen sind.

Man kann davon ausgehen, dass die Sowjetunion etwa 100 Übungsplätze für chemische Kampfführung besitzt und dass sie auch reduzierte Dosen von chemischen Giften in bestimmten Einzelfällen bei Übungen einsetzen lässt, um die Soldaten mit nahezu realistischen Verhältnissen zu konfrontieren. Nach Angaben im „Military Review" kann unterstellt werden, dass die Sowjetarmee genügend chemischen Kampfstoff besitzt, um im Krieg mit der NATO 30 Tage lang bis zu einer Tiefe von 500 km chemische Kriegsführung zu praktizieren.

(Man bedenke: diese und andere produzierte Waffen sind zwar alt, aber bei einer normalen bzw. wie beschriebenen Einsatzbereitschaft sind solche Waffen allzeit einsatzbereit und hochwirksam. Übertriebenerweise gesehen: wenn die USA auch über Laser gesteuerte Waffensysteme oder Ufo-artige Flugzeuge besitzt, nützt es der Bevölkerung wenig, da bei geringen Mengen eine Massenerkrankung auftritt und dann der Tod einsetzt. Je älter die biologischen oder chemischen Waffen sind, umso weniger werden bei uns Gegenmittel hergestellt bzw. Gegenmaßnahmen ergriffen. Die Taktik der Gegner ist: solange der Gegner die Gefahr nicht erkennt, desto besser kann man ihn überraschen.

Hier noch ein kleines Anregungsbeispiel: Wird ein Pferd, ein Mensch oder Elch, die ja ziemlich groß sind, von einem Skorpion, einer Giftspinne oder -schlange gebissen, sterben sie auf qualvolle Weise, da sie den Impfstoff nicht haben!)

Diese Angaben sind absolut glaubhaft, da die Rote Armee voll auf eine Angriffsunterstützung mit chemischen Kampfstoffen eingestellt ist. Dass man bei der Ausbildung konsequent und wirklichkeitsnah vorgeht, zeigen Beispiele aus dem Zweiten Weltkrieg. In der Schlacht von Kursk beispielsweise trugen Verbände der Steppenfront acht Stunden lang ununterbrochen Gasmasken, und im Winter 1943/44 wurden 40.000 Mann zur Dekontaminationsausbildung Senfgas ausgesetzt. Der Westen wäre im Konfliktfall beim Einsatz chemischer Mittel durch die UdSSR z. Z. kaum in der Lage (sowie auch in der Zukunft), eine angemessene Antwort mit gleichen Mitteln glaubwürdig anzudrohen. Es ist anzunehmen, dass die militärischen Führer der Roten Armee das wissen. In der Kriegsführung hatte man im Übrigen errechnet, dass chemische Waffen außerordentlich wirkungsvoll und rationell seien, da man an herkömmlicher Munition aller Kaliber und Arten etwa 5.000 Schuss benötigte, um einen Menschen zu töten, während man mit einem Einsatz von 23 Schuss Senfgasgranaten das gleiche Ziel erreichen könnte.

2. Gasarten

So wurden damals von den Alliierten gegen die Deutschen und umgekehrt diese Waffen eingesetzt oder zumindest bis zur Einsatzreife entwickelt:

- Chlorgas
- Phosgen-Gas (sechsmal giftiger als Chlor, gilt als tödlich wirkender Kampfstoff)
- Hydrogebzyanid (schnell wirkender und hochgiftiger, rasch flüchtiger Kampfstoff)

212

- Chlorpikrin, Cyanchlor, Phenolarsenwasserstoff, Tränengas (chemische Reizmittel mit unbedeutender Wirkung auf dem Gefechtsfeld)
- Senfgas (hautschädigender Kampfstoff, der beim Einatmen tödlich wirken kann und in Tropfenform schwere Hautschäden und Blindheit hervorruft)
- Lewis (stark ätzender Kampfstoff, der dem Senfgas ähnelt, aber schneller wirkt)

Im Verlauf des Krieges stellte sich heraus, dass

- Phosgen,
- Hydrogebzyanid und
- Senfgas (Lewisit)

die wirkungsvollsten Kampfstoffe waren. Sie sollen sich noch heute in einem Waffenarsenal befinden.
Ein Beispiel:
Bei einem VX-Angriff (Nervenkampfstoff), der unter günstigen äußeren Bedingungen mit etwa 4 t VX-Kampfstoff in Aerosolform über einer ungewarnten Großstadt auf die ungeschützte Bevölkerung durchgeführt würde, müssten in einem Bereich von etwa 40 km² mehrere Hunderttausend Menschen sterben. Eine wahrhaft apokalyptische Vorstellung, die atomaren Schreckensbildern in nichts nachsteht.

3. Bedrohungszeitraum und Einsatzgebiete

Chemische Kampfstoffe sind chemische Mittel, die in

1. gasförmigem,
2. flüssigem oder
3. festem

Zustand wegen ihrer unmittelbar giftigen Wirkung gegen Menschen, Tiere oder Pflanzen eingesetzt werden können. Man unterscheidet unter Berücksichtigung der Beständigkeit von Kampfstoffen im Freien zwischen

1. flüchtigen Kampfstoffen und
2. sesshaften Kampfstoffen.

1: Flüchtige Kampfstoffe sind solche, die einen niedrigen Siedepunkt und eine hohe Verdunstungsfähigkeit haben. Sie gehen sofort nach ihrer Freisetzung in dampfförmigen Zustand über, mischen sich mit der sie umgebenden Luft zu einer Giftwolke, treiben in der jeweils vorhandenen Windrichtung ab und lösen sich – je nach Kampfstoffart, meteorologischen Bedingungen und Geländegegebenheiten – nach relativ kurzer Zeit so weit auf, dass die Kampfstoffkonzentration ihre schädigende Wirkung verliert. Man sagt, dass ist der Wirkungszeitraum von wenigen Minuten bis zu 4 Stunden.

2: Sesshafte Kampfstoffe haben einen hohen Siedepunkt und geringe Verdunstungsfähigkeit. Sie behalten in hohem Maße ihre flüssige Zustandsform bei und treten, je nach Einsatzart und Einsatzmittel, in öligen oder zähflüssigen, klebrigen Tropfen oder Lachen auf. Sie können fest an der Oberfläche von Bewuchs, Bekleidung oder im Freien vorhandenen Gegenständen haften. Sie verdunsten nur langsam, wobei die Verdunstungsdämpfe auch nicht unmittelbar betroffene Gebiete vergiften können. Die Sesshaftigkeit einiger der gefährlichsten flüssigen Kampfstoffe sind mind. 30 Minuten bis max. 16 Wochen hochwirksam.

Einsatzgebiete:
Unterstellt man, dass ein Gegner durch einen massiven Überraschungsangriff mit chemischen Giften in hoher Konzentration gelähmt und destabilisiert wird sowie dass ihm hohe Verluste beigebracht und darüber hinaus seine Kampfmoral entscheidend getroffen werden soll, dann wird der Angriff ohne

Rücksicht auf völkerrechtliche und moralische Bedenken, ohne Rücksicht auch auf die Zivilbevölkerung, bis weit in die Tiefe des feindlichen Hinterlandes mit dazu ausgewählten, jeweils besonders geeigneten Kampfstoffen treffen:

- Häfen
- Flugplätze
- Kasernen
- Depots
- Verpflegungslager
- Verkehrsknotenpunkte (Schiene u. Straße)
- Verschiebebahnhöfe
- kriegswichtige Industriekomplexe

Der Angreifer wird

- Großstädte,
- wichtige Ortsdurchfahrten,
- auch zur Erzeugung einer Panik unter der Bevölkerung – mit chemischen Mitteln – zu treffen versuchen, und er wird auf dem eigentlichen Operationsgebiet den Widerstand der feindlichen Truppen durch gezielten Einsatz auf
- Gefechtsstände höherer Stäbe,
- Stellungsräume der Artillerie sowie der Flugabwehr und Luftverteidigung,
- Einsatzräume von Atomwaffenträgern,
- Verfügungsräume für Reserven,
- Engstellen im Gelände (Brücken, Unterführungen usw.)
- Geländeabschnitte, die unpassierbar gemacht werden sollen,

nachhaltig zu brechen versuchen. Diese willkürliche, keineswegs vollständige Auflistung zeigt, dass dem Einsatz chemi-

215

scher Kampfmittel durch einen rücksichtslosen und zu allem entschlossenen Angreifer kaum Grenzen gesetzt sind.

4. Wirkung und Maßnahmen

Grobübersicht der Maßnahmen allgemein:

- Am besten helfen ABC-Schutzmasken und die dazugehörigen Schutzanzüge sowie die im Schutzraum vorhandenen Lüfteranlagen, wie schon beschrieben.
- Im Allgemeinen gilt: immer sofort den betroffenen Bereich verlassen, wenn keine ABC-Schutzmaske vorhanden ist.
- Behelfsmäßig schützen nasse Tücher die Atmungsorgane, nicht aber die Augen.
- Außerhalb betroffener Bereiche verschwinden die störenden Symptome an frischer Luft von selbst.
- Es kommt auch immer darauf an, wie lange die Substanz eingeatmet und in welcher Höhe die Konzentration des Mittels war.

23 Einteilung der chemischen Kampfstoffe in Gruppen

1. Reizstoffe
2. Lungenschädigende Kampfstoffe
3. Hautschädigende Kampfstoffe
4. Nervenschädigende Kampfstoffe
5. Blutschädigende Kampfstoffe
6. Psychokampfstoffe
7. Pflanzenschädigende chemische Stoffe
8. Brandstoffe und Nebelstoffe

Diese können natürlich auch miteinander vermischt sein.

1. Reizstoffe

- Augenreizstoffe, Tränengase (Weißkreuz)
- Nasen- und Rachenreizstoffe (Blaukreuz)
- Reizstoffe mit kombinierter Wirkung (Reizstoff CS)

Diese Stoffe sind Maskenbrecher, da sie die damals anfänglich benutzten Filter durchdrangen und Brechreiz und Hustenreiz hervorriefen. Dadurch wurde das Absetzen der Maske erzwungen. Nachfolgend eingesetzte lungenschädigende Kampfstoffe konnten dann ungehindert ihr tödliches Werk vollenden. Die heute verwendeten ABC-Schutzmasken – wenn vorhanden und rechtzeitig aufgesetzt – schützen vor diesem Kampfstoff absolut sicher. Gegen ungeschützte Menschen sind Nasen-Rachen-Reizstoffe weiterhin als (nicht dauerschädigend) stark behindernde Kampfstoffe wirksam. Ihr überraschender Einsatz könnte bewirken, dass die ABC-Schutzmaske anschließend nicht aufgesetzt werden kann. Die Folgen beim danach durchgeführten Einsatz hochgiftiger Lungen- oder blutschädigender Kampfstoffe kann sich jedermann vorstellen.

Maßnahmen:

- Sofort den betroffenen Bereich verlassen, wenn keine ABC-Schutzmaske vorhanden ist.
- Behelfsmäßig schützen nasse Tücher die Atmungsorgane, nicht aber die Augen.
- Außerhalb betroffener Bereiche verschwinden die störenden Symptome an frischer Luft von selbst, ohne dass Dauerschäden entstehen (es sei denn, Gas wurde unmittelbar in die Augen gesprüht, was zu schweren Entzündungen führen kann).

2. Lungenschädigende Kampfstoffe sind:

- Phosgen (Grünkreuz)
- Perstoff
- Chlorpikrin

Auch Chlorgas gehört zu dieser Gruppe.

Dauer:
Im Sommer: 15 – 20 Minuten im Freien/Geländevertiefungen, Wäldern, Höfen, Hausuntergeschosse usw.
Im Winter: 2 – 3 Std. Die Flüchtigkeit ist um ein Mehrfaches geringer als bei warmer Witterung. Erkennung: **Phosgen und Perstoff** sind farblose Gase, die in niedriger Konzentration nach frisch gemähtem Gras (Heu), fauligen Äpfeln oder modrigem Laub riechen.
Der Geruch wird bei höherer Konzentration stechend und reizt die Atemwege.

Wirkung:

- Schleimhäute im Augen- und Atmungsbereich werden flüchtig gereizt.

218

- Lungengewebe wird angegriffen, die Lungenbläschen verengen sich, akute Lungenentzündung setzt ein, Lungenödem. Lungenerweiterung und Gewebetod der Lungenbläschen und der Luftröhre folgen.
- In den ersten Stunden nach der Einatmung sind kaum Symptome erkennbar. Dann beginnen steigende Atemlosigkeit, Husten, verstärkte Atemnot, Erstickungsgefühl, Durst, Erbrechen, Schmerzen in der Brust, Schaumbildung am Mund, extreme Schwäche, geistige Desorientierung, Bewusstlosigkeit, Krämpfe. Schließlich folgt der Tod durch Herzversagen.
- Selbst kleinste Dosierungen können – wenn auch nicht zum Tod – zu chronischen Folgeerscheinungen führen. Hohe Konzentrationen bewirken zusätzlich Bindehautentzündung, Hornhauttrübung und Sehstörungen. Atmet man für die Dauer von einer Minute ein Phosgen/Luftgemisch mit einer Konzentration von 5 mg pro Liter Luft ein, dann wirkt diese Dosis tödlich.

Erkennung:
Chlorpikrin ist eine farblose, ölige, stechend riechende Flüssigkeit, deren Dämpfe eine sofortige Reizung der Augenbindehaut bewirken. Die sonstige Wirkung entspricht der von Phosgen.

Maßnahmen:

- Bei Vergiftung ist rasche Arzthilfe erforderlich.
- Ein absolut sicher wirkendes Gegenmittel ist z. Z. nicht bekannt, der Arzt kann in der Latenzzeit Kreislaufmittel geben und medikamentös mit 0,5 mg/intravenös THAM eine Stabilisierung versuchen.
- Erstmaßnahmen: Ruhigstellung, Sauerstoff, frische Luft, Wärme, keine künstliche Beatmung, da wegen des Lungenödems sinnlos.

- Erholt sich der Erkrankte, ist nicht mit Dauerschäden zu rechnen.
- Die Genesung dauert Wochen und Monate.

3. Hautschädigende Kampfstoffe sind:

- Schwefel-Lost (Gelbkreuz)
- Stickstoff-Lost
- Lewis
- Phosgenoxim (Nesselstoff)

Erkennung:

Lostarten/Lewisit bestehen aus einer öligen Flüssigkeit von gelblicher bis brauner Farbe. In besonders reiner Form kann es wässrig hell aussehen und nahezu geruchlos sein. Normalerweise riechen

- Schwefellost nach Senf (Senfgas), Meerrettich, Zwiebeln oder Knoblauch,
- Stickstofflost und Lewisit nach Geranien.

Durch Beimischung bestimmter Substanzen kann die Sesshaftigkeit von Lost erheblich erhöht werden (Zählost), das Gift kann in diesem Fall über längere Zeit hinweg, vor allem bei warmem Wetter, in Dampfform abgegeben werden. Lost ist in der Lage, in seiner flüssigen Form Stoffe und die Haut zu durchdringen. Selbst Schutzanzüge verhindern auf Dauer nicht, dass Lost sie durchdringt.

Wirkung:
Dämpfe:
100 mg/min./m²: außer Gefecht setzende Augenschäden
200 mg/min./m²: Schwere Hautverbrennungen
1.500 mg/min./m²: tödliche Atmungsdosis

220

Flüssiges Senfgas: 4 – 5 g auf die Haut = tödliche Dosis
Tröpfchen von einigen Milligramm auf die Haut: Kampfunfähigkeit. Höchstdosis wirkt akut auf das zentrale Nervensystem und bewirkt nach Krämpfen raschen Tod.
Normale Einsatzdosierung:

- Bei Einwirkung zunächst keine Beschwerden und Anzeichen
- Frühsymptome: Bluten aus der Nase
- Eindeutige Symptome zwischen ein und drei Stunden nach der Einwirkung sind fortschreitendes Wundsein in den Augen, Nasenfluss, Niesen, Heiserkeit, Husten. Nach 4 – 16 Stunden gleiche Symptome, aber verstärkt, qualvolle Symptome. Lostspritzer im Auge = Augenverlust, Lostdämpfe im Auge = zeitweilige Erblindung. Es folgen:
- Übelkeit, Brechreiz, Erbrechen
- Schmerzen in der Oberbauchgegend, Durchfall
- Hautjucken, Hautausschläge, dunkle Hautrötung
- Blasenbildung auf der Haut
- Steigerung und Verschlimmerung aller Symptome nach 24 Std.
- In seltenen Fällen bereits am ersten Tag tödlicher Ausgang
- Am zweiten Tag weiter gesteigerte Symptome
- Fieber, rascher Puls, schnelle Atmung
- Tod zwischen 2. Tag und 4 Wochen

Geringe Dosierung:
Hautrötung, Blasenbildung. Die Blasen können in 2 – 3 Wochen heilen. Geschwüre heilen gewöhnlich nach 6 – 8 Wochen ab. Furunkel sind im Blasenbereich möglich. Körperliche Schwäche senkt die Widerstandskraft gegen Infektionskrankheiten. Grippe, Lungenentzündung, Tuberkulose können hin-

zutreten und den Tod herbeiführen. Im Überlebensfall sind Spätfolgen (Lungenkrebs) möglich.

Da **Lost** billig und einfach herzustellen ist, muss trotz weitaus wirksamerer chemischer Kampfstoffe auch mit dem Einsatz von Lost gerechnet werden. Man kann unterstellen, dass die USA und die UdSSR über entsprechende Bestände verfügen.

Maßnahmen:

- Es gibt z. Z. noch keine vorbeugenden medizinischen Mittel gegen die Wirkung von Lost.
- Lostspritzer sofort abtupfen.
- Verwendung von Chlorpräparaten und Schmierseife zur Beseitigung von Lost von der Haut.
- Verseuchte Bekleidung sofort wechseln.
- Lostverseuchtes Gebiet sofort verlassen.
- Dekontamination
- Arzthilfe
- Blasen wie Brandblasen behandeln.
- Schmerzlinderung

Schutz:

- ABC-Schutzmaske und Ausrüstung
- Schutzraum mit Filteranlagen, wie bei allen anderen chemischen Bedrohungen

Behelfsmäßig:

- Alle aus Gummi gefertigten Bekleidungsstücke: Badehaube, Taucheranzug, Surfanzug, Gummistiefel usw.

Phosgenoxim wirkt ähnlich wie Lost, besteht jedoch aus farblosen Kristallen, die mit einem unangenehmen, penetranten und stechenden Geruch verdunsten. Der Kampfstoff ist sehr flüchtig und wirkt als Reizstoff, als Lungen- und als Hautgift.

4. Nervenschädigende Kampstoffe

- G-Kampfstoffe wie Tabun, Sarin, Soman
- V-Kampfstoffe wie VX

Mit ihrem Einsatz muss bei einem Konflikt immer gerechnet werden. Sowohl die G- als auch die V-Kampfstoffe wirken hauptsächlich auf das Nervensystem sowie auf lebenswichtige Enzymsysteme und auch direkt auf das Blut. Verbesserte Kampfstoffe dieser Art durchdringen auch in gasförmigem Zustand die menschliche Haut und wirken in geringster Dosierung bereits absolut tödlich.

Tabun: Dies ist eine Flüssigkeit von rotbrauner Farbe und riecht bittermandelähnlich oder fischartig. Seine Flüchtigkeit ist gering, und es ist etwa so sesshaft wie Schwefellost. Tabundämpfe wirken infolge ihrer hohen Giftigkeit bereits in geringer Konzentration als Atemgift. Es wird auch unmittelbar über die Haut oder über die Augenschleimhäute im Körper aufgenommen.

Sarin: Eine farblos bis gelbliche Flüssigkeit. Diese ist fast geruchlos und mit Wasser mischbar. Das flüssige Gift ist bei gewöhnlicher Temperatur flüchtig und entwickelt einen farb- und geruchlosen Dampf. Es ist giftiger als Tabun und kann durch jeden Teil der Körperoberfläche absorbiert werden, wobei die Aufnahme am schnellsten als Dampf oder Aerosol über die Atemwege oder die Bindehaut erfolgt.

Wirkung:

Eine tödliche Sarin-Konzentration wirkt innerhalb einer oder einiger Stunden. Hohe Konzentrationen können jedoch den Tod bereits nach wenigen Minuten herbeiführen. Der Tod tritt dann durch Atmungs- und Kreislaufkollaps ein. Ein Milligramm (ein winziges, unscheinbares Tröpfchen) verdampftes, eingeatmetes und absorbiertes Sarin wirkt bereits als tödliche Dosis. Führt eine Sarindosis nicht zum Tod, dann muss mit Dauerlähmung wegen Rückentwicklung der Rückenmarksubstanz oder anderen Schäden im Zentralnervensystem gerechnet werden.

Soman: Eine gelbbraune Flüssigkeit, ist im Vergleich zu Sarin sesshafter und noch giftiger. Bei Aufnahme von Soman in flüssiger Form über die Haut ist für eine tödliche Wirkung eine geringere Menge erforderlich als bei Sarin und Tabun.

VX-Kampfstoff: (Entspricht annähernd dem VR-55-Kampfstoff der Sowjetunion) Ist eine farb- und geruchlose Flüssigkeit. Der sehr gering flüchtige und außerordentlich sesshafte Kampfstoff eignet sich zu langandauernder Vergiftung von Gelände (ca. 16 Wochen), Objekten, Ortschaften, Flugplätzen, Kasernen und Industrieanlagen mit schwerwiegenden Folgen für die im Einsatzbereich lebende Zivilbevölkerung. VX wirkt in erster Linie als Kontaktgift, d. h. durch Aufnahme des Giftes über die Haut. Als Aerosol ausgebracht, ist VX aber auch ein überaus gefährliches Inhalationsgift. Man schätzt, dass die geringe Konzentration von 5 – 10 mg Aerosol pro Minute in einem Kubikmeter Luft bei einer Aufnahme über die Atemwege bereits eine tödliche Wirkung hat. VX wird von Pflanzen sehr leicht aufgenommen und bleibt in diesen sehr lange wirksam. Es kann daher auch über die Nahrungskette in den Körper des Menschen gelangen und dann tödlich wirken. Bereits eine Dichte von 0,5 bis 5 mg pro Quadratmeter VX auf dem Boden stellt eine tödliche Gefahr für Menschen ohne Schutzbekleidung dar. Ein sehr kleines Tröpfchen VX (2 – 10 mg) auf der Haut, das nicht sofort entfernt wird, führt zum Tod. Da sein Eindringen in die Haut ohne Schmerzen vor sich geht, kann eine Vergiftung erfolgt sein, bevor Symptome auftreten. Die Wirkung tritt nach sehr kurzer Wartezeit ein.

Man kann davon ausgehen, dass

- Sarin zweimal so giftig ist wie Tabun,
- Soman zwei- bis dreimal so giftig ist wie Sarin und
- VX fünfmal so giftig ist wie Soman.

<u>Wirkung:</u>
Ein nur geringfügig betroffener Mensch erholt sich dann in ein oder zwei Tagen. Die ersten Wirkungserscheinungen nervenschädigender Kampfstoffe sind:

- Hautreizungen
- Störungen des Sehvermögens
- Brustbeklemmung
- Laufende Nase

Die Anfangssymptome folgen rasch:

- Atembeschwerden
- Erbrechen
- Blaugefärbte Lippen und Fingernägel
- Verlust der Kontrolle über alle Muskeln
- Krämpfe
- Tod durch Ersticken, da die für die Atmung nötigen Muskeln nicht mehr gesteuert werden können

Treten erste Wirkungserscheinungen auf, ist der Zeitpunkt für Gegenmaßnahmen in den meisten Fällen überschritten. Hilfe dürfte es dann nicht mehr geben.

<u>Schutz:</u>
Ein Schutz gegen Nervenkampfstoffe ist wegen ihrer hohen Toxizität (Giftigkeit) und infolge ihrer raschen Wirkung sehr

schwierig, eine Dekontamination sehr umständlich und mit Behelfsmitteln nur schwer möglich:

- Völlige Bedeckung des gesamten Körpers mit Gummianzug bzw. ABC-Schutz. Sie bietet einen zeitlich begrenzten Schutz.
- Aufenthalt in ABC-sicherem Schutzraum.

Einsatz von Ost und West bei einer chemischen Kriegsführung höchst wahrscheinlich.

<u>Maßnahmen:</u>

Sofort nach Kontakt mit Nervenkampfstoff:

- **<u>Atropinspritze</u>** setzen.
- Erforderlichenfalls mehrfach wiederholen.
- Vor dem Einsatz von nervenschädigenden Kampfstoffen in sechsstündigem Abstand jeweils 4 Oxime-Tabletten nehmen.
- Ärztliche Behandlung ist nur unmittelbar nach dem Kontakt mit Nervenkampfstoff wirksam.
- Künstliche Beatmung über längere Zeit durchführen.

5. Blutschädigende Kampfstoffe sind:

- Arsenwasserstoff (SA)
- Blausäure (AC)
- Cholorcyan (CK)

Arsenwasserstoff ist ein farbloses, nach Knoblauch riechendes Gas, das aus eigens dazu hergestellten Arseniden durch die Einwirkung von Luft und Bodenfeuchtigkeit entweicht und dadurch über längere Zeit wirksam sein kann.

Blausäure ist eine farblose Flüssigkeit, die einen eigenartigen, betäubenden Geruch hat, der bei starker Verdünnung an Bittermandel erinnert. Bei höherer Konzentration wird der Geruch durch sofortige Lähmung der Geruchsnerven oft nicht wahrgenommen. Blausäure, in hoher Konzentration eingesetzt, ist eines der stärksten und am schnellsten wirkenden Giftgase. Es gelangt in erster Linie durch Atmung in den Körper, wobei eine Dosis von 1,5 bis 2 mg pro Liter Atemluft bereits absolut tödlich wirkt. Blausäure ist in Wasser beliebig löslich. Die Wirkung von Blausäure ist in zwei Formen möglich und zwar als

- Sofortwirkung oder
- verzögerte Wirkung.

Sofortwirkung:
Sie tritt bei hoher Kampfstoffkonzentration dadurch ein, dass der Betroffene im Augenblick der Vergiftung zusammenbricht und das Bewusstsein verliert. Auf Krämpfe und schwere Atem- und Herztätigkeitsstörungen folgt die Lähmung des zentralen Nervensystems. Der Tod tritt in wenigen Minuten ein.

Verzögerte Wirkung:
Folge einer geringeren Konzentration an Blausäuregas – kann von einigen Minuten bis zu einigen Stunden dauern. Zunächst macht sich ein metallener Geschmack im Mund bemerkbar. Speichelfluss und Brennen in den oberen Atemwegen folgen. Kurzatmigkeit, Schwindelgefühl, allgemeine Schwäche und panikartige Angst werden von zunehmendem Mangel an Fähigkeit, die eigenen Bewegungen zu koordinieren, begleitet, bis das Bewusstsein schwindet. Unter Krämpfen und Muskelzucken tritt der Tod ein.

Chlorcyan ist ein stechend riechendes Gas, das in seiner Wirkung etwa der von Blausäure entspricht, wenn es in höheren Dosen aufgenommen wird. Schon in sehr geringer Konzentration hat es eine starke Reizwirkung auf Augen und Atemwege.

<u>Wirkung:</u>
Ist insgesamt wie eine Kombination aus Blausäure und Lungenreizstoff. Das Atmungszentrum wird angegriffen und rasch gelähmt. Die Wirkung zeigt folgendes Erscheinungsbild:

- Augenreizung, Tränenfluss
- Nasen- und Rachenreizung
- Husten, Engegefühl in der Brust
- Schwindel, wachsende Atemnot
- Krämpfe, Brechreiz
- Zwanghafte Blasen- und Stuhlentleerung
- Bewusstlosigkeit
- Versagen der Atmung
- Tod innerhalb weniger Minuten

Achtung: Man muss darauf eingestellt sein, dass insbesondere Kampfstoffe dieser Gruppe zu Beginn eines Konfliktes überraschend eingesetzt werden, um einen Gegner bereits zu treffen und auszuschalten, bevor ABC-Schutzmittel genutzt werden können.
Weil diese Kampfstoffe sehr flüchtig sind, kann ein Angreifer das vergaste Gelände bereits relativ kurze Zeit nach dem Kampfstoffeinsatz auch ohne Schutzmaske betreten. Da bereits im Frieden in allen Industrieländern hohe Produktionskapazitäten für die Herstellung dieser industriell benötigten Giftstoffe bestehen, dürfte es keine Schwierigkeiten bereiten, auch im Konfliktfall große Mengen für die chemische Kriegsführung bereitzustellen.

<u>Maßnahmen:</u>

- Sofortige Arzthilfe, sofort beatmen, frische Luft
- Verabreichung von Amylnitrat oder Thiosulfat

6. Psychokampfstoffe (kampfunfähig machende Kampfstoffe)

- LSD
- Mescaline
- BZ

Wirkung allgemein:
Wirken auf das Zentralnervensystem des Menschen und beeinflussen dessen seelischen Zustand und seine körperliche Handlungsfähigkeit. Diese Stoffe sollen weder töten noch Dauerschäden verursachen. Sie sollen betroffene Menschen nur vorübergehend handlungsunfähig machen. Genaue Wirkungen sind jedoch beim Menschen nie exakt vorhersehbar. Diese Kampfstoffe wirken durch Aufnahme über die Atmungsorgane oder über die Haut, aber auch durch das Trinken verseuchten Wassers. Wegen der vollen Löslichkeit, z. B. von LSD in Wasser, ohne dass das Vorhandensein nachweisbar ist, eignen sie sich auch, in geringen Mengen eingesetzt, hervorragend für Sabotagezwecke.

LSD ist eine farblose, kristalline Verbindung, die in gasförmiger oder in Wasser gelöster Form eingesetzt werden kann. Es widersteht im Trinkwasser jeder Reinigung durch Abkochen oder Chlorung. Beim Einatmen bewirkt LSD in einer Konzentration von 10 – 100 mg pro Minute in einem Kubikmeter Luft bereits einen Zustand, der bis zur völligen Hilflosigkeit führen kann. Erste Symptome treten etwa nach 30 – 60 Minuten ein. Der Höhepunkt der Wirkung wird nach 3 ½ Stunden erreicht. Die Wirkung kann bis zu 12 Stunden anhalten. Sie kann sich abgeschwächt an den folgenden Tagen wiederholen.

Wirkung:
- Körperlich: Schwindel, Schwäche, Zittern, Übelkeit, Schläfrigkeit, verzerrtes Sehen.

- Wahrnehmungssymptome: Überscharfer Gehörsinn, verändertes Farben- und Formgefühl (Betroffene riechen Musik, hören Farben und fühlen Gerüche).
- Psychische Wirkung: Veränderte Gemütsverfassung (im ständigen Wechsel hohe Glückseligkeit, tiefe Traurigkeit, Apathie und explosive Reizbarkeit), Gespanntheit, falsches Zeitgefühl, Schwierigkeiten in der Artikulation, Zerstörung der Persönlichkeit, Halluzinationen, Verfolgungs- und Größenwahn.

Mescaline: Diese sind ähnlich, aber schwächer, es wirkt das aus einer bestimmten Kakteenart gewonnene Mescaline. Es führt zu einer Art Schizophrenie, solange die Droge wirkt. Für die Kampfführung ist es weniger, für Sabotagezwecke besser geeignet.

Maßnahmen:
Ärztliche Behandlung mit einem wirksamen Gegenmittel ist möglich, aber bei einem Masseneinsatz kaum rechtzeitig durchführbar.
Betroffene müssen ruhen, sie sollten duschen und die Bekleidung wechseln, um sich von Kampfstoffresten zu befreien.

BZ-Kampfstoff ist ein neu entwickelter psychoaktiver Kampfstoff, der aus weißen Kristallen besteht, die durch Verschwelen Aerosole freisetzen. BZ wirkt über die Atmungsorgane auf das Gehirn des Menschen, wurde eine ausreichende Konzentration eingeatmet.

Wirkung:
Nach 1 – 4 Stunden:

- Übermäßige Herzfunktion
- Schwindel, Erbrechen, trockener Mund, verzerrtes Sehen
- Verwirrung bis zum Stumpfsinn

Nach 4 – 12 Stunden:

- Unfähigkeit, auf Umgebungsreize zu reagieren oder sich kontrolliert zu bewegen

Nach 12 – 96 Stunden:

- Zunehmende Lebhaftigkeit
- Zielloses, nicht vorhersehbares Verhalten
- Allmähliche Rückkehr zum Normalzustand nach 2 und mehr Tagen

Nach Ansicht sowjetischer Fachleute wird gerade diesen chemischen Kampfstoffen von Seiten der USA große Bedeutung beigemessen, auch wenn darüber offiziell wenig berichtet wird. Im Übrigen bietet die ABC-Schutzmaske gegen Psychokampfstoffe in gasförmigem Zustand ausreichenden Schutz.

7. Pflanzenschädigende chemische Stoffe

Pflanzenschädigende Kampfstoffe dieser Art sind Chemikalien, die

- das Wachstum der Pflanzen durch Gewebeschädigungen behindern,
- Unfruchtbarkeit von Obstplantagen und Gemüsefelder bewirken,
- zur Entlaubung von Wäldern führen,
- Wachstumsentartungen hervorrufen,
- Erntevernichtung verursachen,
- Weideland vergiften und
- die Unfruchtbarkeit des Bodens zur Folge haben können.

Über die tatsächliche Langzeitwirkung dieser Stoffe auch gegen Menschen ist noch wenig bekannt. Der Verdacht, dass sie langfristig auch Krebs begünstigen könnten und durch den Dioxingehalt auch zu Missbildungen bei Ungeborenen führen, wird durch die Ereignisse in Vietnam und durch Tierversuche zumindest nicht auszuschließen sein. Wenn pflanzenschädigende Kampfstoffe wie eingangs festgestellt auch keine unmittelbaren Sofortwirkungen bei Menschen auslösen, so muss nach diesen Erkenntnissen doch befürchtet werden, dass Spätschäden eintreten können.

8. Brandstoffe und Nebelstoffe

Brandstoffe

Zu den einsetzbaren Brandstoffen zählen:

1. **Thermit**, das Temperaturen bis zu 2.400 °C erzeugt.
2. **Magnesium**, das mit blendend weißem Licht bei etwa 2.000 °C verbrennt.
3. **Weißer bzw. plastischer Phosphor**, der nach Selbstentzündung an der Luft mit verhältnismäßig niedriger Temperatur unter starker, weißer Rauchentwicklung verbrennt. Phosphorvergiftungen sind durch die Dämpfe möglich.
4. **Flammöle**, die durch Zusätze haftfähig gemacht werden, so dass sie an getroffenen Objekten kleben.
5. **Napalm**, das mit Temperaturen von 900 bis 1.000 °C unter dicker, schwarzer Rauchentwicklung verbrennt. Phosphorzusatz ist möglich.

Wirkung:
Hitze, Kohlenmonoxidvergiftung, Erstickungs- und Verbrennungswirkung haben sie seit jeher zu gefährlichen Mitteln der Kriegsführung gemacht. Anwendung finden diese Mittel überwiegend bei der Zivilbevölkerung.

Menschen, in deren unmittelbaren Nähe Napalmbomben gezündet werden, haben keine Überlebenschance. Die sofort einsetzenden unmittelbaren hohen Hitzegrade führen rasch zum Tod. Aber auch in der Nähe eines Brandbereiches kann für die betreffenden Personen als Folge der verschiedenen Brandstoffe der Tod eintreten, da das Feuer akuten Sauerstoffmangel bewirken kann. Das kann auch für Menschen gelten, die sich zwar in Schutzräumen befinden, deren Schutzbelüftung jedoch Kohlenmonoxid aus Bränden ansaugt und in der Deckung konzentriert. Bei Bränden in der Nähe eines Schutzraums muss daher der Luftansaugfilter der Schutzbelüftung für einige Zeit geschlossen werden. Bei neuen Anlagen wird eine sich automatisch schließende Feuerklappe, die in dem oben genannten Fall die Luftzufuhr unterbricht, automatisch aktiviert.

Nebelstoffe

Zu den Nebelstoffen zählen:

1. **Nebelöle**, die beim Einsatz durch Verdampfen in der Luft weißen Nebel bilden.
2. **Nebelsäure**, die aus einem Gemisch aus Chlor und Schwefelverbindungen besteht, das in Verbindung mit der Luftfeuchtigkeit weißen Nebel erzeugt.
3. **Feste Nebelstoffe**, die gesondert gezündet werden müssen und grauen oder mit Farbzusätzen farbigen Nebel erzeugen können.
4. **Weißer Phosphor**, der sich an der Luft selbst entzündet und dichten weißen Nebel erzeugt (Phosphorvergiftungen sind möglich).

Nebel kann zur Tarnung von Objekten, aber auch von taktischen Absichten eingesetzt werden. Er kann aber auch zur Tarnung des Einsatzes biologischer oder chemischer Kampfstoffe dienen. Beim Auftreten von Nebel aus künstlichen Quellen sollte daher sofort die Schutzmaske angelegt werden.

Radius

Es ist davon auszugehen, dass sich der Kampfstoff bei Nacht am weitesten ausdehnen kann. Die geringe Verwirbelung der Luftschichten als Folge abgeschwächter Temperaturunterschiede und die nächtliche Abkühlung auch des Bodens verhindern ein rasches Emporsteigen des Kampfstoffes in die Atmosphäre. Er wird somit durch den geringen, aber gleichmäßigen Wind in Bodennähe über große Entfernungen verteilt:
- 10 km in 2 Stunden
- 30 km in 5 Stunden
- 80 km in 12 Stunden

Es ist ab 30 km – 80 km davon auszugehen, dass sich in diesem Bereich Kampfstoffnester in Tälern, Senken und in allgemeinen Vertiefungen befinden.

Dieser Sachverhalt legt den Gedanken nahe, dass, um einen Überraschungserfolg zu erzielen und die Wirkung vor allem auch gegen ungeschützt schlafende Menschen auszunutzen, Kampfstoffe zunächst bei Nacht oder in kühlen, nebligen Morgenstunden eingesetzt werden.

24 Schutz gegen biologische Kampfmittel

Allgemeines

Nach den bisher getroffenen Feststellungen scheint es mindestens ebenso schwer zu sein, einen biologischen Krieg, wenn er sich zum totalen Krieg dieser besonderen Kategorie menschlicher Vernichtungskunst ausweiten sollte, zu überleben. Wie das unbeschadete Überstehen einer atomaren Auseinandersetzung. Der biologische Krieg ist nicht berechenbar, nicht beherrschbar, kennt nur seine eigenen Gesetze oder die der Umweltbedingungen. Er kennt sicher keine Landesgrenzen, trotzdem wäre es unverantwortlich, sich nicht auch auf diesen undenkbaren Fall einzustellen. Die hierfür erforderlichen Maßnahmen kann man in 2 Abschnitte unterteilen, nämlich in:

- Erkennen biologischer Kampfmittel und Anzeichen für deren Einsatz und
- Signale und Schutzmaßnahmen, Desinfektion und Behandlung.

Erkennen biologischer Kampfmittel und Anzeichen für deren Einsatz

Gravierende Verdachtsgründe könnten sein:

- Tiefflieger, die bei anbrechender Dunkelheit, bei Nacht oder in den frühen Morgenstunden Dampf oder nebelförmige, aber auch staubähnliche Stoffe absprühen;
- Tiefflieger, die verdächtige Behälter abwerfen oder mit Bremsfallschirmen absetzen, wobei besonders auffällig das Zerfallen der Behältnisse in offene Teilbehälter sein dürfte. (Eine schwache Detonation oder ein Splittern von Glas ist möglich.)

- Abwurf großkalibriger Bomben aus großer Höhe, die wenige hundert Meter über der Erde von Fallschirmen stabilisiert und entweder kurz vor dem Aufschlag in der Luft oder auf dem Boden zerlegt werden;
- Raketen, die kurz vor dem Aufschlag noch in der Luft mit dumpfer Detonation in große Teilstücke zerfallen;
- Bomben, Raketen oder Granaten, die sich mit schwachem Knall in dünnwandige, großflächige Splitter und Teilstücke zerlegen;
- Ballons, die zu Boden gehen und nebel- oder staubförmige Aerosolwolken ausstoßen oder als Transportgut Tier-Käfige landen, die sich nach dem Aufprall auf der Erde automatisch öffnen;
- Spuren einer geleeartigen, geruchlosen Substanz in verschiedenen Farben auf Geschosssplittern, Gefäßen oder im Bereich zerlegter Metall- oder Glasbehälter mit Pflanzen und Erde;
- Örtlich begrenzter geruchloser rauchartiger Nebel unbekannter oder ungewöhnlicher Art ohne unmittelbare Wirkung;
- Eine ungewöhnlich hohe Zahl kranker oder toter Haustiere auf Weiden (Rinder, Schafe, Pferde usw.), das Massensterben von Geflügel und Vögeln sowie von Rehwild, Hasen, Füchsen und anderen wild lebenden Tieren;
- Flächenweise krank aussehende Vegetation, vor allem bei Nutzpflanzen, die ihr Aussehen in kurzer Zeit verändern.

Diese Indizien müssen nicht immer ein sicheres Beweismittel für den Einsatz biologischer Kampfmittel sein, aber Vorsicht ist bei dem Auftreten solcher Anomalien geboten.

Signale und Schutzmaßnahmen, Desinfektion und Behandlung

Es ist zweifellos schwer, sich gegen etwas schützen zu wollen, dessen Vorhandensein man erst an seinen Auswirkungen und meist zu spät erkennt.

Zu rechnen ist meist mit Warnungen durch ABC-Alarm-Signale (Alarmsirenen durch Feuerwehren) und durch Rundfunkdurchsagen.

Das Signal beim Einsatz biologischer Kampfstoffe besteht aus einem auf- und abschwellenden Heulton von einer Minute Dauer, der zweimal in gleichen Zeitabständen unterbrochen wird. Nach 30 Sekunden wird das Signal wiederholt, so dass die Gesamtdauer 2 Minuten und 30 Sekunden beträgt. Das Signal fordert auf, sofort Schutz aufzusuchen und das Radio einzuschalten, um nähere Informationen zu erhalten, bis die Entwarnung erfolgt (eine Minute Dauerheulton). Den besten und sichersten Schutz bietet nach der Alarmierung der Aufenthalt in einem mit einer Filteranlage ausgestatteten Schutzraum (wie bereits ausführlich beschrieben) oder auch in einem abgedichteten Raum eines Hauses.

Sauberkeit:

So oft es möglich ist, sollte heiß geduscht oder gebadet und dabei viel Seife benutzt werden. Der Körper und die Kopfhaare sind unter dem heißen Wasser abzubürsten (am besten entfernen), die Zähne sind mit Zahnpasta (evtl. mit Holzkohlenstaub vermischt) zu bürsten und danach ist der Mund kräftig und mehrfach mit heißem Wasser auszuspülen. Die Hände und vor allem die Fingernägel sind insbesondere vor dem Essen und nach der Toilettenbenutzung mit einer Nagelbürste kräftig in heißem Wasser abzubürsten. Anschließend sollte der Körper mit einer 70%igen Alkohollösung oder anderen wasserlöslichen Desinfektionsmittel abgewaschen werden, um noch verbliebene infektiöse Keime abzutöten.

Abfall und Müll:
Alle Abfälle sind in geschlossenen Behältern aufzubewahren, bis sie abgeholt oder verbrannt oder vergraben werden können.

Desinfektion:
Wo immer möglich sollten selbst beschaffbare Desinfektionsmittel bereitgehalten werden, mit denen viele biologische Erreger abgetötet werden können (Jodpräparate, Chlorungsmittel, Essigsäure, Formaldehyd usw.). Aber auch durch Einsatz von Wärme kann eine Abtötung der Mehrzahl der Bakterien, Vieren, Parasiten und Pilze erreicht werden. Durch 10-minütiges Erhitzen bzw. Kochen bei 100 °C werden viele dieser Erreger vernichtet und unschädlich gemacht. Ist der Erreger nicht bekannt, dann ist ein mehrstündiges Kochen oder Erhitzen erforderlich, da Bakteriensporen und bestimmte Vieren (z. B. Gelbsuchtvirus) sowie einige Toxine erst nach mehrstündiger Kochzeit bei über 100 °C absterben.

Die Desinfektion von Trinkwasser kann neben dem Abkochen (15 Minuten) zusätzlich durch Zugabe von Jodtropfen oder Chlortabletten erfolgen. Das Wasser ist dann bedenkenlos genießbar. Aus Vorsichtsgründen sollte man allerdings bereits beim Beginn von Spannungszeiten auch Wasser aus öffentlichen Wasserleitungen grundsätzlich nur abgekocht genießen, da es durch gezielte Sabotage ohne Vorwarnung verseucht worden sein könnte (8 Tropfen 2,5 % Jodlösung auf einen Liter Wasser oder 10 mg Chlor pro einen Liter Wasser für die Dauer von 30 Minuten einwirken lassen).

Auch Lebensmittel kann man durch Erhitzen auf 100 °C für die Dauer von 15 bis 20 Minuten keimfrei machen. Befindet sich die Verpflegung in geschlossenen Behältern (Konservendosen, Einmachgläsern, Flaschen, Plastiktüten usw.), so können sie durch biologische Erreger nicht verseucht sein. Die Verpackung ist vor dem Öffnen jedoch mit Desinfektionsmittel zu reinigen. In einem möglicherweise verseuchten Gebiet sollte man auf keinen Fall Beeren und Feldfrüchte roh essen. Sie müssen vor dem Genus immer abgekocht werden.

Insektenbekämpfung:
Da Insekten als besonders gefährliche Überträger von Krankheitskeimen gelten oder gezielt eingesetzt werden können, sind

- Fliegen
- Stechmücken
- Flöhe
- Mücken
- Läuse (vor allem Kleiderläuse)
- Zecken

mit den jeweils am besten geeigneten Insektiziden zu bekämpfen.

Reinigung der Bekleidung:
Mann muss damit rechnen, dass Bekleidungsstücke durch biologische Kampfmittel verseucht sind, dann hilft 15-minütiges Kochen oder das Einweichen in einer Chlorlösung. Die Bekleidung ist anschließend gut auszuspülen und, wenn möglich, gut ausgebreitet an der Sonne zu trocknen. Viele Erreger vertragen Sonnenlicht nicht. Die getrocknete Bekleidung muss anschließend kräftig gebügelt werden, wobei die Temperatur des Bügeleisens so zu wählen ist, dass der zu bügelnde Stoff sie gerade noch verträgt.

Die Einwirkung von chemischen Kampfstoffen auf Wasser und Lebensmittel

Wasser

Lediglich gut gegen die Außenwelt abgesicherte und abgedichtete Tiefbrunnen liefern Wasser, gegen dessen Genuss keine

Bedenken bestehen. Gibt es jedoch keinerlei Ausweichmöglichkeit bei der Getränkebeschaffung (durch Vorratshaltung) – die Gefahr des Verdurstens ist in Mitteleuropa eine kaum vorstellbare Lage –, wenn man nicht auf Oberflächenwasser zurückgreift, dann muss man versuchen, möglichst Wasser aus schnell fließenden Gewässern zu entnehmen, die aus einem Bereich kommen, der nicht vom Kampfstoffeinsatz betroffen war. Das Wasser wird nun gefiltert, indem man es durch einen selbst gefertigten Behelfsfilter laufen lässt. Hierzu verwendet man eine, in einem unten durchlöcherten Gefäß (Blechdose, Eimer, Plastikwanne usw.) eingelegte größere Anzahl von Schichten aus Stoff, grobkörnigen und feinkörnigen Sand, Holzkohle und wiederholt das Verfahren mit einem zweiten ähnlichen Filter. Das so gewonnene Wasser wird sodann gechlort oder mit Jod versetzt und anschließend 15 Minuten gekocht, wobei aus Sicherheitsgründen die Dämpfe nicht eingeatmet werden sollten. Vor dem Genuss des so gereinigten Wassers sollte trotzdem ein Tiertest den Nachweis erbringen, dass das Wasser genießbar ist. Man kann aber auch nach einem Kampfstoffeinsatz während einer Regenperiode mit zweifelsfrei nicht durch Kampfstoff verseuchten Plastik- oder Gummidecken Regenwasser auffangen, sofern keine Gaskonzentration in der Luft das Regenwasser vergiftet hat, und mit diesem Wasser einen Vorrat schaffen oder ergänzen. Die aus der Darstellung erkennbare Ungewissheit, in einer solchen Lage nach dem Einsatz chemischer Waffen im Freien einwandfreies Trinkwasser zu beschaffen und das große Risiko, sich bei einer improvisierten Entgiftung trotzdem noch schwer schädigen zu können, lassen eigentlich nur den Schluss zu, sich durch ausreichend große Vorratshaltung an Getränken über längere Zeit hinweg unabhängig zu machen. Auch hier gilt die Feststellung, dass Vorsorge und Vorbeugen besser sind als der Versuch nachträglicher, zweifelhafter Entgiftungsmaßnahmen.

Lebensmittel

Die Einwirkung der vergifteten Chemikalien ist abhängig

- von der Verpackung (Konserven, Gläser, Kunststoff, Pappe, Papier, unverpackt),
- von Art, Form und Zustand des Kampfstoffes (fest, flüssig, gasförmig),
- von der Beschaffenheit der Lebensmittel (Zustand der Oberfläche, fetthaltig, wasserhaltig, körnig usw.).

Wie bereits dargelegt, ist es analog zur Bevorratung von Getränken in jedem Fall ratsam, stets einen für mindestens 14 Tage ausreichenden Notvorrat an Lebensmitteln bereitzuhalten. Dabei ist in erster Linie auf dessen geschützte Lagerung zu achten, da vergiftete Lebensmittel nur unter großen Schwierigkeiten für den menschlichen Genuss wieder zuträglich gemacht werden können. Alle luftdicht verpackten und in luftdicht verschlossenen Hartbehältern aufbewahrten Lebensmittel sind vor chemischen Kampfstoffen geschützt (Konservendosen, Einmachgläser, Metall-, Porzellan-, Steingutbehälter und Flaschen usw.). Um weniger gut geschützte Lebensmittel behelfsmäßig kampfstoffsicher zu verpacken, kann man sie in Aluminiumfolie oder in metallbeschichtetes Papier einpacken und dann in einer dicken Kunststoff-Folie einschweißen. Während Wursthüllen aus Naturdarm flüssige Kampfstoffe sofort durchlassen, halten Kunststoffhüllen einige Zeit S-Lost, N-Lost und G-Kampfstoffe, nicht jedoch Lewisit zurück. Da man nicht immer die Einwirkungszeit von Kampfstoffen auf Wurst kennt, scheint es immer angebracht, von Kampfstoffspritzern berührte Wurst grundsätzlich zu vernichten und nicht zu essen. Das Risiko einer Vergiftung wäre zu groß. Kampfstoffspuren, die sich auf der festen Verpackung von Lebensmitteln befinden, können mit den üblichen Dekontaminationsmitteln beseitigt werden. In Feldmieten eingelagerte Kartoffeln oder sonstige Feldfrüchte, die mit einer dicken Erdschicht abgedeckt waren, können bedenkenlos gegessen werden, wenn die Erde vorsichtig abgetragen und entfernt wird. Zur zusätzlichen Abdeckung benutztes Material (Stroh, Heu, Folie, Dachpappe usw.) ist vorsichtig zu entfernen und zu verbrennen. Dabei ist darauf zu achten, dass man sich stets auf der der Windrichtung abgewandten Seite aufhält, da der Rauch Giftstoffe enthalten könnte. Wurden ungeschützt gelagerte Lebensmittel von gasförmigen Kampfstoffen, z. B. Blausäure, Chlorpikrin, Phosgen oder Chlor, getroffen, dann können sie durch gründliches Lüften verwertbar gemacht werden, wenn auch chlorhaltige Kampfstoffe eine unangenehme Geruchskomponente hinterlassen können. Nach sowjetischen Erkenntnissen kann Fleisch, das ungeschützt gasförmigen Kampfstoffen ausgesetzt war, dadurch genießbar gemacht werden, dass nach längerem Lüften die Fettschicht rundum beseitigt und anschließend das Fleisch in einer zweiprozentigen Sodalösung 30 Minuten lang gekocht wird. Auch Butter und Fett können genutzt werden, wenn man eine 1,3 bis 1,5 cm dicke Außenschicht abschneidet und vernichtet. Es wird nur die äußere Schicht der Lebensmittel durch gasförmige Kampfstoffe vergiftet, wenn diese längere Zeit eingewirkt haben. Die Vergiftung hält sich normalerweise nicht länger als 24 Stunden, gerechnet vom Augenblick des Verbringens in eine giftfreie Umgebung. S-Lost und N-Lost zersetzen sich im Laufe der Zeit und werden damit ungiftig. Man sollte es aber niemals auf einen Versuch mit Lebensmitteln ankommen lassen, die von diesen Giftarten getroffen wurden, auch wenn schon längere Zeit seit dem Kampfstoffeinsatz vergangen sein sollte. Auch hier ist das Risiko, einer verbliebenen Restgiftmenge zu erliegen, zu groß. Durch Dämpfe von Nervenkampfstoffen werden nicht geschützte Lebensmittel erst nach längerer Einwirkungszeit vergiftet. Aber auch in diesem Fall sollte man nur im äußersten Notfall solche Lebensmittel durch 2-stündiges Kochen entgiften. Hierbei muss mit größter Vorsicht zu Werke gegangen werden, da der beim Kochen entstehende Wasserdampf hochgiftig sein kann. Sind Lebensmittel längere Zeit Lewisitdämpfen oder anderen arsenhaltigen Gasen (Arsenwasserstoff) ausgesetzt gewesen, dann sind sie nicht mehr zu genießen, da der Arsengehalt eine lang anhaltende Vergiftung bewirkt. (Bereits 0,05 mg Arsen auf 100 cm^2 Lebensmitteloberfläche führen zur Genussuntauglichkeit, während 0,1 mg Arsen für den Menschen bereits tödlich wirken.) Es ist weiterhin zu beachten, dass sich Chlorpikrin in Fett löst, d. h. dass die Oberseiten/Schichten von Speck oder Schinken abzutragen und zu vernichten sind. Das gilt auch, wenn sich staubförmiger Kampfstoff auf Lebensmitteln abgelagert hat (z. B. Adamsit, Chloracetophenin). Derartige Kampfstoffe können von Kartoffeln, Rüben, Tomaten, Früchten mit glatter Oberfläche (Äpfeln, Birnen usw.) abgewaschen und unschädlich gemacht werden. Gelangen flüssige Kampfstoffe auf ungeschützte Lebensmittel, erhöht sich die Vergiftungsgefahr. Dabei ist das Eindringvermögen des Giftstoffes in das jeweilige Lebensmittel von dessen Bindungsfähigkeit (z. B. Zucker, Salz Mehl, Gries usw.) und der Wasser- und Fettlöslichkeit des Kampfstoffes abhängig. Lost bleibt auf der Oberfläche von Fleisch einige Zeit liegen, ohne einzudringen. Dagegen ist Lewisit nach kurzer Zeit vom Fleisch absorbiert. Einzelne Losttropfen dringen in ungeschütztes Getreide bis zu einer Tiefe von 1 cm ein, während größere Mengen des gleichen Kampfstoffes in wenigen Sekunden bis zu 1 cm, in fünf Minuten bis zu 3 cm und in einer Stunde bis zu 5 cm tief einsickern.

Unter Beachtung dieser Werte kann in Silos oder in Säcken von Kampfstoff getroffenes Getreide dadurch wieder verwertbar gemacht werden, dass man – aus Sicherheitsgründen – die obersten Schichten in 8 bis 10 cm Stärke vorsichtig abhebt und vernichtet und das darunter liegende Restgetreide wäscht, trocknet und gut belüftet. Wird in Säcken gelagertes Mehl oder Salz oder in gleicher Form aufbewahrter Zucker von Lostspritzern getroffen, dann sollte man die Säcke von außen gut anfeuchten, so dass eine dicke Schicht des Inhalts an den Sackwänden klebt und festklumpt. Der trocken gebliebene Inhalt aus der Mitte kann, wenn er sofort entnommen wird, weiterverwendet werden. Wenn man längere Zeit mit der Entnahme zögert, besteht die Gefahr, dass mit der vordringenden Feuchtigkeit auch Kampfstoff weiter nach innen sickert. Nach sowjetischen Quellen muss man damit rechnen, dass Tropfen von hautschädigenden und nervenschädigenden Kampfstoffen in nichtgeschütztes, im Freien gelagertes Fleisch und in Feldfrüchte bis zu einer Tiefe von 2 cm und in Grütze, Getreide und Zucker bis zu einer Tiefe von 7 cm eindringen. Diese Angaben decken sich wie vorstehend dargelegt mit westlichen Erkenntnissen. Aus Vorsichtsgründen sollte man daher als Sicherheitsgrenze immer 5 bzw. 10 cm wählen. Da diese Gifte in Fett und Öl tief eindringen und sich teilweise auch mit ihnen vermischen, muss von deren Genuss bei Vergiftungsverdacht grundsätzlich abgeraten werden. Weniger problematisch scheint indessen die Verwertung von Fleisch vergifteter Tiere zu sein. Generell besteht in Ost und West bei Fachleuten die Auffassung, dass das Fleisch eines vergifteten Tieres nicht gesundheitsschädlich sei, wenn Innereien (Magen, Därme, Lunge, Leber, Nieren usw.) und äußerlich betroffene Teile der Tiere vom Verbrauch ausgeschlossen werden. Dies schließt man u. a. auch aus den Erfahrungen wildlebender Völker und angeblich auch der Zigeuner, von denen die einen ihre Jagdbeute mit vergifteten Pfeilen erlegen und die anderen auch das Fleisch strychninvergifteter Füchse ohne Schaden gegessen haben sollen.

Selbstverständlich muss ein zum Schlachten bestimmtes Tier vorher äußerlich dekontaminiert werden, um eine direkte Kampfstoffübertragung auf den Menschen auszuschließen. Nach einer rumänischen Quelle können Tiere bei Vergiftungen durch

- Augen, Nasen und Rachenreizstoff und durch
- lungenschädigende Kampfstoffe

innerhalb der ersten drei Tage nach der Vergiftung geschlachtet werden. Das Fleisch ist ohne Gefahr für den Genuss geeignet.

Tiere, die mit

- hautschädigenden Kampfstoffen in Berührung gekommen sind (dampfförmige Kampfstoffe und kurze
  Einwirkungszeit),

können nach einigen Stunden der Ruhe in kampfstofffreier
Luft oder sofort nach der Säuberung mit Wasser und flüssiger
Seife geschlachtet werden. Auch in diesem Fall kann das
Fleisch bedenkenlos verbraucht werden.

Haben Tiere Kampfstoffspritzer abbekommen, sind sie zu dekontaminieren und gegebenenfalls in den ersten 10 bis 12 Tagen zu schlachten. Dabei sind von dem beim Schlachten eingesetzten Personal sorgfältige Schutzvorkehrungen zu treffen
(Schutzmaske und Schutzanzug). Es muss gewissenhaft sichergestellt werden, dass das für den Verbrauch bestimmte Fleisch
mit vergiftetem Fleisch nicht in Berührung kommt. Das bedeutet auch, dass die zum Enthäuten benutzten Messer und
Handschuhe nicht zum Ausweiden und Zerlegen des Fleisches
benutzt werden dürfen. Es ist zweckmäßig, beim Schlachten
eine klare Arbeitsteilung vorzunehmen, um die Gefahr einer
Weitervergiftung auszuschließen. Die gleichen Verhaltensmaß-
regeln gelten für die Schlachtung von Vieh, das durch Dämpfe
oder Tropfen von nervenschädigenden Kampfstoffen vergiftet
worden ist.

Hier ist vor dem Schlachten eine ganz besonders gründliche äußere Entgiftung zwingend erforderlich, da bereits geringste Spuren
des Giftes für das beim Schlachten eingesetzte Personal lebensgefährlich werden könnten. Das in den allgemeinen Kreislauf des
Tieres geratene Gift allerdings ist durch den Stoffwechsel so verändert, dass der Verzehr des Fleisches ungefährlich ist, wenn vor
und nach dem Schlachten eine Sekundärvergiftung durch Kampfstoffübertragung vermieden worden ist.

Diese, nur für den akuten Ernst- und Notfall gedachten Hinweise sollten in Zeiten, in denen veterinärmedizinische und

nahrungsmittelchemische Untersuchungen vorgeschrieben und möglich sind, für den Normalbürger kein Anreiz sein, womöglich auch schon im Frieden durch Giftstoffe getötete Tiere zu schlachten und das Fleisch zu verwenden.

Nur ausreichende Vorratshaltung gewährleistet also bei allen Arten von Katastrophenfällen eine genügende Versorgung, ohne dass man mit dem Problem der

- Entstrahlung von durch Fallout verstrahlten,
- Entseuchung von biologisch verseuchten,
- Entgiftung von chemisch vergifteten

Lebensmitteln und Getränken konfrontiert zu werden braucht. Die vorstehenden besonderen Tipps und Hinweise für den akuten Überlebensfall auf dem Gebiet der Ernährung beschreiben absolute Notmaßnahmen, die nur angewandt werden dürfen, wenn keine andere Wahl mehr gegeben ist und wirklich alle geschützt gelagerten Lebensmittel aufgebraucht worden sind.
Das einfachste ist, sich mit militärischen Rationen (EPA) einzudecken, da diese bei normaler Kellerlagerung bis zu 25 Jahre mindestens haltbar sind. In Wahrheit halten sich diese wesentlich länger. Nach vorsichtigen Schätzungen der NATO besitzt die Sowjetunion etwa 400.000 bis 700.000 Tonnen chemischer Kampfstoffmunition (andere Quellen sprechen von 350.000 t herkömmlicher Kampfstoffe und 700.000 t neuer chemischer Kombinationen bei den Sowjets und bis zu 100.000 t bei der USA). Man nimmt in Fachkreisen an, dass die Sowjetunion ihre Produktion nie eingestellt hat und auch jetzt uneingeschränkt weiterhin chemische Kampfstoffe produziert. Dagegen nimmt sich der geschätzte Vorrat der USA, den andere als vorstehende Quellen einschließlich veralteter Kampfstoffbestände auf 40.000 bis 50.000 t schätzen, als vergleichsweise gering aus, auch wenn die Produktion so genannter binärer Kampfstoffe mit Pine Bluff Arsenal, in Arkansas, inzwischen angelaufen sein sollte.

25 ABC-Warndienst

Das Schicksal vieler Menschen könnte im Konfliktfall ent-
scheidend davon abhängen, dass frühzeitige Warnung durch
die Alarmsignale der öffentlichen Zivilschutzsirenen und durch
Rundfunkdurchsagen rechtzeitiges Handeln ermöglicht. Nur
unter diesen Voraussetzungen kann mit Aussicht auf Erfolg, d.
h. mit einer reellen Chance, die Auswirkungen eines ABC-
Einsatzes zu überleben, der Gefahr begegnet werden. Das in
Stadt und Land installierte Sirenensystem dient auch dazu, die
Bevölkerung vor Katastrophen aller Art im Frieden zu warnen.
Bevor die standardisierten Alarmsignale und ihre Bedeutung
im Frieden und im Verteidigungsfall tabellarisch dargestellt
und erläutert werden, sollen einige ergänzende Hinweise deutlich machen, dass auch aus dem Verhalten der womöglich früher gewarnten Soldaten der Bundeswehr Schlüsse auf eine
ABC-Bedrohung gezogen werden können und Schutzmaßnahmen erforderlich sind.

Werden Soldaten nach Beginn eines Konfliktfalles dabei beobachtet, wie sie

*   ABC-Schutzmasken schwenken und aufsetzen,
*   bei aufgesetzter ABC-Schutzmaske akustische Lärmsignale
    geben (Klopfen auf abgesetzten Stahlhelm, auf eine Kar-
    tusche, ein Blech usw. Oder wenn sie eine Handsirene be-
    dienen oder in Autos Dauerhupsignale geben),
*   Gasalarm oder Sprühangriff rufen und die ABC-
    Schutzplane überwerfen bzw. in Deckung laufen,
*   Leuchtpatronen mit 3 Stern weiß, 3 Stern rot, 3 Stern
    weiß schießen,
*   im Bereich von Flugplätzen Sichtzeichen nachstehen-
    der Art aufziehen: Dreieck nach unten oder Rechteck
    (Farbe Rot),

dann ist sofort ein Schutzraum aufzusuchen. Mit dem Einsatz von ABC-Waffen ist in diesen Fällen zu rechnen. Das gilt auch immer dann, wenn das Feuer von Flugabwehrraketen zu beobachten ist. Auch wenn kein Einsatz von ABC-Waffen erfolgen sollte, muss mit den Wirkungen eines konventionellen Luftangriffes gerechnet werden. Trotz aller Bemühungen des Bundesverbandes für den Selbstschutz und der Zivil- und Katastrophenschutzdienste sind wir in der Bundesrepublik Deutschland im Bestreben, die Bevölkerung über die Bedeutung der ABC-Warnung aufzuklären, noch weit z. B. hinter den Bemühungen in Schweden zurück. In diesem, keinem der Machtblöcke angehörenden und aus Tradition neutralen Land kann man u. a. auf den letzten Seiten der Telefonbücher Selbstschutz-Informationen nachlesen. Dort sind auch Alarmsignale, ihre Bedeutung, Evakuierungswege, Hinweise auf Schutzbauten und Angaben nachzulesen, wie man sich z. B. vor chemischen Waffen schützen kann. Solche Informationen sind in der Bundesrepublik Deutschland der Bevölkerung in dieser allgemeinen, weit gestreuten Form nicht zugänglich. Richtiges Verhalten ist aber nur zu erwarten, wenn die Bedeutung der unterschiedlichen Alarmierungssignale im Ernstfall jedermann bekannt ist.

Sirenensignale im Frieden und im Verteidigungsfall:

Frieden:

- 1 Minute Heulton – Bedeutung: Rundfunkgeräte einschalten und Kanal/Frequenz des örtlichen UKW-Bereichssenders ständig abhören.

- 3 Mal Dauerton von je 12 Sekunden mit je 12 Sekunden Pause – Bedeutung: Feueralarm

- 2 Mal Dauerton von je 12 Sekunden mit je 12 Sekunden Pause und sofort danach 1 Minute Dauerton – Bedeutung: Katastrophenalarm

Verteidigungsfall:

- 1 Minute Heulton – Bedeutung:

- <u>Luftalarm</u>, Warnung vor Luftangriffen
- bestmöglichen Schutz aufsuchen
- sofort Radio einschalten und ständig abhören (Luftlagemeldungen)

- 1 Minute Heulton, zweimal unterbrochen, nach 30 Sekunden Pause erfolgt Wiederholung – Bedeutung:

- <u>ABC-Alarm</u>, bestmöglichen Schutz aufsuchen, sofort Radio einschalten und auf ABC-Lagemeldungen achten.

- 1 Minute Dauerton – Bedeutung:

- <u>Entwarnung</u>
- Radio weiter abhören, Anweisungen beachten und befolgen.

Über den Rundfunk, evtl. auch durch Lautsprecherdurchsage oder über das Fernsehen werden nähere Informationen zu der durch Sirenensignale angekündigten Bedrohung bekannt gegeben. Davon, ob sie unverzüglich befolgt oder missachtet werden, kann die Entscheidung über Leben und Tod abhängen. Die Bedeutung der Sirenensignale zu kennen, ist daher eine wichtige Voraussetzung für richtiges Handeln im Not- und Ernstfall.

26 Erste Hilfe

Verbrennungen bei atomarem Einsatz

Verbrennungen, die auch durch anderweitig ausgelöste Groß-
brände, durch Napalmeinsatz, durch die Detonation von
Brandbomben, durch Explosionen, heiße Dämpfe, Laugen
und Säure entstehen können.

Maßnahmen der Erstversorgung

Flammen ersticken! Dazu sind brennende Kleider mit Wasser
zu begießen, durch Einwickeln in nasse Tücher, oder wenn
diese Mittel fehlen, durch Rollen des Betroffenen auf dem Boden zu löschen. Glimmende oder mit heißer Flüssigkeit ge-
tränkte Kleidung sofort entfernen (10 – 20 Sekunden Hitzeeinwirkung genügen, um die Haut vollständig zu zerstören,
Verbrennungen 3. Grades). Verbrannte Hautflächen sofort mit
Wasser von 15 – 20 Grad °C etwa 15 Minuten lang kühlen.
Diese Maßnahme wirkt schmerzlindernd. Bei Säure und Lau-
genverätzungen sind betroffene Hautstellen vor dem Verbinden unter fließendem Wasser reichlich und kräftig zu spülen,
um die ätzenden Stoffe auszuwaschen und zu verdünnen.
Brandwunden sodann mit Verbandpäckchen bzw. mit Brand-
wundenverbandpäckchen keimfrei verbinden. Großflächige
Verbrennungen sofort mit Brandwundenverbandtüchern (z. B.
aluminiumbedampftes Wattevlies/Metalline) oder mit sauberen Leinentüchern bedecken. Gesicht und Hände sofort mit
sterilen Mullkompressen und Binden versorgen. Kein Öl, keine
Salben bzw. kein Puder o. ä. auftragen! Verletzte zusätzlich mit
Wolldecken schützen und dabei die Brandwunden nicht berühren. Bewusstlose durch Atemspende aus der Ohnmacht we-
cken. Reichlich trinken lassen (1 bis max. 1,5 l Wasser mit 1 bis
1½ Esslöffel Natriumbikarbonat), keinesfalls Alkohol zu trinken geben.

Schockbekämpfung:

Keine Beruhigungs- oder Schmerzmittel geben, es sei denn durch den Arzt oder dann, wenn ärztliche Hilfe in nächster Zeit nicht zu erwarten ist und die Schmerzen nicht zu ertragen sind.

Je nach Verbrennungsgrad und betroffenem Anteil der Körperoberfläche muss rasch ärztliche Hilfe gesucht werden.

Schätzung der verbrannten Körperfläche

Körperteil	Erwachsene	Kinder nach d. 5. Lebensj.	Kinder nach d. 1. Lebensj.
Anteile der verbrannten Körperfläche in %			
Kopf	10 %	15 %	19 %
Arme (je) Körper:	9 %	9,5 %	9,5 %
Vorder- und Rückseite (je)	18 %	16 %	16 %
Beine (je)	18 %	17 %	15 %

Von einer schweren Verbrennung spricht man, wenn über 25 % der Körperoberfläche geschädigt sind. Für die Beurteilung der Heilungsaussichten einer Verbrennung kann man bei erwachsenen Menschen folgende Faustregel anwenden:
Beurteilung (B) = Alter + verbrannte Körperoberfläche in % (Beispiel: 40 J + 20 % = 60)

Bewertung:

B unterhalb 70 = Gute Überlebenschance
B bis   100 = Überlebenschance fraglich
B über   100 = Überlebenschance sehr gering,
                  tödlicher Ausgang wahrscheinlich

Atemstillstand/Herzstillstand

Bei Atemstillstand ist sofort und vor allen anderen Maßnahmen

- Mund-zu-Mund-Beatmung (Atemspende) durch den etwa 1 cm geöffneten Mund bei geschlossener Nase oder
- Mund-zu-Nase-Beatmung (Atemspende) durch die Nase bei geschlossenem Mund

durchzuführen. Die Ausatmungsluft des Spenders enthält für eine Wiederbelebung ausreichend Sauerstoff. Vor der Atemspende sind die Atemwege (Mund und Rachen) von Erbrochenem, Blut usw. zu reinigen.

Durch Druck auf die Stirn ist der Hals des auf dem Rücken liegenden zu Beatmenden zu überstrecken und der Kopf so in der richtigen Beatmungslage zu halten.

Plötzlichem Herzstillstand durch Kreislaufkollaps (Bewusstlosigkeit, kein Puls, beiderseits erweiterte und lichtstarre Pupillen) ist sofort mit Herzmassage und Beatmung zu begegnen. Der Verletzte muss dazu mit dem Rücken auf einer harten Unterlage liegen. Der Helfer kniet seitlich vom Patienten, wobei der Ballen einer Hand auf das untere Brustbeindrittel aufgesetzt und die andere Hand darüber gelegt wird. Das Brustbein wird nun 3 bis 5 cm in Richtung auf die Wirbelsäule hin gedrückt. Die Finger bleiben dabei zur besseren Kraftübertragung durch den Handballen geöffnet. Die Arme sind durchgestreckt. So kann das eigene Körpergewicht voll eingesetzt werden. Das Verhältnis zwischen Druckzeit und Füllungszeit muss

1 : 1 betragen. Zu Beginn wird der Verletzte fünfmal beatmet, dann folgen 15 Herzmassagen und 2 Beatmungen in ständig sich wiederholender Folge.

Diese Behandlung wird so lange fortgesetzt, bis der Herzschlag wieder einsetzt und die Spontanatmung wieder beginnt oder bis zweifelsfrei feststeht, dass der Tod eingetreten ist. Der Tod ist anzunehmen, wenn nach 30 Minuten oder länger alle Zeichen einer Herztätigkeit fehlen oder wenn nach 1 Stunde noch keine spontane Blutzirkulation eingetreten ist, jegliche Atembewegung fehlt und die Pupillen weit und reaktionslos geblieben sind.

Bewusstlosigkeit/Ohnmacht

Liegt eine tiefe Bewusstlosigkeit ohne Einstellung der Atmung und der Herztätigkeit vor, muss sichergestellt werden, dass der Bewusstlose nicht erstickt. Dazu wird er in die Seitenlage (rechts) gebracht, indem

- der rechte Arm abgewinkelt zur Seite gelegt,
- der linke Arm am Handgelenk und das linke Bein an der Bekleidung über dem Kniegelenk erfasst und
- Hand und Knie aufeinander zu gezogen und der Körper auf die rechte Seite gedreht

wird. In dieser Lage zeigen Mund und Nase abwärts, so dass Speichel, Blut oder Erbrochenes abfließen können. Sodann wird der Kopf zum Nacken hin gebeugt, um dadurch zu verhindern, dass die Zunge den Atemweg blockiert.

Knochenbrüche

Bei der Erstversorgung von Knochenbrüchen sind die allgemein gültigen Erste-Hilfe-Maßnahmen anzuwenden. Das sind: Ruhigstellung des verletzten Gliedes durch Schienen des Bruches einschließlich benachbarter gesunder Gelenke über der

Bekleidung, Öffnung enger Bekleidungsstücke an verletzten Gliedern vor dem Schienen durch Aufschneiden, Wundenversorgung offener Brüche vor dem Schienen, Lagerung auf fester, glatter Unterlage (Tür, große Tischplatte) bei Wirbelsäulenbrüchen, wobei flache Polster unter Nacken und Lendenwirbelsäule zu schieben und beim Transport jede Erschütterung zu vermeiden ist.

Schock

Die Wirkung atomarer Waffen oder die Gefährdung durch einen atomaren Unfall mit der unheimlichen Bedrohung durch Strahlen kann bei vielen Menschen einen Schock erzeugen, der auch bei leichteren Verletzungen einen tödlichen Zusammenbruch aller Lebensfunktionen zur Folge haben kann. Blutverlust, Schmerz und Schreck können dazu führen, dass die lebenswichtigen Organe eines Menschen, Gehirn, Herz und Lunge, nicht mehr ausreichend mit Blut und Sauerstoff versorgt werden, so dass der gesamte Kreislauf zusammenbricht. Um sofort die richtigen Maßnahmen der Ersten Hilfe ergreifen zu können, ist es daher wichtig, die besonderen Symptome eines Schocks schnell zu erkennen. Diese sind:

- bleiche bis fahlgraue Gesichtshaut,
- spitz aussehende, blasse Nase,
- bläulich wirkende Lippen,
- feuchtkalte Haut, Schweiß auf der Stirn, Frösteln,
- der zunächst noch normale Puls beschleunigt sich und wird zunehmend schwach, bis er schließlich sehr schnell und kaum noch fühlbar ist.

Je schneller und schwächer der Puls wird, umso schwerer ist der Schock. Akute Lebensgefahr besteht, wenn der Puls auf mehr als 120 Schläge in der Minute ansteigt und kaum noch fühlbar ist. Hier gilt es sofort zu handeln, bis ein Arzt die weitere Behandlung übernehmen kann oder die Schockwirkung abklingt.

Bei der Schockbekämpfung in der Ersten Hilfe sind folgende Regeln zu beachten:

1. Verletzte flach lagern, um bessere Durchblutung von Hirn, Herz und Lunge zu erreichen;
2. Blutung bei stark blutenden Wunden stillen (Verband, Druckverband, Abdrücken, Abbinden);
3. Lagerung verbessern durch Schocklage: Kopf tief, Beine hoch (Erhöhung der Beine bis zu 10 Grad, das gilt nicht bei Schädel- und Hirnverletzungen, bei Atemnot und Bewusstlosigkeit);
4. keine unnötige Bewegung, Ruhe;
5. warm halten, aber nicht anwärmen;
6. bequem machen, beengende Kleidung öffnen;
7. frische Luft zuführen;
8. kleine Flüssigkeitsmengen geben, jedoch nicht bei Bauch- und Lungenverletzungen, bei Brechreiz und Bewusstlosigkeit;
9. Gespräche über Schwere und Folgen der Verletzung vermeiden;
10. ermutigen, beruhigen, Wunden nicht zeigen;
11. vorsichtig und schonend in Schocklage transportieren;
12. Puls ständig kontrollieren;
13. bei Bewusstlosen Atemwege freihalten, hier Seitenlage durchführen;
14. bei schwerem Schock alle Hilfeleistungen unterlassen, die nicht der Schockbekämpfung und Lebensrettung dienen (z. B. Verbinden ungefährlicher und kleiner Wunden, Schienen von Brüchen usw.).

27 Strahlenschäden und Maßnahmen

Neben den durch die thermische Strahlung und durch die Druckwirkung erzeugten Verletzungen und Schäden müssen im entsprechenden Wirkungsbereich der Anfangsstrahlung einer Kernwaffe Menschen mit Strahlenschäden rechnen. Strahlenschäden können auch eintreten, wenn nuklearer Fallout auf ungeschützte Menschen einwirkt. Eine eigentliche Erste Hilfe, etwa wie bei Verbrennungen, Verletzungen oder Vergiftungen, gibt es bei Strahlenschäden dieser Art nicht. Hier hilft nur rechtzeitiger und ausreichender Schutz in dazu geeigneten Strahlenschutzräumen auch behelfsmäßiger Art. Der Vorbeugung kommt in diesem Fall eine Erste-Hilfe-Funktion von hohem Rang zu. Eine weitere vorbeugende Maßnahme ist die Einnahme von Jod-Tabletten unmittelbar vor, während oder nach einer atomaren Katastrophe. Sie verhindert weitgehend, dass radioaktives Jod aus der Rückstandsstrahlung in der Schilddrüse gespeichert wird. Diese Vorbeugung hat gerade für junge Menschen erhebliche Bedeutung, die weit außerhalb des Zentrums einer atomaren Detonation oder eines Unfalls im Zusammenhang mit Kernenergie von radioaktivem Niederschlag gefährdet sein könnten. Natürlich zählt zur Vorbeugung auch die sofortige Dekontamination, wenn man von radioaktivem Niederschlag getroffen worden ist. Das gilt insbesondere auch für die Reinigung möglicherweise betroffener Teile der Atemwege, die durch Nase/Rachen-Spülungen ausgewaschen werden müssen. Sind verseuchte Staubteilchen mit der Nahrung oder dem Trinkwasser aufgenommen worden, dann kann durch das Auslösen von Erbrechen und durch Abführmittel zumindest teilweise verhindert werden, dass sich größere Mengen radioaktiver Partikel im Körper ablagern. Je schneller hier gehandelt wird, umso größer ist die Aussicht auf starke Reduzierung der Strahlenbelastung. Sind Wunden durch radioaktiven Staub kontaminiert worden, dann sind sie ausgiebig unter fließendem Wasser auszuspülen. Waren durch das überraschende Eintreten der atomaren Katastrophe vorbeugende

Maßnahmen nicht möglich und sind Strahlenschädigungen nicht auszuschließen oder eindeutig eingetreten, dann gilt:

Für eine zumindest teilweise aussichtsreiche Behandlung Strahlengeschädigter durch ärztliche Maßnahmen ist es im Katastrophenfall wichtig, anhand bestimmter Erscheinungsbilder möglichst früh den Personenkreis herauszufinden, der

- als strahlenleichtverletzt **(unter 200 r)**
- als kritisch bestrahlt **(ca. +/- 400 r)**
- als tödlich verstrahlt **(über 600 r)**

anzusehen ist.
Eine grobe Einteilung dieser Art lässt sich etwa wie folgt durchführen:

Innerhalb der ersten 48 Stunden nach der Bestrahlung bewirken:

unter 200 r	ca. +/- 400 r	über 600 r
Kaum Anfangssymptome; leichtere Schwindel u. Übelkeit fehlen meist oder sind leicht ausgebildet.	Schwindel 70% – 100 % schweres Erbrechen; Erbrechen am 1. Tag innerhalb von 1 – 2 Std. und evtl. am 2. Tag in leichter Form; Schwächegefühl.	Schwindel und zu 100 % schweres stoßartiges Erbrechen; Erbrechen nach wenigen Minuten bis zu wenigen Stunden; Durchfall, Fieber, Appetitlosigkeit, schwere Erschöpfung, Kreislaufschwäche.

Gruppe 1	Gruppe 2	Gruppe 3

Sterblichkeit:
0 – 15 %
(bei Komplikationen)

Sterblichkeit:
50 %

Sterblichkeit:
95 – 100 %

Anhand dieser groben Einteilung, wobei Kombinationsschäden allerdings noch nicht berücksichtigt sind, können im Überlebensfall folgende Sofortmaßnahmen empfohlen werden, so weit sie von Nichtmedizinern durchgeführt werden können:

Gruppe 1:
Schonung, Ruhe, Schockbekämpfung, Flüssigkeitsgaben. Die ärztliche Behandlung kann zunächst zurückgestellt werden, wenn ein Massenandrang von Strahlenkranken vorliegt, da keine unmittelbare Lebensgefahr besteht. Schutz vor Infektionskrankheit, z. B. vor Erkältungen, muss sichergestellt werden.

Gruppe 2:
Äußerste Schonung, Bettruhe, Schockbekämpfung, Flüssigkeitsgaben, bestmöglicher Schutz vor Infektionen, Wundbehandlung. Möglichst rasche Arztversorgung ist (auch bei Massenandrang von Opfern) anzustreben. Aus dieser Gruppe kann durch fachgerechte Behandlung ein beachtlicher Teil gerettet werden.

Gruppe 3:
Schmerzbekämpfung, schonende Lagerung, Beruhigung (evtl. auch durch geeignete Medikamente), Flüssigkeitsgaben, kein Transport mehr, seelsorgerische Betreuung, ständige Überprüfung des Zustandes. Bei Besserung und Verfügbarkeit von Ärzten sofortige medizinische Betreuung. Schutz vor Infektionserkrankungen ist sicherzustellen.

Durch diese Einteilung und entsprechende Betreuung der Gruppen durch nichtgeschädigte Helfer kann womöglich verhindert werden, dass ein panikartiger Massenansturm auch von derjenigen auf Krankenhäuser einsetzt, die gar nicht oder nur geringfügig verstrahlt worden sind. Tatsächlich hilfsbedürftigen Menschen kann dann leichter durch die sicher unzureichende Zahl von Ärzten geholfen werden. Treten zu den Strahlenschäden auch noch sonstige Verletzungen (Kombinationsschäden) hinzu, dann ist mit einer starken Einschränkung der Überlebensaussicht zu rechnen. Die Gefahr von Kombinationsschäden ist aber bei atomaren Katastrophen immer gegeben. Nach japanischen Erkenntnissen ist im Gesamtbereich einer Kerndetonationswirkung mit mindestens 50 % Kombinationsschäden zu rechnen, wenn kein ausreichender Schutz vorhanden und aufgesucht worden war.

Überlebenschance bei Kombinationsschäden:

Gruppe 1:	A	Überlebensrate: 95 – 100 %
(unter 200 r)	B	Überlebensrate: 85 – 95 %
	C	Überlebensrate: 75 %
Gruppe 2:	A	Überlebensrate: 50 %
(ca. +/- 400 r)	B	Überlebensrate: 25 – 50 %
	C	Überlebensrate: 15 %
Gruppe 3:	A	Überlebensrate: 5 %
(über 600 r)	B	Überlebensrate: 0 – 5 %
	C	Überlebensrate: 0 %

A = Ziviler Unfall, nur Strahlen
B = Katastrophe, nur Strahlen
C = Katastrophe, Kombinationsschaden

Bei Strahlenschäden der in Gruppe 1 in Verbindung mit Kombinationsschäden betroffenen Menschen sollte, so wie es die Lage erlaubt, ärztliche Versorgung sichergestellt werden, wie sie auch für die in Gruppe 2 betroffenen Opfer vorgesehen ist.

Die apokalyptische Ausnahmesituation wird aber von vielen Unverletzten womöglich seelisch nur schwer zu verkraftende Urteile mit den Kriterien

- Behandlung sicher wirksam;
- Überleben fraglich, aber möglich;
- Behandlung aussichtslos

abverlangen, um möglichst viele Leben zu retten und zu erhalten und nicht alle zu gefährden. Hier könnten Entscheidungen beim Fehlen von Ärzten auch von Laien gefällt werden *müssen,* die in Einzelfällen oder bei begrenzter Zahl an Verletzten in dieser Form nicht zu verantworten wären. An dieser Stelle wird wiederum deutlich, wie sehr es im Krieg und im Frieden auf die Hilfe jedes mit den medizinischen Auswirkungen einer atomaren Katastrophe vertrauten Arztes, der physisch und psychisch noch helfen kann, ankommt. Je mehr Ärzte, je mehr medizinisches Personal auf diesen möglichen Ernstfall vorbereitet werden, umso mehr Menschenleben könnten sicher gerettet werden.

28 Psychische Reaktionen

Plötzliche atomare Katastrophen in Krieg und Frieden, die schleichende Wirkung biologischer Kampfstoff-Epidemien und überraschend hereinbrechende chemische Massenvergiftungen werden als unmittelbare Folge der seelischen Extrembelastung bei fast allen Menschen tödliches Erschrecken und panische Angst um das eigene Leben erzeugen. Nur wenige Menschen dürften einer solchen lebens- und existenzvernichtenden Szenerie kaltblütig im Urteil und konsequent im richtigen Handeln ohne zu zögern gegenüberstehen und unverzüglich den Versuch unternehmen, sie zu bewältigen, so weit das in ihren Kräften steht. Die weitaus größere Zahl wird zunächst von der Schreckphase überwältigt sein. Bei vielen wird aber dann die Fülle der unterschiedlichsten Angstreaktionen relativ rasch wieder abklingen. Aktives Handeln wird danach oft spontan den Stau der psychischen Stressbelastung abbauen helfen. Allgemein kann wohl in einer solchen Lage mit den nachfolgend beschriebenen Verhaltensweisen gerechnet werden:

- Wenige Menschen behalten auch bei extremer Belastung die Nerven und handeln sofort zielstrebig und planvoll,
- einige entwickeln eine eher ziellose, planlose und leere, oft sogar schädliche Geschäftigkeit,
- ein Teil reagiert mit einer dem Totstellreflex von Tieren vergleichbaren Erstarrung, die Minuten, aber auch Stunden anhalten kann,
- andere werden kopflos, handeln sinnlos, auch gegen sich und ihre oder anderer Sicherheit und ergreifen womöglich instinktiv die Flucht, wobei sie durch die Schockwirkung völlig ohne jede Orientierung sind und oft nicht einmal ihren derzeitigen Aufenthaltsort und ihren Namen wissen, sie haben vor Schreck ihre Identität verloren.

Gerade die letztgenannte Gruppe ist in einer Katastrophensituation oft für die Auslösung einer Panik verantwortlich, da ihr angststeigerndes, nicht mehr der Selbstkontrolle unterliegendes Verhalten auf andere Menschen ansteckend wirken kann. Entscheidend dafür, ob nach einem Schockereignis eine Panik entsteht oder verhindert wird, sind also die weitgehend ersten Reaktionen von Menschen innerhalb der der Schrecksekunde unmittelbar folgenden Phase. Da viele betroffene Menschen höchst sensibel und gefühlsbestimmt, aber wenig rational reagieren, können beherztes Handeln und mutiges Zugreifen Einzelner, selbst in einer solch akuten Gefährdungslage, durchaus beispielgebend und beruhigend wirken und sinnvolles Handeln auslösen und fördern. Diese Art Erste Hilfe im erweiterten Sinn, Vorbild durch Bewahrung der Kaltblütigkeit und der Denk- und Handlungsfähigkeit, sollte von jedem besonnenen Menschen in kritischen Lagen angewandt werden. Vernünftigem Handeln kann unter Umständen gerade dann der Verdienst zukommen, vielen Menschen ihre körperliche Unversehrtheit erhalten und damit schließlich ein Überleben ermöglicht zu haben.

Mögliche Reaktionen

A = Mögliche Reaktionsformen
B = Erste-Hilfe-Maßnahmen

1. Normale Reaktionen:
A = Körperliche Anzeichen von Angst, wie schwachen Beinen, Schwitzen, Zittern, Übelkeit, Erbrechen, Uriendrang, Durchfall, können von seelischen Reaktionen, wie Schreien, Weinen, Gestikulieren und Unruhe, begleitet sein.
Die Symptome klingen meist rasch ab und weichen oft einer Phase aktiven Handelns.
B = Dieser Personenkreis richtet sich zumeist von selbst am Beispiel und an der Haltung nur gering oder unbeeinflusst gebliebener Menschen auf.

Besondere Maßnahmen – außer beruhigendem Einreden auf Betroffene – sind meist nicht erforderlich.

2. Überreizte, überaktive Reaktionen:

A = Schreien und Bewegungsunruhe bis zum Toben halten an oder steigern sich. Das Verhalten wird kopflos. Die Menschen rennen in die Gefahr, laufen aus dem Schutzraum, wollen die Schutzmaske abreißen, flüchten in vergiftete Zonen oder rennen planlos durch gefährliches Gelände, bis sie durch Erschöpfung zusammenbrechen. Erregungszustände dieser Art sind – verbunden mit kopflosem Verhalten – für den Betroffenen und für andere Menschen gefährlich.

B = Bei ersten Anzeichen dieser Art müssen Betroffene betreut werden. Der Versuch diese zu beruhigen, verständnisvolles Anreden, Aufnahme von Körperkontakten (in die Arme nehmen), Herstellung eines Gesprächskontaktes können bereits helfen, Erregung und Angst zu dämpfen. Weitere Beruhigung kann dadurch bewirkt werden, dass Betroffene zu kleineren Handlungen veranlasst werden (etwas zu trinken, ein Bekleidungsstück anzuziehen oder zu wechseln, kleine Hilfen zu leisten usw.).

Steigert sich trotzdem die Erregung weiter und können dann auch laute Befehle und schließlich hartes Anfassen nichts bewirken, dann muss der Erregte isoliert werden, da er sonst zum Panikstifter werden könnte. Energisches Handeln ist hier – auch im Interesse aller anderen Mitbetroffenen – dringend erforderlich.

A = Erschöpft sich die Reaktion in sinnloser und zielloser Geschäftigkeit, besteht die Gefahr, dass sie geordnete Rettungsabläufe behindern.

B = In diesem Fall genügt meist die bestimmte, keinen Widerspruch duldende Zuteilung einer einfachen und einförmigen Tätigkeit. Ein beruhigendes Medikament kann unterstützend wirken.

3. Kindliche (infantile) Reaktionen:

A = Die Menschen wimmern, jammern und klagen und klammern sich wie Kinder an andere, auch wildfremde Personen. Sie können Rettungs- und Hilfsmaßnahmen behindern oder gar vereiteln.

B = Nachhaltige und kräftige Aufmunterung kann das Verhalten günstig beeinflussen. Meist sprechen diese Menschen auf einen Appell an ihren Gemeinschaftssinn und ihre Hilfsbereitschaft an. Klare Befehle und Anweisungen, die Übertragung einfacher Aufgaben und kleiner Verantwortlichkeiten reißen sie oft aus ihrem seelischen Fluchtverhalten. Kameradschaftliches Auftreten, die Ausgabe von Getränken und Verpflegung sowie das Gefühl der Geborgenheit in der Gemeinschaft fördern den Normalisierungsprozess.

4. Depressive Reaktionen (Gleichgültigkeit, Niedergeschlagenheit):

A = Die Menschen wirken wie erstarrt. Sie reagieren nicht auf akute Gefahren, bringen sich nicht in Sicherheit, ergreifen keine ABC-Schutzmaßnahmen, bleiben teilnahmslos und sind zu keiner Tätigkeit zu bewegen. Die Menschen gefährden vor allem sich selbst.

B = Ermunterndes Ansprechen hat hier meist keinen Erfolg. Es prallt ab. Auch härteres Anfassen hilft hier selten. Betroffene sind – notfalls mit Gewalt – in Sicherheit (aus der Gefahrenzone, z. B. in Schutzräume, Keller, Deckung oder bei Bränden ins Freie) zu bringen. Löst sich auch dort die Starre nicht, muss der Arzt hinzugezogen werden.

5. Hysterische Reaktionen:

A = Körperliche Symptome, wie Angst, Zittern, Übelkeit, Erbrechen, können die Befürchtung erwecken, strahlenkrank oder vergiftet zu sein. Gliederschwäche als Folge des Angstschocks kann bis zu Lähmungen führen.

B = Beruhigend auf Betroffene einzusprechen und ihnen klarzumachen, dass sie sich bald erholen werden und kein Grund für Befürchtungen gegeben ist, kann helfen, die Symptome abzubauen. Betroffene sollten durch Beschäftigung abgelenkt werden. Sie sind erforderlichenfalls aus dem Katastrophengebiet wegzuschaffen.

6. Bewusstseinsstörungen:

A = Kommen bei Katastrophen selten vor. Möglich ist jedoch die Schreck-Ohnmacht.

B = Seitenlagerung, Erstickungsgefahr beseitigen, Schocktherapie anwenden.

Arzt hinzuziehen, wenn Bewusstsein nach einigen Minuten nicht wiederkehrt.

7. Reaktionen bei längerfristiger Extrembelastung:

A = Kommen bei längerer Dauer der Katastrophenlage zur Angst noch Übermüdung, Durst, Hunger, Kälte oder Hitze hinzu, kann die ursprünglich erreichte aktive Phase in Hoffnungslosigkeit und Verzweiflung umschlagen. Das Ausmaß der Katastrophe tritt übermächtig in das Bewusstsein. Aggressionen innerhalb von und zwischen Gruppen können ausbrechen.

B = Führereigenschaften einzelner sind in dieser Lage besonders gefragt. Je überzeugender ein Mitbetroffener es versteht, Ziele für eine Lageverbesserung und Maßnahmen für die Durchsetzung präzise und hoffnungsvoll deutlich zu machen, umso leichter gelingt es, diese Phase der Desorganisation und des frustrierenden Gefühls der Hilflosigkeit sowie der Apathie zu überwinden.

In einem Katastrophenfall muss für lückenlose Information der Betroffenen gesorgt werden. Richtige und genaue Angaben über die Lage, über angelaufene Hilfsmaßnahmen und Empfehlungen für die der Lage angepassten Handlungsweisen können die seelische Bewusstseinslage der Menschen im Katastrophengebiet positiv beeinflussen und helfen, eine Panik zu vermeiden. Je größer das Vertrauen auch auf staatliche Hilfsorganisationen ist, umso geringer ist die Gefahr eines moralischen Zusammenbruches. Es wird schwerlich bestritten werden können, dass wir hier noch einen erheblichen Nachholbedarf an praktischer Arbeit und an fachkundiger Information haben. Wo immer das möglich ist, sollte der Zusammenhalt von Gruppen, die sich kennen, angestrebt werden (Familien, Hausgemeinschaften, Schulklassen, Fabrikbelegschaften usw.). Die Gruppenzusammengehörigkeit wirkt Angst vermindernd und stärkt den Überlebenswillen. Kinder müssen unbedingt bei ihren Eltern bleiben. Bei Rettungsaktionen sollten daher Kinder und mindestens ein Elternteil zusammen gerettet werden. Vorhandene oder durch energische Persönlichkeiten spontan gebildete Selbsthilfegruppen müssen im Katastrophenfall ohne Zeitverzug zur Selbsthilfe für die nächste Umgebung eingesetzt werden. Oft kommt hier organisierte staatliche Hilfe sonst zu spät. Auch bei einem längeren Aufenthalt in einem Schutzraum muss durch Aufgabenzuteilung, Stundenplan und Personaleinteilung der Langeweile entgegengewirkt werden. Langweile kann sonst Spannungen, Reibereien, Streit und explosives Fehlverhalten produzieren, wenn äußere Erschwernisse hinzukommen. Neben der Verhinderung oder Verringerung physischer Schäden kommt es im Katastrophenfall also auch entscheidend darauf an, negative Auswirkungen auf die Psyche der Menschen so gering wie möglich zu halten. Dazu bedarf es insbesondere aller Energie solcher Menschen, die sich im Augenblick des Katastrophenereignisses am raschesten seelisch gefangen und erholt und die Chance erkannt haben, das gerettete Leben durch sachdienliches Handeln auch weiterhin zu erhalten. Durch die Führung und Anleitung solcher Menschen – und oft sind es die, die im Alltag nicht besonders hervorgetreten sind – können viele praktische Hilfen selbst in extremen ABC-Notlagen zur Grundlage des Überlebens werden.

29 Stichwortübersicht

Die in den vorausgehenden Abschnitten ausführlich behandelten ABC-Gefahren und dagegen einzusetzende Schutzmöglichkeiten und Hilfsmaßnahmen werden nachstehend in kurzen Stichwortübersichten zusammengefasst dargestellt.

1. Vorbeugende Maßnahmen im Spannungsfall

- Schutzraum bezugsfertig machen oder Behelfsschutzraum fertig stellen.
- Persönliche ABC-Schutzausstattung (auch behelfsmäßiger Art) immer einsatz- und griffbereit halten.
- Sanitätskasten überprüfen und auffüllen.
- Feuerlöscher und Feuerlöschgerät (Sand usw.) bereitstellen.
- Nicht im Schutzraum eingelagerte Verpflegungsvorräte im Haus geschützt lagern und genügend Getränke auch außerhalb des Schutzraumes in verschlossenen Behältern geschützt aufbewahren.
- Feld- oder Plastikflaschen mit abgekochter Flüssigkeit stets griffbereit als Spülmittel bei Kampfstoffvergiftungen bereithalten.
- Im Freien stets in Reichweite einer Deckung und nie mit nacktem Oberkörper aufhalten und arbeiten.
- Stets sorgfältige Körperpflege betreiben.
- Überlebenswichtiges Gerät oder wichtige Hilfsmittel im Schutzraum aufbewahren.
- Wichtige Dokumente im Überlebensgepäck stets griffbereit halten oder im Schutzraum des eigenen Hauses sicher deponieren.
- Abdichtung der Fenster und der Türen überprüfen und gegebenenfalls verbessern.

- Radio mit Batteriebetrieb im Schutzraum des eigenen Hauses anschließen und überprüfen, ob der Empfang sichergestellt ist. Notfalls muss die Antennenleistung verbessert werden.
- Radio noch über Netzbetrieb ständig abhören!
- Gegebene Anweisungen von Bund, Ländern oder Gemeinden sofort befolgen.
- Ständig auf Anzeichen für den Einsatz von ABC-Kampfmitteln achten und erforderlichenfalls auch ohne Vorwarnung unverzüglich handeln!

2. Warnung und Alarm

A 1 = Wahrnehmungen
A 2 = Maßnahmen

Atomwarnung:
A 1
Warnung vor chemischen Giftstoffen (A- oder C-Warnung!, Radiodurchsage!)
A 2
- ABC-Schutzmaske umhängen oder angefeuchteten Behelfsatemschutz griffbereit halten.
- Hautverletzungen mit Schutzverband abdichten.
- Bekleidung abdichten oder Schutzanzug (bzw. Behelf) anziehen.
- Handschuhe anziehen.
- Sonnenbrille aufsetzen.
- Verpflegung, Trinkwasservorräte, wichtige Papiere, lebenswichtige Geräte schützen.
- Etwas essen und trinken, Notdurft verrichten.
- Radio ständig abhören.

Atomalarm:

A 1

Alarm wegen des Einsatzes biologischer oder chemischer Kampfstoffe (ABC-Alarm: 1 Minute Heulton, zweimal unterbrochen – nach 30 Sekunden Pause – Wiederholung)

A 2

- ABC-Schutzmaske aufsetzen oder Behelfsfilterschutz von Mund und Nase.
- Erforderlichenfalls Augen schützen.
- Deckung aufsuchen (Schutzraum, Keller, Deckungsloch, Behelfschutz).
- Radio ständig abhören.
- ABC-Schutzraumbelüftung je nach Art der Bedrohung schließen oder öffnen.

Luftalarm:

A 1

1 Minute Heulton und ergänzende Rundfunkinformation

A 2

- Nächste Deckung aufsuchen.
- Innerhalb von Gebäuden sofort Schutzraum aufsuchen oder Behelf nutzen:
  1. Keller in der Nähe des Treppenhauses
  2. Türrahmen einer starken Zwischenwand
  3. Hausecke (nicht gegenüber von Außenfenstern)
  4. Fensteröffnungen meiden

Entwarnung:

A 1

1 Minute Dauerton

A 2

- Schutz nicht sofort verlassen (es sei denn, das Haus brennt).
- Anweisungen abwarten.
- Mit Erster Hilfe beginnen, so weit erforderlich.

3. Einsatz von Kernwaffen, atomarer Unfall

Atomdetonation:

A 1

Lichtblitz

A 2

Im Freien:

- Blitzschnell in Deckung gehen, evtl. flach auf den Boden werfen.
- Gesicht an den Boden pressen.
- Hände unter den Körper schieben.
- Kragen möglichst hoch schieben.
- Wenn möglich, Kopf bedecken.

Im Fahrzeug:

- Sofort anhalten (Notbremsung).
- Noch im Ausrollen auf die Seite bücken und nach dem Anhalten auf den Fahrzeugboden werfen oder aus der dem Blitz abgewandten Seite aus geöffneter Tür in Deckung rollen (Graben, Böschung usw.).
- Gesicht mit Fußmatten schützen.

In Ortschaften:

- Hinter massiven Hauswänden, Betonwänden, Erdwällen, Gartenmauern, in tiefen Gräben oder in sonstigem Schutz (Keller) sofort in Deckung springen, ohne lange zu laufen.

In Gebäuden:

- Unter ein der Detonation zugewandtes Fenster, einen Tisch, hinter einen Schrank, in eine gedeckte Zimmerecke, die an die Fensterwand anschließt, in Deckung werfen.
- Fensteröffnungen meiden.
- Gesicht schützen.
- Nach Lichtblitz wenn möglich in den Keller springen, da die Druckwelle, je nach Detonationsentfernung, später eintrifft.

Ab Detonation (Lichtblitz):

- Sekunden bis zum Eintreffen des Detonationsknalls zählen, 90 Sekunden in Deckung bleiben, danach Hilfsmaßnahmen einleiten, Brände löschen, Panik verhindern, Verbindung zu Hilfsdiensten herstellen.

Radioaktiver Fallout:
A 2
- In Deckung bleiben, bis Anweisung erfolgt.
- Kontamination vermeiden oder radioaktiven Staub sofort von Bekleidung oder Haut entfernen.
- Verhindern, dass radioaktive Stoffe durch Atmung oder mit dem Essen und mit Getränken in den Körper gelangen.
- Strahlenbelastung so gering wie möglich halten.

4. Einsatz von biologischen Kampfmitteln

A 1
- Sprühnebel aus Luftfahrzeugen.
- An Fallschirmen niedergehende Behälter oder Kleinbomben, die sich in niedriger Höhe zerlegen oder kurz sichtbare Wolken ausstoßen.

A 2
- Atem anhalten.
- Augen schließen.
- ABC-Schutzmaske aufsetzen oder Behelfsschutz vor Mund und Nase pressen.
- Bekleidung abdichten, Handschuhe anziehen.

A 1
- Bomben oder Raketen, die sich in große, dünnwandige Splitter zerlegen.
- Aus Luftfahrzeugen abgesetzte Behälter, Kanister oder Gefäße in ungewöhnlicher Form, evtl. aus Glas.
- Ortsfremder Geruch.
- Verdächtige Flecken oder Tropfen im Gelände.

- Vermehrtes Auftreten von Erkrankungen mit gleichartigen Symptomen.

A 2

- Schutzimpfungen, wenn noch nicht geschehen.
- Nur freigegebene oder unter luftdichtem Verschluss aufbewahrte Lebensmittel und Getränke verwenden.
- Körper, Hände, Gesicht und Unterleib, insbesondere die Behaarung, sauber halten, der Hygiene besondere Beachtung schenken.
- Desinfektionsmaßnahmen durchführen.
- Verdächtige Erscheinungen am Körper oder plötzliche schwere Erkrankung mehrerer Menschen sofort melden.
- Unnötige Kontakte mit kontaminierten Personen oder verdächtigem Material meiden.

5. Einsatz von chemischen Kampfstoffen, chemische Unglücksfälle

A 1

- Sprühnebel aus tief fliegenden Luftfahrzeugen.
- Rauch oder Nebelwolke aus den Einschlagstellen von Bomben, Granaten, Raketen, die sich ohne starke Detonation zerlegt haben; das gilt auch für an Fallschirmen niederschwebende Behälter.
- Ortsfremder Geruch (Senf, Mandel, Knoblauch, Karbid).
- Ölige Tropfen, Raureif oder mehltauähnliche Beläge auf dem Boden oder auf Pflanzen.
- Farbänderungen von Pflanzen.
- Auffinden toter Menschen oder Tiere (vor allem von Vögeln) ohne sichtbare Verletzungen.
- Reizung von Augen, Nase, Rachen oder Haut.

Achtung bei:

- Verengungen der Pupillen. Sehstörungen.

A 2

Im Freien:

- Atem anhalten.
- Augen schließen.
- ABC-Schutzmaske aufsetzen, Filter zuhalten und kräftig ausatmen, dann normal atmen.
- Bekleidung abdichten, Handschuhe anziehen, Schuhe schützen.
- Schutz vor Kampfstoff suchen, evtl. Aufenthaltsort quer zur Windrichtung rasch verlassen.
- Keinen Kampfstoff berühren.
- Gebiet, in dem sesshafter Kampfstoff eingesetzt wurde, rasch verlassen, wenn Berührung ausgeschlossen ist.
- Dekontamination sofort beginnen, wenn kampfstofffreier Bereich erreicht ist.

In Fahrzeugen:

- Fenster schließen.
- Lüftung schließen.
- Ventilator abstellen.
- ABC-Schutzmaske aufsetzen.

A 1

- Laufen der Nase, Speichelfluss, Druckgefühl im Kopf, Schwindelgefühl.
- Erstickungsgefühl und Beklemmung und Schmerz in Brust und Kehle, Atemnot, schleimiger Krampfhusten.
- Muskelzittern, Muskelzucken, Muskelschwäche.
- Übelkeit, Erbrechen mit Magenkrämpfen.

Bei diesen Erscheinungen besteht Verdacht auf Vergiftung mit Nervenkampfstoff oder Schädlingsgiften.

A 2

- Sofort betroffenes Gebiet mit Kfz verlassen. Dabei möglichst langsam fahren, um keinen Kampfstoff aufzuwirbeln.
- In kampfstofffreiem Gebiet Fahrzeug vorsichtig verlassen.

273

In Gebäuden:

- Obere Stockwerke aufsuchen.
- Fenster und Außentüren geschlossen halten und mit Klebestreifen abdichten.
- Gebäude nur verlassen, wenn dazu die Aufforderung ergeht und eine Dekontamination im Umfeld durchgeführt ist.

Bei Verdacht auf Nervenkampfstoff muss sofort gehandelt werden:

- Selbstinjektion von Atrophien.
- Arztbehandlung!

6. Selbsthilfe und gegenseitige Hilfe bei Vergiftungen durch chemische Kampfstoffe oder Gifte

A 1 Kampfstoffe auf der Haut:
A 2

- Alle auch anscheinend nicht betroffenen unbedeckten Hautstellen mit Hautentgiftungspuder einpudern.
- Eine Minute einwirken lassen, erkennbare Kampfstoffspritzer mit Tupfer abtupfen und erneut einpudern.
- Entgiftungspuder mit Tupfer gründlich entfernen oder abschütteln.
- Entgiftung in gleicher Reihenfolge wiederholen.
- Behandelte Stellen mit Schmierseife und Wasser gründlich abwaschen.

Vorsicht: Kein Entgiftungspuder in Augen, Nase, Mund und offene Verletzungen!

A 1 Kampfstoff in den Augen:
A 2

- Augen mit Flüssigkeit (Feldflasche) von innen nach außen kräftig ausspülen.

Bei aufgesetzter Schutzmaske:

- Luft anhalten.

274

- Schutzmaske absetzen.
- Filter herausdrehen.
- Filtergewinde in den Mund nehmen und direkt durch Filter atmen (Nase mit Wäscheklammer zuklemmen).
- Augen ausspülen.
- Danach Schutzmaske in umgekehrter Reihenfolge wieder aufsetzen.

A 1 Kampfstoff auf der Bekleidung:
A 2
- Kleinere vergiftete Stücke der Bekleidung herausschneiden.
- Bei stärkerer Vergiftung Bekleidung so schnell wie möglich wechseln.

A 1 Kampfstoff auf den Schuhen:
A 2
- Kampfstoff abtupfen oder abkratzen (mit Holzspan oder Messer).
- Entgiftungspuder aufbringen, nach 1 Min. abwischen und erneut einpudern.
- Schuhe bald wechseln.

A 1 ABC-Schutzmaske fehlt oder ist beschädigt:
A 2
- Flach atmen, nicht schnell laufen.
- Anstrengungen vermeiden.
- Feuchtes Tuch fest vor Mund und Nase halten.
- Sofort kampfstofffreien Raum aufsuchen.
- Gebiete mit sesshaftem Kampfstoff nicht durchqueren.

Merke:
Jeder Behelfsentgiftung muss so schnell wie möglich eine Ganzkörperentgiftung folgen. Dazu Dekontaminationsstelle aufsuchen!

7. Verhalten beim Einsatz von Brandkampfstoffen oder bei Bränden

A 1 Im Freien:
A 2

- Atem anhalten und aus brennendem Bereich herauslaufen.
- Brennende Bekleidung abwerfen, wenn das rasch möglich ist.
- Auf der Erde wälzen, um Flammen zu ersticken.
- Mit Decken, Planen, Mänteln abdecken und Brand löschen.
- In Wasser springen (Teich, Bach, Schwimmbecken) und dadurch Feuer löschen, jedoch ohne eine lange Strecke zum Wasser zu laufen.
- Flammen nicht mir bloßer Hand zu löschen versuchen.
- Brandstoffspritzer von der Haut abkratzen.
- An Brandwunden klebenden Stoff nicht abreißen, sondern aus der Bekleidung herausschneiden.
- Brandwunden mit Verbandstoff oder Brandbinden abdecken.
- Sauerstoff zuführen, wenn größere Brandwunden und Atemnot (Atemspende).
- Vorsicht vor Phosphorspritzern! Bei Berührung mit Luft brennt Phosphor erneut.

A 1 Im Kraftfahrzeug:
A 2

- Atem anhalten und aus dem brennenden Bereich hinausfahren.
- Feuerlöscher anwenden.
- Brennende Teile mit Erde abdecken und Flammen ersticken.

A 1 Im Gebäude:
A 2

- Feueralarm auslösen.

276

- Brand im Entstehen mit Feuerlöscher/Feuerpatsche bekämpfen.
- Mit allen Mitteln versuchen, die Ausbreitung des Brandes zu verhindern.
- Bei größeren Bränden und bei Flächenbränden mit der Folge eines Feuersturmes den gefährdeten Bereich schnell verlassen.
- Im Schutzraum verbleiben, wenn brandsicher und Zufuhr von Sauerstoff gewährleistet ist.
- Nicht brandsichere Schutzräume rasch verlassen, wenn darüberstehendes Gebäude brennt (Erstickungsgefahr).
- Ruhe bewahren, Panik verhindern.

8. Verhalten nach Luftangriffen

A 1 Überraschender Luftangriff ohne Vorwarnung:
A 2 Wie bei Luftalarm.

A 1 Nach Luftangriff:
A 2
- Schutzraum oder Deckung erst nach Entwarnung oder auf Anweisung verlassen.
- Bei Verschüttung Klopfzeichen geben.
- Auf Klopfzeichen und Rufe achten.
- Beginnende Brände löschen.
- Erste Hilfe leisten.
- Kopfloses Handeln unterbinden.
- Anzeichen von Panik sofort unterdrücken.
- Zielstrebige Rettung von innen und außen betreiben, wenn Menschen verschüttet worden sind.

Nachwort

Die Beschränkung des Szenarios auf drei Tage, die Verpestung der Luft, die Erdbeben in dieser Zeit, die Jahreszeit (kalt, Herbst/Winter), die Mahnung, im Haus zu bleiben, die Aufforderung zu beten, die Warnung, nicht hinauszusehen, die Schwierigkeit, Licht bzw. Feuer anzumachen, die Vielzahl der Blitze und der Zusammenhang mit dem (einem) Krieg, stimmen mich bedenklich.

Im Hinblick auf die Zerstörungen durch Erdbeben wären in jedem Fall regionale Unterschiede in Betracht zu ziehen. Die nahezu durchgängigen Empfehlungen, im Haus zu bleiben, deuten ohne jeden Zweifel und logischerweise daraufhin, dass etliche Häuser stehen bleiben! Nicht nur das. In Anbetracht der allgegenwärtigen Staubwolke wäre auch davon auszugehen, dass ein größerer Prozentsatz der Häuser keine schweren Schäden erleidet (siehe DVD „Die Wolke"). Nach dem derzeitigen Kenntnisstand gilt, dass theoretisch jedes Gebiet von Erdbeben betroffen sein könnte, auch solche Gebiete – das sei ausdrücklich hervorgehoben –, in denen es bisher keine Erdbeben gab. Ganz zuletzt wäre darauf hinzuweisen, dass bei Erdbeben in Gebieten, in denen man sie normalerweise nicht vermutet, etliche Dinge plötzlich ein völlig neues Gefahrenpotential bekommen. Stichwort: Bergrutsche, Stauseen, Atomkraftwerke, Produktions- und Lagerstätten von Explosiv-, Brenn- und Giftstoffen, Höhlen, Bergwerke (Einsturzgefahr), Gas- und Öl-Pipelines (Blitze!). Zusätzlich ist mit extremen Minusgraden gegen Ende der dreitägigen Finsternis zu rechnen. Wenn drei Tage lang kein Licht vorhanden ist: Z. B. DVD „The Day After Tomorrow/The Day After".

Auch einen anderen Denkanstoß möchte ich Ihnen nicht vorenthalten:

Angesichts der heutigen politischen Lage ist es nicht unwahrscheinlich, dass eine Aggression von den USA ausgeht. Diese könnte ein Angriff auf den Iran sein (Ölvorräte!) und in der Folge weitere Nationen in den eskalierenden Konflikt eintreten (z.B. Russland, traditionell dem Iran nahe stehend, oder China, ebenfalls um Zugang zu Ressourcen zu sichern). In diesem Fall wäre zunächst der Mittlere Osten betroffen, womit die Prophezeiungen eintreffen würden. Wenn man für den europäischen Krieg die USA anstatt Russland annimmt, dann erscheint ein Ü-Angriff logischer, da die vereinigten Staaten bereits viele Stützpunkte mit hoher Kampfbereitschaft haben. Warum die Kriegshandlungen auf Europa übergreifen, erscheint zunächst nicht plausibel. Wenn jedoch Russland versuchen würde, den Nachschub der USA auf europäischem Boden zu stoppen, dann wäre Europa mit einbezogen und könnte nicht passiv bleiben. Aus den benannten Quellen (Seher) wäre durchaus auch abzuleiten, dass die USA der Aggressor ist! Wenn Russland angreifen wollte, wären enorme Truppenbewegungen notwendig, die unmöglich verborgen bleiben können (Satellitenüberwachung). Außerdem würde Russland aufgrund der Nähe selbst mit erheblichen Verstrahlungen/Schäden zu rechnen haben, im Gegensatz zu Amerika!

Ganz abgesehen von einem Krieg kann durch einen Störfall in einem Reaktor (hervorgerufen durch Unfall, Materialermüdung an den alten KKW oder ein Terroranschlag) ein ähnlicher Effekt eintreten. Wir Normalbürger wissen es eben nicht und können nur aus solchen seherischen Quellen schöpfen. Sicherlich wird auch über dieses Werk viel spekuliert und geschmunzelt werden. Eines ist sicher: Sie, ja, Sie machen sich Gedanken, wie es denn wohl kommen wird. Eines ist sicher, die noch anstehenden Ereignisse sind noch nicht geschrieben.

Falls Sie Vorräte anlegen wollen:

Wenn Sie über eine eigene, nicht elektrisch betriebene Pumpe verfügen, brauchen Sie keinen Wasservorrat anzulegen. Ansonsten bräuchten Sie einen Wasservorrat. In jedem Fall bräuchten Sie Lebensmittelvorräte. Wie lange diese Vorräte reichen sollten, ist nicht ganz klar und sicherlich regional unterschiedlich. Beim Wasser wäre die entscheidende Frage, wie lange die Giftwirkung im offenen Wasser anhält und wie viele Niederschläge in der ersten Zeit fallen. Die Bundesregierung schreibt einen Mindestvorrat von 14 Tagen vor. Die Liste kann kostenlos von dem Bundesamt für Bevölkerungsschutz und Katastrophenhilfe angefordert werden (Für den Notfall vorgesorgt/Checkliste = Prüfen Sie Ihren Vorrat). Bei den Lebensmitteln wäre die entscheidende Frage, wann die erste ausreichende Ernte eingefahren werden kann und wie lange es dauert, bis das Gift der Wolke sich im Boden in Dünger verwandelt. Käme es tatsächlich zum Polsprung in der teilweise vorhergesagten Form, und die Erde käme nach einer 180°-Drehung zum stehen, so würde auf den Oktober „der dreitägigen Finsternis" der Mai kommen und eben nicht der November. Fraglich wäre allerdings, wie sich das auf die Pflanzenwelt auswirkt. Ich würde Lebensmittel für ein halbes Jahr bis zwei Jahre einlagern. Abgesehen von Wasser, Lebensmitteln und Medikamenten gibt es natürlich noch eine Menge andere Dinge, die man unter Umständen vermissen könnte, z. B. Seife, Kleidung, Werkzeuge, WC-Artikel usw.

Lebensmittel	Jahresverbrauch der Referenzperson	
	Erwachsener	Kleinkind
Trinkwasser	800 l	250 l
Fisch (Süßwasser)	20 kg	–
Milch (Milchprodukte)	330 kg	200 kg

Fleisch	150 kg	20 kg
Pflanzliche Produkte	500 kg	60 kg
davon entfallen auf:		
- Getreide (Getreideprodukte)	190 kg	15 kg
- Obst und Obstsaft	100 kg	20 kg
- Wurzelgemüse	170 kg	15 kg
- Blattgemüse	40 kg	10 kg
Atemrate	7.300 m³/Jahr	1.900 m³/Jahr

Zum Abschluss:

Auch aus den Feststellungen in den vorangegangen Texten sollte die Lehre gezogen werden, dass mit entsprechender Eigeninitiative und Phantasie und bei angemessener, sorgfältiger Durchführung der beschriebenen Maßnahmen manche Gefahren atomarer Nachwirkungen vermindert oder ganz beseitigt werden können. Man muss jedoch die notwendige Vorsorge materieller Art treffen und sich das Wissen angeeignet haben, wie man sich verhalten muss, um Schaden abzuwenden.
Die weit verbreitete, pessimistische Schwarzmalerei, man könne ruhig alle Vorbereitungen unterlassen, weil der totale Atomkrieg den Untergang der Menschheit zur Folge habe und daher alle Bemühungen um Schutz und Hilfe doch sinnlos mache, führt unwiderruflich dazu, dass auch aus den weniger schlimmen und dramatischen Katastrophenfall nicht vorgeplant und nicht vorgesorgt sein wird.
Man wird dann auch dort nicht überleben, wo man leicht hätte überleben können!

Prophetenauflistung

Asdente/Rosa Colomba (1781 – 1847)
Italienische Nonne aus Taggia bei Ventimiglia, die durch zutreffende Voraussagen bedeutender Ereignisse auf sich aufmerksam machte.

Aiello, Elena (1895 – 1961)
Stigmatisierte Nonne aus Sosenca in Süditalien, die dadurch berühmt wurde, dass sie Benito Mussolini den Verlauf des Zweiten Weltkrieges zutreffend vorhersagte.

Adam, Bruder (1949)
Dieser Mönch hatte nach eigenen Angaben am 15.08.1949 in der Benediktinerkirche in Würzburg eine Vision vom Angriff Russlands. Inhaltlich deckt er sich mit vielen anderen Quellen.

Biliante, Franziska Maria (1923)
Frau eines italienischen Aristokraten

Becher, Barbara
Ordensschwester aus Losheim im Saarland, weitere Daten unbekannt.

Benediktiner von Maria Laach (16. Jh.)
Diese Prophezeiung soll auf einen Prior zurückgehen, der im 16. Jahrhundert im Benediktinerkloster in Maria Laach lebte. Das Original ist derzeit nicht auffindbar. L. Emrich berichtete von dieser Prophezeiung erstmalig 1938. Darin werden eindeutig drei große Kriege für das 20. Jahrhundert vorausgesagt.

Biernachi, Wladisla (1984)

Dieser polnische Bauer ist eine ziemlich eigenartige Quelle. Einerseits deckt er sich in vielen wesentlichen Punkten mit anderen Quellen, und es wird berichtet, dass er das Vertrauen der katholischen Kirche – bis zum Papst hin – genießt. Und andererseits macht er Vorhersagen, die dazu geeignet sind, ihn restlos zu diskreditieren. Es sieht ein bisschen so aus, als würde er unverständliche Details seiner Visionen einfach durch ihm selbst bekannte Dinge ersetzen.

Blinder Jüngling von Prag (1365)

Mitte des 14. Jahrhunderts erfuhr Kaiser Karl IV. von einem blinden böhmischen Hirtenjungen, der außergewöhnliche seherische Fähigkeiten hatte. So rief er ihn 1356 zu sich nach Prag, damit er ihm seine Visionen erzähle. W. J. Bekh berichtete davon, dass man später vergeblich versuchte, die Verbreitung der Prophezeiung zu verhindern. Die Prophezeiung bezieht sich auf alle drei Weltkriege und findet folglich seit Beginn des Ersten Weltkrieges verstärkt Beachtung.

Böhmischer Seher (1944) (Böhmische Flüchtlingsfrau)

Eine alte Frau, die aus Böhmen geflohen ist, berichtet von den Vorhersagen ihres Vaters. Knappe Quelle mit vielen markanten Details.

Brigitta von Schweden (1303 – 1373)

Stammt aus einem adligen Geschlecht und ging nach dem Tod ihres Mannes ins Kloster. Später gründete sie einen Orden. Sie soll seit ihrer Kindheit visionär begabt gewesen sein.

Caisarius von Heisterbach (1180 – 1240)

Visionärer Prior und Verfasser mehrerer theologischer Werke aus dem Kloster Heisterbach bei Köln. Es wird vermutet, dass er mit dem Bruder Johann vom gespaltenen Felsen identisch ist.

Cayce, Edgar (1877 – 1945)

Familienvater, Sonntagslehrer und Fotograf. Cayce ist zu Recht die bekannteste seherische Quelle der USA. In einer Art medialem Schlaf beantwortete er Fragen. Besonders verblüfften seine oft hilfreichen medizinischen Ratschläge, denn er hatte keinerlei medizinische Ausbildung. Mögliche Erklärung: Er war Medium für einen Geist, der über medizinisches Wissen verfügte. Die Befragungen des schlafenden Cayce wurden stenografisch protokolliert. In 43 Jahren sammelten sich 14.000 Protokolle an.

Da Terni, Frater Giorgio M. (1980)

Seherisch begabter Kapuzinermönch aus Perugina.

Dixon, Jeane (1916 – 1997)

Verheiratet, Astrologin und Maklerin aus den USA. Sie war zeitweise ähnlich bekannt wie Cayce. Inzwischen haben sich wesentliche Vorhersagen von ihr als falsch erwiesen. Für die europäische Zukunft ist sie kaum verwertbar.

Dudde, Bertha (1891 – 1965)

Bertha Dudde brachte über 9.000 medial empfangene Einzelkundgaben zu Papier. Ihre Texte sind sehr detailliert und behandeln den ganzen Zeitraum bis zum Goldenen Zeitalter. Bemerkenswert ist, dass diese christliche Quelle schon 1954 das Thema UFO anschneidet.

Dürer, Albrecht (1471 – 1528)

Dürer träumte einmal von einer Atomexplosion und hielt den Traum später im Bild fest. Diese Aquarell-Skizze kann man sich im Kunsthistorischen Museum in Wien ansehen.

Eilert, Wessel Dietrich (1764 – 1833)

Ein Schäfer und Bauer aus der Nähe von Dortmund. Auch der alte Jasper genannt.

Einsiedler Antonius (geb. 1820)
Wird von Loerzer auf 1871 datiert. Mönch aus der Nähe von Aachen. Auch Antonius von Aachen. Bei dem zukünftigen Krieg, der ihm nach im Elsass ausbrechen soll, könnte es sich um ein Teilszenario des Dritten Weltkrieges handeln.

Eisenberg (1956), Österreich
Ab dem Jahre 1956 hatte dort eine Bäuerin mit Namen Aloisia Lex – Mutter von 11 Kindern – mehrere Marienerscheinungen.

Elsischer Jüngling (1800)
Ein angeblich einäugiger Bauer aus Elsen bei Paderborn.

Eppinger, Alphonsa (1814 – 1867)
In Niederbronn im Elsass gebürtige Oberin. Ihre Offenbarungen wurden am 31. Oktober 1870 vom Straßburger Bischof gutgeheißen.

Extatin (1872), Frankreich
Das Szenario, das sie für Frankreich vorhersagt, enthält viele Details, welche nach anderen Quellen eindeutig zum Dritten Weltkrieg gehören. Allerdings spricht sie nur von den Preußen als Aggressoren gegen Frankreich. Weiter sagt sie, dass die Preußen die Gotteshäuser angreifen! Das deutet darauf hin, dass es sich nicht um die alten Preußen handelt, sondern um Kommunisten aus Ostdeutschland – denn das alte Preußen war ja gerade bekannt für Toleranz in religiösen Dingen.

Fatima (1917)
In Fatima, einem kleinen Ort, 200 km nördlich von Lissabon, hatten 3 Kinder in der Zeit vom 13. Mai bis 13. Oktober 1917 sechs Erscheinungen – jeweils am 13. des Monats. Ihnen erschien die Jungfrau Maria und diese überbrachte ihnen eine Botschaft mit apokalyptischem Charakter. Für den Fall, dass sich die Menschen nicht änderten, wurde gesagt, dass Russland

seine Irrtümer in die Welt verbreiten, Kriege und Verfolgungen der Kirche hervorrufen wird. Ebenso wurde ein großer Krieg nach der Mitte des 20. Jahrhunderts vorhergesagt. Auch dieser Fall wurde von der katholischen Kirche untersucht und von ihr akzeptiert. Der dritte Teil der Botschaft von Fatima wurde nie offiziell veröffentlicht und befindet sich im Vatikan. Fatima ist heute Wallfahrtsort.

Feldpostbriefe (1914)
1914 schrieb ein deutscher Soldat (Andreas Rill) zwei Briefe an seine Familie, in denen er von den Vorhersagen eines kriegsgefangenen Franzosen berichtete. Dieser sagte Deutschlands Zukunft bis nach dem Dritten Weltkrieg voraus. Der Fall ist gut dokumentiert und ein Großteil der Vorhersagen ist bis jetzt schon eingetroffen. Eine gute und wichtige Quelle.

Garabandal (1961 – 1965)
Ebenso wie in Fatima, so erschien in San Sebastian de Garabandal, einem Bergdorf in Nordspanien, mehreren Kindern die Jungfrau Maria. Auch hier erhielten die Kinder – vier etwa elfjährige Mädchen – eine Botschaft apokalyptischen Charakters. Hierin heißt es, dass es vor einer großen Katastrophe eine große weltweite Warnung geben werde und ein Wunder, das sich in Grabandal ereignen soll. Dieses Wunder soll kurz vor dessen Eintritt von einem der inzwischen erwachsenen Kinder offiziell angekündigt werden. Dieser spanischen Botschaft nach gäbe es also zwei unverkennbare Warnzeichen, bevor sich die Ereignisse überstürzen.

Handwercher, Franz Seles (1792 – 1853)
Pfarrer aus Niederbayern (Straubing). Hatte Visionen, die er in Gedichtform aufschrieb.

Helmauser, Marie (1892 – 1973)
Seherisch begabte Frau aus der Umgebung von Landshut, Bayern. Da sich die Zuverlässigkeit ihrer Voraussagen herum-

sprach, wurde sie oft von Ratsuchenden aufgesucht. Kurz nach Beginn des Zweiten Weltkrieges sagte sie dessen Ende zutreffend für den Mai 1945 voraus und zwar jedem, der es hören wollte. Eine ziemlich mutige Frau also.

Hepidannus von St. Gallen (1081)
Die Visionen von Hepidannus zählen zu dem Erlesensten, was es überhaupt zu dieser Thematik gibt. Der älteste Druck dieser Prophezeiung stammt aus dem Jahre 1866. Die Prophezeiung soll im Original mit dem Datum 1081 versehen gewesen sein. Den Forschungen Alexander Ganns nach stammt dieser Text sehr wahrscheinlich tatsächlich aus dem Ende des 11. Jahrhunderts. Diese Prophezeiungen sagen die deutsche Geschichte von der Kleinstaaterei über die Bismarcksche Reichsgründung, den Zweiten Weltkrieg, den Dritten Weltkrieg, die dreitägige Finsternis bis hin zum großen Monarchen voraus. Das Kernthema seiner Visionen ist Germanien (Deutschland)

Holzhauser, Bartholomäus (1613 – 1658)
Wirkte als Geistlicher u. a. in Ingolstadt, Bingen und Mainz. Gründete eine Genossenschaft von Weltpriestern. Soll schon als Kind Visionen gehabt haben und verfasste einige religiöse Schriften, von denen die Auslegung der Offenbarung des Johannes die bedeutendste ist.

Hopi-Prophezeiung
Traditionelle Prophezeiung des Hopi-Indianerstammes aus dem Südwesten der USA.

Irlmaier, Alois (1894 – 1959)
Brunnenbauer und sehr sensibler Rutengänger aus Freilassing in Südostbayern. Irlmaier wurde im Ersten Weltkrieg verschüttet, wieder ausgegraben und hatte plötzlich seherische Fähigkeiten von herausragender Qualität. Das sprach sich herum und führte nach dem Zweiten Weltkrieg dazu, dass er einen hohen Zaun um sein Haus baute, damit er seine Ruhe vor Leu-

ten hatte, die seinen Rat suchten. Irlmaier war ein waschechter Seher im klassischen Sinne – er sah ohne besondere Vorbereitung im normalen Wachzustand. Irlmaier ist wohl die wichtigste deutsche Quelle im 20. Jahrhundert.

Johansson, Anton (1858 – 1929)

Norwegens bekanntester Seher. Seine Visionen wurden erstmalig im Mai 1918 in Stockholm von dem Verleger A. Gustavsson in Buchform herausgegeben. Schon vorher, am 04.03.1914, wurden im Svenska Dagbladet Visionen Johanssons veröffentlicht, welche den Ersten Weltkrieg richtig in seinen Grundzügen voraussagte. Johanssons Sehergabe kann m. E. nicht ernsthaft angezweifelt werden. Allerdings haben sich in die Aufzeichnungen von Gustavsson etliche Fehler eingeschlichen, welche u. a. die Chronologie der Ereignisse betreffen. Gustavsson selbst ist dies aufgefallen und er hat einige Fehler in dem Buch „Merkwürdige Geschichte" korrigiert. Trotzdem besteht m. E. bei manchen Teilen der Vorhersage weiterhin eine große Unsicherheit, was die Zuordnung anbelangt. Andere Teile wiederum bestechen durch die Genauigkeit und Detailfülle.

Katharina aus dem Ötztal (1883 – 1951)

Lebte im hinteren Ötztal in Österreich und hatte das Zweite Gesicht. Verblüffen tut ihre Vorhersage, dass es sogar in den hinteren Alpentälern zu blutigen, bürgerkriegsähnlichen Zuständen kommt.

Korkowski, Edwar (geb. 1931)

Korkowski lebt im Kölner Raum und hat nach eigenen Angaben seit über 40 Jahren Visionen. Eine große Rolle nehmen in seinen Visionen Außerirdische ein, die sich in die Geschehnisse auf der Erde einmischen – und das beileibe nicht immer wohlwollend.

Kossutthany, Dr. Ferenc (um 1916)
Ungarischer Arzt, der in Budapest lebte und während des Ersten Weltkrieges Visionen vom Zweiten und Dritten Weltkrieg hatte.

La Salette (1864)
La Salette liegt in den südfranzösischen Alpen. Ebenso wie in Fatima und Grabandal erschien hier mehreren Kindern (zwei Mädchen, 11 und 15 Jahre alt) die Jungfrau Maria und überbrachte eine Botschaft. Die Botschaft ist ebenfalls apokalyptischen Charakters und beschreibt recht detailliert die geschichtliche Entwicklung bis hin zum Ende der Antichrist-Zeit. Die Vorkommnisse in La Salett wurden 5 Jahre lang von der katholischen Kirche untersucht und schließlich offiziell anerkannt. La Salette wurde zu einem Wallfahrtsort.

Lenormand, Marianne (1772 – 1843)
Eine in ihrer Zeit sehr bekannte Wahrsagerin aus Paris. Wuchs im Kloster auf und wahrsagte schon, als sie 20 Jahre alt war.

Lied der Linde (19. Jh.)
Der ursprüngliche Text soll in einer alten Linde auf dem Friedhof in Staffelstein (bei Passau) gefunden worden sein. Tauchte Mitte des 20. Jh. erstmalig auf und wurde nach einer Untersuchung auf 1850 datiert. Der Seher aus dem Waldviertel meinte zu dieser Prophezeiung: Am erstaunlichsten fand er in dem Buch über bayrische Hellseher die Aussagen des Liedes der Linde. Von Anfang bis zum Schluss sehe er das kommende Geschehen genauso.

Merlin (um 600)
Legendärer britische Seher und Zauberer der britischen Urbevölkerung, die von den Angelsachsen nach Wals zurückgedrängt wurden.

Michalda, Sibylle (1868)
Im Kern böhmisches Volksgut.

Mönch von Werl (1701)
Unbekannter Mönch, angeblich schon 1701 als Druck veröffentlicht.

Mühlhiasl (geb. 1753)
Sehr bekannter und urkundlich belegter Seher aus dem Bayerischen Wald mit Namen Marhias Lang. Verlor 1801 seine Stelle als Klostermüller in Apoig und führte ab dann ein unstetes Leben ohne festen Wohnsitz. Ort und Datum seines Todes sind unbekannt. Sein großer Bekanntheitsgrad resultiert aus den zahlreichen inzwischen eingetroffenen Vorhersagen.

Nostradamus (1503 – 1566)
Französischer Arzt und Leibarzt von König Karl IX., Astrologe und Hellseher. In seiner Heimat bekämpfte er mit selbst entwickelten Medikamenten erfolgreich die Pest und konnte sich später von Dankesbekundungen kaum retten. Nostradamus ist der bekannteste Seher Europas, vermutlich sogar der ganzen Welt. Da er seine Vorhersagen größtenteils in vielfältiger Weise verschlüsselt hat, wird seit Jahrhunderten mit mäßigem Erfolg daran herumgerätselt.
In zahlreichen Fällen hat er in atemberaubender Exaktheit wichtige Ereignisse vorausgesagt. Oft erkennt man den Sinn seiner Vorhersagen aber erst nach dem Eintritt der Ereignisse. Immer wieder wird in letzter Zeit darüber berichtet, dass jemand einen Schlüssel gefunden hat, um alle seine Vorhersagen zu entschlüsseln. Es erscheinen dann Bücher, die dieses kundtun, um nach ein paar Monaten wieder sang- und klanglos zu verschwinden. Nach wie vor ist Nostradamus eher eine Quelle für Prophezeiungsforscher und ungeeignet für schnelle Konsumenten.

Paola, Franz (19. Jh.)
Benediktinermönch aus Straßburg.

Papst Johannes XXIII. (1881 – 1963)
Diese Prophezeiungen stammen aus der Zeit, als Johannes noch kein Papst war. Die vorliegenden Prophezeiungen sind größtenteils verschlüsselt. Den Angaben des Autor Capris nach ist zu vermuten, dass von Kirchenkreisen nicht einiges Material von Papst Johannes XXIII. zurückgehalten wird. Das von Capri veröffentlichte Material wurde ihm gezielt zugespielt.

Papst Pius X. (1909)
... nickte im Kreise zahlreicher Kirchenfürsten kurz ein, wachte plötzlich wieder auf und verblüffte die Anwesenden mit folgenden Worten: „Soeben sah ich einen meiner Nachfolger über die Leichen seiner Brüder fliehen. Sagt es vor meinem Tode niemanden!"

Pater Pio (1887 – 1968)
Sehr angesehener stigmatisierter Kapuzinerpater aus Rotondo in Italien. Ihm werden auch Wunderheilungen zugeschrieben.

Pfarrer von Baden (1923)
Hatte bei der heiligen Messe eine Vision.

Prophezeiungen vom Birkenbaum (1701 und 1849)
Von dieser Prophezeiung gibt es zwei Visionen: einen lateinischen Text aus dem Jahre 1701 und eine Aufzeichnung mündlicher Überlieferung aus dem Jahre 1849.

Prophezeiung vom blühenden Mandelbaum (19. Jh.)
Nach a. Voldben wurde diese Prophezeiung 1944 in Berlin in den Trümmern der St. Paulskirche gefunden. Sie soll auf einen Benediktinermönch des frühen 19. Jahrhunderts zurückgehen. Die Liste von durchgehenden Jahreszahlen plus Kommentar

ist natürlich äußerst riskant, da sehr viele Quellen bei den Jahreszahlen irren. Um so sehr verblüfft der Kommentar zu 1989: „Erwartung des Menschen = Fall der Mauer (und Ende der Apartheid in Südafrika)"

Seher aus dem Waldviertel (1959)
Der Seher aus dem Waldviertel (in Österreich an der Grenze) hatte um 1959 hauptsächlich im Alter 21 Jahren mehrere Visionen. 1976 kam ein Kontakt zu Wolfgang Johannes Bekh zustande, und Bekh veröffentlichte die Aussagen des Sehers 1980. Eine der ganz wenigen Quellen, die noch zu Lebzeiten detailliert dokumentiert wurden.

Seherin von Prag (1658)
Diese 1951 erstmals aufgetauchte Prophezeiung ist eine sehr detaillierte Quelle und behandelt den Zeitraum vom 17. Jh. bis etwa zum 21. Jh. Alexander Gann kommt nach seiner Untersuchung zu dem Ergebnis, dass zumindest ein Teil der Prophezeiung vor 1900 entstanden sein dürfte. Ebenso geht er davon aus, dass dem Text letztlich eine echte paranormale Begabung zugrunde liegt.

Snow, Dr. Chet B. (um 1984)
Mittels einer hypnotischen Trance führten Dr. Snow und andere Psychologen nach eigenen Angaben in den achtziger Jahren mehr als 2.500 Versuchspersonen in die Zukunft. Die Aussagen der Versuchspersonen zu den Jahren um die Jahrtausendwende weisen auffällige Parallelen zu älteren Prophezeiungen auf.

Stieglitz, Erna (1894 – 1975)
Ordensfrau aus Augsburg, auch Mutter Stieglitz genannt. Da die katholische Kirche im Besitz der Niederschriften der Visionen von Mutter Erna Stieglitz ist, diese aber nicht zugänglich macht, musste Bekh auf mündliche Aussagen – die auf Umwe-

gen über mehrere Mittelspersonen, welche namentlich auf keinen Fall genannt werden dürfen – zurückgreifen.

Testament des fliehenden Papstes (1701 oder 1761)
Auch Wismarer Prophezeiung, da sie in Ruinen eines Klosters in Wismar entdeckt worden sein soll. Eine interessante, wenn auch etwas konfuse Quelle.

Windecke, Eberhard (1431)
Geschichtsschreiber des Kaisers Sigismund berichtete 1431 von einer Schlachtenvision in Westfalen. Die Schlacht sollte zwei Tage und Nächte dauern.

Wudy, Sepp (um 1912)
Sepp Wudy war Knecht in Frischwinkel (Böhmerwald) und starb als Soldat im Ersten Weltkrieg. Nach ihm ist der Dritte Weltkrieg der letzte Krieg. Das könnte aber ein voreiliger Schluss sein, denn seine Visionen erstrecken sich nur bis kurz nach den Dritten Weltkrieg. Interessant ist seine folgende Aussage: „Sehen tät ich noch mehr, aber ich kann es nicht begreifen und nicht sagen." Eine gute, solide und offenbar ehrliche Quelle.